新时代司法警官
教育改革研究

中央高校基本科研业务费资助：中央司法警官学院研究阐释
党的十九届六中全会精神专项项目（项目编号：SJDLZ2204）

新时代司法警官教育改革研究

樊国福　等　著

河北大学出版社
·保定·

新时代司法警官教育改革研究

XIN SHIDAI SIFA JINGGUAN JIAOYU GAIGE YANJIU

出 版 人：马　力
责任编辑：马　敏
装帧设计：杨艳霞
责任校对：刘景坤
责任印制：常　凯

图书在版编目（CIP）数据

新时代司法警官教育改革研究 / 樊国福等著 . 保定 ：河北大学出版社，2025．4．—— ISBN 978-7-5666-2580-9

Ⅰ．D926.17

中国国家版本馆 CIP 数据核字第 2025NW2247 号

出版发行：河北大学出版社
地址：河北省保定市七一东路 2666 号　邮编：071000
电话：0312-5073019　0312-5073029
邮箱：hbdxcbs@163.com　网址：www.hbdxcbs.com
印　　刷：涿州市般润文化传播有限公司
幅面尺寸：170 mm × 240 mm
印　　张：15
字　　数：252 千字
版　　次：2025 年 4 月第 1 版
印　　次：2025 年 4 月第 1 次印刷
书　　号：ISBN 978-7-5666-2580-9
定　　价：78.00 元

如发现印装质量问题，影响阅读，请与本社联系。
电话：0312-5073023

前　言

党的十八大以来，中国特色社会主义进入新时代，这是我国发展新的历史方位。在新时代，以习近平同志为核心的党中央领导全党全军全国各族人民砥砺前行，全面建成小康社会目标如期实现，党和国家事业取得历史性成就、发生历史性变革，彰显了中国特色社会主义的强大生机活力，党心军心民心空前凝聚振奋，为实现中华民族伟大复兴提供了更为完善的制度保证、更为坚实的物质基础、更为主动的精神力量。中国共产党和中国人民以英勇顽强的奋斗精神向世界庄严宣告，中华民族迎来了从站起来、富起来到强起来的伟大飞跃。

2018 年 9 月 9—10 日，全国教育大会在北京召开。中共中央总书记、国家主席、中央军委主席习近平出席大会并发表重要讲话。习近平总书记的重要讲话站在党和国家事业发展全局的战略高度，系统部署了全面推进教育强国建设的战略任务和重大举措，是指导新时代新征程教育工作的纲领性文献，为建设教育强国指明了前进方向、提供了根本遵循。

党的十九届六中全会确立了习近平同志党中央的核心、全党的核心地位，确立了习近平新时代中国特色社会主义思想的指导地位，反映了全党全军全国各族人民共同心愿，对新时代党和国家事业发展、对推进中华民族伟大复兴历史进程具有决定性意义。

2024 年 7 月 15—18 日，党的二十届三中全会在北京举行，审议通过了《中共中央关于进一步全面深化改革、推进中国式现代化的决定》，提出高质量发展是全面建设社会主义现代化国家的首要任务，教育、科技、人才是中国式现代化的基础性、战略性支撑。

司法警官教育作为国家教育事业的一部分，必须坚持唯物史观和正确党史观，从党的百年奋斗中看清楚过去我们为什么能够成功、弄明白未来我们怎样才能继续成功，从而更加坚定、更加自觉地践行初心使命，在新时代更好坚持和发展中国特色社会主义教育事业，实现司法警官教育的新发展，为党育人，为国育才。

在中国特色社会主义新时代，学习宣传贯彻党的二十大和二十届二中、三中全会精神，以习近平法治思想为指导，适应世界高等教育发展的新趋势、新要求，实现司法警官教育高质量内涵式发展，既是教育规律之诉求，也是司法警官教育实践之需要，更是司法行政事业发展改革之亟需。

作为新时代的司法警官教育工作者，我们必须大力弘扬伟大建党精神，勿忘昨天的苦难辉煌，无愧今天的使命担当，不负明天的伟大梦想，以史为鉴、开创未来，埋头苦干、勇毅前行；必须深入学习贯彻全国教育大会精神，以咬定青山不放松的执着奋力实现司法警官教育改革，以行百里者半九十的清醒不懈推进司法警官教育高质量发展。

目　　录

上　篇

下　篇

上篇

习近平法治思想指导下司法警官教育高质量内涵式发展研究

中央司法警官学院课题组[①]

当前，世界之变、时代之变、历史之变正以前所未有的方式展开，高等教育领域正在发生革命性变化。从世界范围看，更加紧密的教育与经济社会发展的结合，更加注重人的全面发展与能力培养，更加强调以学习者为中心，全民学习、终身学习、个性学习的理念日益深入人心。“确保包容和公平的优质教育，让全民终身享有学习机会”成为联合国2030年可持续发展议程目标之一。[②]

2020年10月，党的十九届五中全会审议通过的《中共中央关于制定国民经济和社会发展第十四个五年规划和二〇三五年远景目标的建议》，明确提出建设高质量教育体系，全面部署了建设高质量教育体系的战略要求，高等教育高质量发展这一主题更加突出。

2023年5月29日下午，习近平总书记在主持中共中央政治局就建设教育强国进行第五次集体学习时强调，教育兴则国家兴，教育强则国家强。作为全面建成社会主义现代化强国的战略先导、实现高水平科技自立自强的重

---

① 本文为司法部2022年度全国司法行政系统理论研究规划课题“习近平法治思想指导下司法警官教育高质量内涵式发展研究”的研究成果，项目编号：22GH1027。该成果已被《中国监狱学刊》录用。

课题主持人：樊国福，中央司法警官学院矫正教育系教授。

课题组成员：刘建会、冯景、樊靖华、任建通、王红、张波、章坤、赤艳、王晓朴、刘恒志、穆伟、宋秋英、马跃麟。

② 刘玲玲. 共同推动全球教育均衡发展（国际视点）[N]. 人民日报，2022-05-08（12）.

要支撑、促进全体人民共同富裕的有效途径、以中国式现代化全面推进中华民族伟大复兴的基础工程，必须建设教育强国。各级各类教育要坚持把高质量发展作为生命线，加快建设高质量教育体系。建设教育强国，龙头是高等教育。

一方面，实现高等教育高质量、内涵式发展是新时代的必然要求；另一方面，高等教育高质量内涵式发展是提升高等教育质量的必然选择。如果说我国高等教育改革发展的目标是构建高质量高等教育体系，那么把高质量高等教育体系建设具体落实于操作进程中的有效路径，则是以实施高等教育为职能之大学的内涵式发展。

2024 年 9 月 9 日至 10 日，全国教育大会在北京召开。习近平总书记出席大会并发表重要讲话。他强调，建成教育强国是近代以来中华民族梦寐以求的美好愿望，是实现以中国式现代化全面推进强国建设、民族复兴伟业的先导任务、坚实基础、战略支撑，必须朝着既定目标扎实迈进。要统筹实施科教兴国战略、人才强国战略、创新驱动发展战略，一体推进教育发展、科技创新、人才培养。以科技发展、国家战略需求为牵引，着眼提高创新能力，优化高等教育布局，完善高校学科设置调整机制和人才培养模式，加强基础学科、新兴学科、交叉学科建设和拔尖人才培养。习近平总书记的重要讲话站在党和国家事业发展全局的战略高度，系统部署了全面推进教育强国建设的战略任务和重大举措，是指导新时代新征程教育工作的纲领性文献，为建设教育强国指明了前进方向、提供了根本遵循。

在中国特色社会主义新时代，以习近平法治思想为指导，深入学习贯彻全国教育大会精神，适应世界高等教育发展的新趋势、新要求，实现司法警官教育高质量内涵式发展，既是教育规律之诉求，也是司法警官教育实践之需要，更是司法行政事业发展改革之亟须。

一、推进司法警官教育高质量内涵式发展的意义

（一）满足司法警官教育实践之需

我国高等教育发展在改革开放以来进行了艰难的探索，呈现出四大阶段

性特征，即移植借鉴、数量增长、重点提升、质量发展，或者称之为模仿式发展、外延式发展、非均衡发展、高质量内涵发展。

2021 年通过的《中华人民共和国国民经济和社会发展第十四个五年规划和 2035 年远景目标纲要》明确提出，新发展阶段“以推动高质量发展为主题”，并专章论述了“建设高质量教育体系”的规划目标和“提高高等教育质量”的明确任务。

司法警官教育作为高等教育的一部分，发展历程可谓举步维艰，软硬件基础更是薄弱。因此，在新时代，以习近平法治思想为指导，实现司法警官教育高质量内涵式发展，司法警官教育工作者责无旁贷。

（二）适应司法警官教育需求之变

迎接新一轮世界科技革命与产业变革，必然要求高质量内涵式发展。回应新一轮科技革命与产业变革，是我国高等教育制定教育政策、深化综合改革、确定发展方向所必须考虑的问题。美国之“硅谷”、日本之“筑波”、我国北京之“中关村”、武汉之“光谷”等，都是高等教育高质量内涵式发展的典范，是高等教育为全球产业和区域经济社会提供高水平服务的卓越代表。

因此，司法警官教育必须深化改革，主动适应司法行政工作的新形势、新特点、新挑战，实现高质量内涵式发展，以充分满足新时代司法行政事业对高质量人才的需求。

（三）探求司法警官教育“一流”之道

实现高等教育高质量内涵式发展，必须以“双一流”建设为引领。习近平总书记 2021 年 4 月在清华大学考察时指出，追求一流是一个永无止境、不断超越的过程，要明确方向、突出重点。“双一流”建设实际上已经成为大学实现高质量内涵式发展的抓手、动力和标志，事关大学身份与地位的再确立。

司法警官教育“一流”之道的关键是特色鲜明。特色鲜明，是大学在竞争日趋激烈的环境中的“海拔高度”。为此，司法警官院校要在科学整合资源、打造学科“尖峰”上下功夫，不仅要通过“双万计划”、“双高计划”、新文科、新工科建设、国家一流本科课程建设等，牢固确立自己的“尖峰”学科（如监狱学等）在全国警察院校、政法院校同类学科中的地位，更应该通过加强“高原”学科、“高峰”学科、“尖峰”学科建设带动实现司法警官教育高质量内涵式发展。

二、司法警官教育发展面临的困境及原因分析

由于历史原因及现实政策因素影响，与普通高等教育相比，司法警官教育的发展面临诸多困境，如教师队伍、规模与质量、软硬件、办学场地扩大问题等，其中最重要的是学科、专业建设的困境。学科专业是立德树人和科技创新的重要载体，其设置和建设水平决定了一所高校的人才培养质量和地位，主导着高校的战略发展，直接决定了高层次人才的供给结构，是实现可持续发展的保证，是体现特色、提高人才培养质量的根本，是增强学校核心竞争力的重要抓手，对国家经济社会发展具有基础性、全局性和持续性影响。本文主要从学科、专业建设角度出发探析司法警官教育发展面临的困境及原因。

（一）学科、专业建设体制机制不健全

学科建设是专业建设的基础支撑，专业建设是学科建设的体现和延伸，但实践中司法警官院校的学科、专业建设之间“两张皮”的问题非常突出，学科、专业之间的关联性较弱。

在现有的司法警官院校学科、专业建设体制机制下，一般是科研处负责学科建设，教务处负责专业建设，如本科司法警官院校——中央司法警官学院的学科建设职能隶属科研处，而且学科建设仅仅是科研处的职能之一。再者，就中央司法警官学院科研处而言，人数有限，职能繁多，仅设有项目管理科、综合科 2 个科室（每个科室包括科长仅 1 人），而且还要代管中国监狱工作协会中央司法警官学院分会、司法行政科学研究所及 17 个研究中心，同时还是校学术委员会的秘书处等等，众多的职能使得其开展学科建设的精力非常有限，运行起来捉襟见肘，常常力不从心。由于一个专业可能需要几个学科的支撑，而某个学科也可能会成为多个专业的理论基础，这一分工已明显不适应现行的学科、专业建设新形势，结果导致学科建设对专业建设的引领支撑作用不明显。

根据对相关院校的调研，公安院校中，中国人民公安大学为加强对高等

学校发展规律特别是发展战略的研究，全面筹划学科建设和事业规划，2011年11月成立了发展规划办公室，2016年更名为学科建设与发展规划处。其主要职能是对学校发展规模、办学层次、办学类型进行整体设计；开展学校中长期发展战略研究和高等教育相关研究；组织协调学校发展建设重大项目的研究论证；开展学科建设、人才培养方案建设和专项评估等工作。在政法院校中，中国政法大学设置发展规划与学科建设处（“双一流”建设工作办公室），下设学科建设科、发展规划科、综合科、统计科4个科室，作为统筹协调学校“双一流”建设、战略规划、学科建设和校务数据建设的职能部门，担负对学校重大改革事项进行调研、论证并提供决策咨询的任务；西北政法大学设置发展规划与学科建设处，下设学科建设科、发展规划科2个科室，贯彻落实国家有关发展规划与学科建设的方针、政策和法规，负责组织制定学校发展规划、学科建设管理、信息统计等工作；华东政法大学设置发展规划处（学科建设办公室、高等教育与教育法制研究所），负责学校事业规划、学科建设与管理和高等教育研究；中南财经政法大学设置发展规划部（学科建设办公室、高等教育研究中心），分别负责学校发展规划、学科建设和高等教育研究。在地方高校中，河北大学设有独立的学科建设与学位管理处，下设5个科室，负责学校的学科建设和学位授予、管理等工作。

因此，司法警官院校要想改变学科、专业建设薄弱的情况，必须优化机构设置，设置独立的学科建设机构，健全完善学科、专业建设体制机制。

在司法警官院校的学科、专业建设中，如果不能以司法行政工作需求为导向，以学科建设为龙头，以专业建设为重点，不断优化学科、专业结构，不断健全完善学科、专业建设体制机制，就难以推动司法警官教育事业向更高质量发展。

（二）学科、专业特而不强

在公安院校中，中国人民公安大学是全国公安系统学科专业最齐全、办学规模最大、教育层次最完备、唯一入选国家“世界一流学科建设高校”的公安院校，在开展普通高等学历教育、硕士研究生培养、博士研究生教育等方面开创了多个先河。学校设有3个一级学科：法学、公安学、公安技术，其中公安学、公安技术 2 个一级学科为国家重点学科，公安学、公安技术、诉讼法学、公共安全工程与技术交叉学科为北京市重点学科。设有治安学、侦查学、公安管理学、公安情报学、刑事科学技术、公安视听技术等 13 个本科专业和 21 个专业方向，涵盖公安主要业务领域，全部为公安类专业（方向）。建有公共安全风险防控教育部工程研究中心，2 个省部级重点实验室、2 个省部级研究机构，建有多个科研机构和 40 余个非在编科研机构，拥有公安系统唯一学科创新引智基地——网络犯罪与全球治理创新引智基地，该基地入选教育部、科技部“高等学校学科创新引智计划”（“111 计划”）。

中国刑事警察学院设有侦查学、治安学、禁毒学、公安情报学、公安视听技术、网络安全与执法等本科专业，涵盖了公安主要业务领域，其中国家级一流本科专业建设点 10 个，省级一流本科专业建设点 1 个，3 个国家级特色专业，3 个省级示范（特色）专业，3 个省级一流本科教育示范专业。

与公安院校已经形成了独具特色的公安学、公安技术一级学科不同，司法警官院校由于业务领域相比公安业务较为狭窄，目前尚未建成充分体现司法行政工作特色的一级学科。虽然司法警官院校已建成了司法部重点学科——监狱学、重点建设学科——矫正教育学、河北省重点学科——刑法学，开设了监狱学、侦查学（狱内侦查方向）、禁毒学（戒毒方向）、司法警察学、数据警务技术、社区矫正等特色专业，但与全国公安院校及其他普通高校相比，缺乏高质量研究成果支撑的学科、专业建设整体呈现出特而不强的特征。以中央司法警官学院 2023 年的本科招生计划为例，虽然招生专业和专业方向有 12 个，但仅有监狱学专业（含各专业方向）、侦查学专业（狱内侦查方向）、禁毒学专业（戒毒方向）、数据警务技术和司法警察学专业等 9 个专业（含专业方向）为享受司法行政机关人民警察和人民法院司法警察招录培养制度改革政策的司法行政警察类专业。

（三）研究生教育起步晚、规模小，尚无硕士、博士学位授权点

司法警官院校中唯一的本科院校——中央司法警官学院开展的研究生教育，始于 2012 年成功申办“服务国家特殊需求人才培养项目”硕士授权建设点。中央司法警官学院自 2013 年开展法律硕士培养工作以来，始终坚持“服

务行业需求、强化工学结合、凸显应用取向、确保人才质量”的理念，致力于为司法行政系统，特别是监狱、戒毒、社区矫正机关培养具有较强专业技能和较高实务研究能力的高层次应用型专业人才。虽然自2013年起，研究生招生规模逐年扩大，但截至2023年的招生计划也没有超过150人，而且没有一级学科硕士、博士学位授权点。司法警官院校研究生教育的数量、质量，不仅远远落后于公安本科院校，甚至落后于部分同期专升本后的地方本科院校，其中不乏当时的办学条件还不如司法警官院校的地方院校（如现在的河北金融学院等）。

（四）实际落实便捷入警机制的毕业生比例未达预期

《人力资源社会保障部等六部门关于进一步加强司法行政机关人民警察招录培养工作的意见》（人社部发〔2018〕20号）虽于2018年3月21日发布，但2018届毕业生并未享受到该政策。2019届毕业生是落实该便捷入警机制的首届毕业生。由于种种原因，迄今为止实际落实便捷入警机制的毕业生比例依然未达预期。

鉴于招录工作的体制不同，司法警官院校司法行政警察类专业本科应届毕业生的招录工作实行全国统一考试，分省（区、市）录用的办法；司法行政警察类专业专科应届毕业生的招录工作，由省级公务员主管部门负责组织，而且各省级司法警官院校落实便捷入警机制的先后和程度各不相同，因此，这里仅以本科院校——中央司法警官学院为例，来说明其落实便捷入警机制的本科应届毕业生的相关数据。详见表1。

表 1 2019 至 2027 年度可落实便捷入警机制司法行政警察类专业本科应届毕业生统计表

毕业年度	可落实便捷入警机制的专业	可落实便捷入警机制的专业占当年招生专业的比例	当年毕业生人数	可落实便捷入警机制的毕业生人数	可落实便捷入警机制毕业生的比例
2019 年	监狱学专业（含各专业方向）、侦查学专业（狱内侦查方向）等 3 个专业（含专业方向）	当年招生专业共 17 个，占比 17.6%	1300	320	25%
2020 年	监狱学专业（含各专业方向）、侦查学专业（狱内侦查方向）等 3 个专业（含专业方向）	当年招生专业共 17 个，占比 17.6%	1300	400	31%
2021 年	监狱学专业（含各专业方向）、侦查学专业（狱内侦查方向）等 3 个专业（含专业方向）	当年招生专业共 16 个，占比 18.8%	1800	640	36%
2022 年	监狱学专业（含各专业方向）、侦查学专业（狱内侦查方向）等 3 个专业（含专业方向）	当年招生专业共 12 个，占比 25%	1820	751	41%
2023 年	监狱学专业（含各专业方向）、侦查学专业（狱内侦查方向）等 6 个专业（含专业方向）	当年招生专业共 10 个，占比 60%	1820	1600	88%
2024 年	监狱学专业（含各专业方向）、侦查学专业（狱内侦查方向）、禁毒学专业（戒毒方向）和司法警察学专业等 8 个专业（含专业方向）	当年招生专业共 11 个，占比 72.7%	1300	1180	91%
2025 年	监狱学专业（含各专业方向）、侦查学专业（狱内侦查方向）、禁毒学专业（戒毒方向）、数据警务技术和司法警察学专业等 9 个专业（含专业方向）	当年招生专业共 11 个，占比 82%	1350	1290	96%
2026 年	监狱学专业（含各专业方向）、侦查学专业（狱内侦查方向）、禁毒学专业（戒毒方向）、数据警务技术和司法警察学专业等 9 个专业（含专业方向）	当年招生专业共 12 个，占比 75%	1350	1260	93%
2027 年	监狱学专业（含各专业方向）、侦查学专业（狱内侦查方向）、禁毒学专业（戒毒方向）、数据警务技术和司法警察学专业等 9 个专业（含专业方向）	当年招生专业共 12 个，占比 75%	1800	1446	80%

注：以上为可落实便捷入警机制毕业生的比例，实际落实便捷入警机制的毕业生比例未及预期。

三、同类型公安、政法院校发展经验借鉴

与同类公安院校、政法院校相比，甚至与地方政法院校相比，无论是数量，还是质量；底蕴，还是现实政策支持，司法警官院校都处于劣势，其中的学科、专业建设尤为薄弱。

（一）同类型公安院校的发展经验借鉴

目前全国的公安本科院校，2011 年获国务院学位委员会、教育部批准设立两个一级学科：公安学和公安技术。全国各公安本科院校以这两个一级学科为基础，共设置了 23 个专业，基本上覆盖了公安主要业务领域。公安院校众多，分为公安部直属院校和地方省属院校，其中公安部直属院校有 5 所，分别为中国人民公安大学、中国人民警察大学、中国刑事警察学院、铁道警察学院、南京森林警察学院（国家林业局主管、与公安部并建），其他省属院校 29 所，其中本科院校 23 所，专科院校 11 所。

1. 中国人民公安大学

中国人民公安大学于 1995 年开始招收硕士研究生，2003 年获博士学位授予权单位和博士点，2004 年开始招收博士研究生，2008 年获批设立博士后流动站，2010 年获警务硕士专业学位的授予权。该校现有 3 个一级学科博士和硕士学位授权点、博士后科研流动站，即法学、公安学、公安技术，下设诉讼法学等 6 个二级学科博士点；一级学科硕士学位授权点，包括法学、心理学和安全科学与工程，下设 9 个二级学科硕士点；9 个二级学科硕士学位授予权点，包括社会学、马克思主义中国化研究、思想政治教育、计算机应用技术、交通信息工程及控制、交通运输规划与管理、法医学、军事教育训练学和行政管理；4 个专业学位授权，包括法律、警务、安全工程和行政管理；2 个省部级重点学科，分别为诉讼法学、公共安全工程与技术交叉学科。该校坚持面向国家安全战略、公安科技兴警战略需求，紧扣“世界一流学科大学”建设要求，深入落实科研兴校战略，系统推进科研工作的理念、平台、队伍、模式、生态“五大创新”，为世界一流学科大学建设提供了核心支撑，为国家安全战略和公安工作创新发展提供了有力支持。

2015年9月，被公安部确定为“公安发展战略研究所”建设依托学校，成为首批建设的两个部级公安新型智库。2017年，与相关单位共同申报的社会安全风险感知与防控大数据应用国家工程实验室获得批准。近年来，该校承担国家级科研项目70余项、省部级以上科研项目300余项，荣获省部级以上奖励20余项。该校多次承办由我国政府主办的世界互联网大会的网络安全主题分论坛，在国内外执法部门、学术界产生重要影响。主办《公安学研究》《公安教育》《中国人民公安大学学报》《现代世界警察》《警察文摘》等刊物，其中《中国人民公安大学学报（社会科学版）》被评为全国百强社科学报、中国人文社科学报核心期刊。该校现有专任教师600余人，其中“双一流”高校毕业生占90%；高级职称教师占专任教师的60%。聘任客座教授80余人，教官300余人。入选国家“万人计划”领军人才1人、中宣部文化名家暨“四个一批”人才项目1人，享受政府特殊津贴专家2人，享受公安部部级津贴专家7人，入选教育部新世纪优秀人才支持计划5人，北京市教学名师9人，公安部教学名师2人，北京市优秀教师11人。刑事侦查与刑事技术教学团队是首批国家级优秀教学团队。

2. 中国刑事警察学院

中国刑事警察学院坚持立德树人根本任务，为党育人、为国育才、为警铸剑，逐步创建具有鲜明公安特色的学科专业体系，形成了教学、科研、办案三结合的办学模式，构建了层次完备的人才培养体系。该校现有在校研究生1276人。设有法学、公安学、公安技术3个一级学科，法医学1个二级学科，法律、警务、应用心理、公共管理4个专业学位授权点。“公安技术一级学科”和“公安学一级学科”入选辽宁省一流学科建设项目。中国刑事警察学院与公安实战部门、科研院所和相关企业深入合作，广泛开展协同育人和实践育人，坚持融入实战、服务实战、引领实战，构建了层次清晰、结构合理的实战化育人体系。与公安部刑侦局、经侦局、技侦局、禁毒局等业务局开展全面合作，与湖北省公安厅、广东省公安厅、辽宁省公安厅开展全面合作，与沈阳市公安局、沈阳铁路公安局、沈阳海关缉私局开展“同城一体化”合作，开创了公安院校与本地公安机关合作共赢的崭新平台，实现了教学、科研、办案与公安实战的无缝对接、同频共振。该校坚持创新发展、引领实战，围绕平安中国、法治中国建设和公安工作热点难点问题开展科学研究，取得了丰硕成果。该校现有国家工程实验室（共建）1个，公安部重点实验室2个，辽宁省重点实验室3个，辽宁省高校重点实验室1个，辽宁省高校示范实训基地1个。该校牵头组建的“辽宁网络安全执法协同创新中心”，是公安院校首个省部级协同创新中心。“新时代犯罪治理研究中心”被辽宁省教育厅批准为“辽宁省高等学校新型智库”。与公安部刑侦局合作建设“全国新型犯罪研究中心”并获批分中心，是东北地区唯一一个服务于国家打击治理新型犯罪的智库。

（二）同类型政法类院校的发展经验借鉴

1. 中国政法大学

中国政法大学作为法学“五院四系”的代表，其研究生院目前设有法学、政治学、马克思主义理论、理论经济学4个一级学科博士点，13个一级学科硕士点，39个二级学科博士点，76个二级学科硕士点，11个专业硕士学位点，4个博士后流动站。2021年9月，全校共有学历研究生7857人；其中博士生1605人、硕士生6252人；全校法学（二级学科）研究生3955人、专业学位研究生2821人、其他专业研究生1081人；另有在站博士后113名，法学专业研究生教育规模居全国第一。中国政法大学研究生院在法学研究生教育方面开创了多项全国第一：全国第一批法律史、经济法、诉讼法专业的博士点设于该校，全国第一个比较法、人权法、法律与经济专业博士点设于该校，新中国第一批法学硕士、第一批法学博士皆出自该校，法学专业的第一个外国留学博士生出自该校。目前，该校在法学专业博士生、硕士生招生规模上名列全国第一。

2. 甘肃政法大学

甘肃政法大学，是全国最早建立的省属本科政法院校，是甘肃省省属的唯一一所政法类普通本科院校，其前身是创建于1956年的甘肃省政法干部学校，1984年正式成立甘肃政法学院，开办普通高等教育。该校2006年取得硕士学位授予单位资格，2007年开办硕士研究生教育，2017年开办国际生教育，同年被确定为甘肃省博士学位授予立项建设单位，2019 年 6 月更名为甘肃政法大学。该校 2006 年获得民商法学、宪法学与行政法学、经济法学、刑法学、诉讼法学等 5 个硕士学位授权二级学科，2007 年开始招收硕士研究生。2009 年增列法律硕士专业学位授权点，2011 年取得法学和工商管理 2 个硕士学位授权一级学科，2014 年增列社会工作硕士专业学位授权点，2016 年在法学一级学科下自主设置司法鉴定硕士学位授权二级学科，2017 年在法学一级学科下自主设置侦查学硕士学位授权二级学科，2018 年增列网络空间安全硕士学位授权一级学科，新闻与传播硕士、会计硕士 2 个硕士专业学位授权点。2021 年增列汉语国际教育、电子信息、工商管理、公共管理、艺术等 5 个硕士专业学位授权点。

该校是国家首批卓越法律人才教育培养基地院校、全国第二批“高校实践育人创新创业教育基地”和全国政法院校“立格联盟”成员，正致力于建设“一带一路”沿线国家一流大学。历经 67 载的发展，该校现已成为我国重要的政法类高等院校之一。该校现有全日制在校硕士研究生 1762 人，其中学术学位硕士研究生 648 人，专业学位硕士研究生 1114 人；现有硕士研究生导师 416 名，其中校内导师 217 名，校外学术学位导师 10 名，专业学位硕士实务导师 189 名。举办研究生教育 16 年以来，该校已累计招收硕士研究生 4085 名，其中含高校教师在职攻读硕士学位研究生 30 名。截至 2023 年 3 月，已累计毕业硕士研究生 2921 名。

司法警官教育的本科院校目前仅有 1 所，即中央司法警官学院。中央司法警官学院按照突出特色、提升内涵、争创一流的学科、专业建设目标，立足司法行政行业人才实际需求，构建了以监狱学、矫正教育学为优势的学科、专业体系，其中监狱学已建成司法部重点学科，矫正教育学被司法部批准为部级重点建设学科，刑法学被河北省批准为省级重点学科。目前该校开设监狱学、侦查学（狱内侦查方向）、禁毒学（戒毒方向）、司法警察学、数据警务技术、法学、行政管理、社区矫正等本科专业及专业方向，其中监狱学、侦查学获批 2019 年度首批国家级一流本科专业建设点，监狱学、行政管理（警察管理方向）被教育部、财政部批准为高校特色专业建设点。2020 年 11

月 24 日，《教育部关于公布首批国家级一流本科课程认定结果的通知》（教高函〔2020〕8 号）认定 5118 门课程为首批国家级一流本科课程。在司法警官院校中，仅有中央司法警官学院徐为霞教授的《狱内侦查学》一门课程成功入选。

在研究生教育方面，中央司法警官学院仅仅拥有 1 个法律硕士专业学位（法学、非法学）授权点，没有一级学科硕士、博士学位授权点；招生规模也与同类型公安、政法院校不可同日而语，2023 年中央司法警官学院法律硕士专业学位（法学、非法学）研究生仅招收 150 人。

在落实便捷入警机制方面，《人力资源社会保障部等六部门关于公安院校公安专业人才招录培养制度改革的意见》（人社部发〔2015〕106 号，2015 年 12 月 8 日发布）明确了公安院校公安专业毕业生的招录培养工作自 2016 年 1 月 1 日起施行。面向 16 所司法警官院校毕业生的招录培养办法，《人力资源社会保障部等六部门关于进一步加强司法行政机关人民警察招录培养工作的意见》（人社部发〔2018〕20 号）迟至 2018 年 3 月 21 日才发布，2019 届本科生——监狱学、侦查学专业，研究生——法律硕士专业（监所管理与罪犯矫正方向）才开始真正实施，专科——刑事执行、刑事侦查技术、罪犯心理测量与矫正技术、行政执行、戒毒矫治技术、司法信息安全 6 个专业的毕业生，迄今为止在各省区市的落实情况不尽相同。

中央司法警官学院不说与法学“五院四系”相比，不说与公安院校中的中国人民公安大学、中国刑事警察学院相比，其与同年建校并且不具地域优势的甘肃政法大学在研究生教育方面相比，也被远远超越了。

虽然司法警官院校目前面临的压力较大，但是，我们绝不能就此灰心。先秦荀子的《劝学》有云：“假舆马者，非利足也，而致千里；假舟楫者，非能水也，而绝江河。君子生非异也，善假于物也。”只要我们团结一心，众志成城，坚定目标，以同类型公安、政法院校的发展经验为借鉴，“始则师而法之，继则比而齐之”，也必将“终则驾而上之”。

四、以习近平法治思想为指导，实现司法警官教育高质量内涵式发展的科学对策

2020年2月5日，习近平总书记在中央全面依法治国委员会第三次会议上指出，研究谋划新时代法治人才培养和法治队伍建设长远规划，创新法治人才培养机制，推动东中西部法治工作队伍均衡布局，提高法治工作队伍思想政治素质、业务工作能力、职业道德水准，着力建设一支忠于党、忠于国家、忠于人民、忠于法律的社会主义法治工作队伍，为加快建设社会主义法治国家提供有力人才保障。建设高素质司法行政法治工作队伍，尤其是监狱、戒毒人民警察和社区矫正工作人员队伍，关键在于司法警官教育的办学水平。学科、专业建设作为司法警官教育的基本建设工程，其建设的水平、质量直接决定了司法警官教育的办学质量和层次。因此，司法警官教育的当务之急在于切实加强教学和科研，其高质量内涵式发展的主要内容、方式或途径是大力加强学科、专业建设，推动人才培养、学术创新和服务社会的质量变革，集中优势力量，面向司法行政事业需求，围绕监狱、戒毒、社区矫正的前沿科技、关键核心技术，向大科研、大平台、大项目集中发力。

（一）坚持党对司法警官教育的全面领导

坚持和加强党的全面领导，是中国特色现代大学制度的根本特征。加强党对高校的领导，既是推动高校沿着正确方向前进的根本保障，也是推动高校高质量内涵式发展的客观要求和重要保证。

习近平总书记指出，加强党对高校的领导，加强和改进高校党的建设，是办好中国特色社会主义大学的根本保证。党的二十大报告指出，我们必须全面加强党的领导，明确中国特色社会主义最本质的特征是中国共产党领导，中国特色社会主义制度的最大优势是中国共产党领导。要加快构建新发展格局，着力推动高质量发展。高质量发展是全面建设社会主义现代化国家的首要任务。

推进高校高质量内涵式发展，首要的就是要深刻领会、贯彻落实党的二十大和二十届二中、三中全会精神。习近平新时代中国特色社会主义思想中

蕴含的世界观、方法论是我们推进高校高质量内涵式发展的科学指引和行动指南，只有掌握了其中蕴含的世界观、方法论，坚持好、运用好贯穿其中的立场、观点、方法，才能回答好“办什么样的大学、怎么办大学、为谁办大学”这一方向性问题，回答好“为谁培养人、培养什么人、怎样培养人”这一根本性问题，这也是司法警官教育推进高质量内涵式发展的逻辑起点和根本前提。

（二）涵育司法警官院校文化精神

从大的方面讲，文化是一个国家、一个民族的灵魂。文化兴则国运兴，文化强则国运强。具体而言，司法警官院校的文化精神，是司法警官教育的灵魂，推动司法警官教育高质量内涵式发展，文化精神的凝聚和引领作用是绝对离不开的。

大学的有效治理，关键在于制度治校、人本治校和文化治校三大选择和形态，其中文化治校是大学治理的顶级状态。① 浸透在大学血液里的大学文化精神是一所大学的灵魂，以其浓厚的人文氛围和独有的价值取向，构建着大学积极的、正向的态势，制约着“大学人”养成良好习惯，作为“无形之手”发挥着积极的引领和导向作用。

司法警官院校办学时间短，历史底蕴薄，行业特色特殊，其独特大学文化和大学精神绝非一朝一夕能够形成，需要紧密结合行业需求与特色，围绕司法行政工作高质量发展需要，尤其是监狱、戒毒、社区矫正工作需要，不断坚守积淀、兼收并蓄、凝练特色，特别是建好思政平台、学术平台、服务平台，让“大学共同体”深入师生内心，坚持在长期办学治校过程中不浮躁、不功利、不从众，唯其如此，才能积跬拓远、臻于至善，不驰于空想，不骛于虚声，充分发挥大学文化精神在推动高质量内涵式发展中的最大动能和积极作用。

（三）切实加强司法警官教育高水平教师队伍建设

教育是国之大计、党之大计。培养什么人、怎样培养人、为谁培养人是

① 王邵军．贯彻落实党的二十大精神 切实推进高校高质量内涵式发展［J］．山东财经大学学报，2023，35（1）：5-12.

教育的根本问题，而育人的根本在于高水平的教师队伍。国将兴，必贵师而重傅。教师是立教之本、兴教之源。在一定的意义上可以说，教师的质量反映出教育的质量，有一流的教师才会有一流的教育，有一流的教育才会有一流的人才。习近平总书记在同北京师范大学师生代表座谈时指出，一个人遇到好老师是人生的幸运，一个学校拥有好老师是学校的光荣，一个民族源源不断涌现出一批又一批好老师则是民族的希望。

善之本在教，教之本在师。促进高等教育高质量、内涵式发展，实现教育现代化，关键在教师。习近平总书记强调，“强教必先强师。要把加强教师队伍建设作为建设教育强国最重要的基础工作来抓，健全中国特色教师教育体系，大力培养造就一支师德高尚、业务精湛、结构合理、充满活力的高素质专业化教师队伍。……要弘扬尊师重教社会风尚，提高教师政治地位、社会地位、职业地位，使教师成为最受社会尊重的职业之一，支持和吸引优秀人才热心从教、精心从教、长期从教、终身从教。”① 高水平的教师队伍是提升核心竞争力的“最大支撑”，更是推动高等教育高质量内涵式发展的“最强引擎”，建设一流学科、一流大学，离不开高水平的教师队伍。习近平总书记关于“四有”好老师的要求，既揭示了教师发展的内在规律，又对教师提出了与时俱进的新期待、新要求。因此，司法警官院校要超常规引进高层次教师，全力招引青年博士，切实抓好培养、引进、管理、服务 4 个环节，不断优化教师队伍结构，努力建设结构合理、素质精良、具有较强竞争力的教师队伍。

立德树人是推动高等教育高质量内涵式发展最根本的任务。要大力加强师德师风建设，引导广大教师树立“躬耕教坛、强国有我”的志向和抱负，进一步坚定理想信念、陶冶道德情操、涵养扎实学识、勤修仁爱之心，坚守三尺讲台，潜心教书育人。此外，教育部提出了质量意识、质量革命、质量中国，即本科教育全面振兴“三部曲”。如何去做？关键是要实现五个转变，即促进“本科教学”向“本科教育”的转变；促进“单一学科”培养向“交

---

① 习近平. 论教育［M］. 北京：中央文献出版社，2024：223.

叉学科”培养的转变；促进“以教为中心”向“以学为中心”的转变；促进“供给驱动”向“需求驱动”转变；促进传统多媒体教学向“智慧课堂”转变。

（四）科学制定学科、专业建设发展规划，做好顶层设计

《礼记·中庸》有言：“凡事预则立，不预则废。言前定则不跲，事前定则不困，行前定则不疚，道前定则不穷。”学科、专业建设亦如是。“不谋万世者，不足谋一时；不谋全局者，不足谋一域。”司法警官院校只有科学制定学科、专业建设发展规划，才会有明确的目标，并以目标为导向，一步步实现预定目标。

顶层设计是规划的落实和具体化。顶层设计是从全局的角度，运用系统论的方法，为高效快捷地实现目标，而对某项任务或者某个项目的各方面、各层次、各要素进行统筹规划。“顶层设计”在中共中央关于“十二五”规划的建议中首次出现。这一新名词进入国家新五年规划，预示着中国改革事业进入了新的征程。“顶层设计”不同于“摸着石头过河”，而是自上而下的“系统谋划”。

司法警官院校如果没有科学的发展规划，不做好顶层设计，不健全学科、专业建设体制机制，设置独立的学科建设机构，就无法实现学科、专业建设的科学化，自然就无法实现学科、专业建设的创新与高质量发展。

（五）立足司法行政工作特殊需求，突出监狱、戒毒、社区矫正工作特色发展，加快硕士学位授权点建设，启动博士学位授权点建设

目前，司法警官院校的学科、专业建设非常薄弱，既没有博士学位授权点，也没有一级学科硕士学位授权点，仅有法律硕士专业学位授权点 1 个。因此，司法警官院校必须以超常规的理念进一步加强学科、专业建设。

首先，立足司法行政工作的特殊需求，突出监狱、戒毒、社区矫正工作特色发展，以“大平台、大团队、大交叉、大协作、大项目”为建设思路，主动对接国家重大战略需求和区域经济发展需要，建设跨学科重大创新规划平台体系，面向国内外招募学科领军人才，做到问题导向、项目牵引、平台支撑、团队协同，加大高端项目和高水平成果的产出力度。

其次，提升法律硕士专业学位授权点质量，申请新的专业学位授权点。随着我国法治化进程的稳步向前，法律硕士专业学科应该在当前学科建设的基础上，结合司法行政工作的现实需要，监狱、戒毒、社区矫正工作的特殊需求，健全双导师制度，优化课程设置，以更加深层次的思维去探索和完善该学科的建设，争取在高等教育的“双一流”建设背景下，按照建设世界一流专业型学科的标准建设法律硕士专业学科，优化对法律硕士专业研究生的教育模式和培养方法，做到真正以法学理论为基础的学位教育和以职业实践为目标的专业教育相融合，为我国法治体系提供专业化和综合型的人才保障，使法律硕士专业学科为司法行政工作发展和改革发挥作用，为我国全面依法治国和教育强国两大战略做出贡献。

最后，积极创造条件，申请法学一级学科硕士学位授予点，并积极准备博士学位授予点申报建设工作。

（六）以“双万计划”“双高计划”建设为抓手，大力加强国家级一流专业建设

1. “双万计划”

“双万计划”即教育部“双一流专业”计划，是指教育部以建设面向未来、适应需求、引领发展、理念先进、保障有力的一流专业为目标，实施一流专业建设，建设1万个国家级一流本科专业点和1万个省级一流本科专业点。这对艰难发展的唯一本科司法警官院校——中央司法警官学院而言，是难得一遇的重大发展新契机。

2019年12月24日，教育部办公厅发布的《教育部办公厅关于公布2019年度国家级和省级一流本科专业建设点名单的通知》中，共认定首批国家级一流本科专业建设点4054个，确定省级一流本科专业建设点6210个。其中，司法警官院校仅中央司法警官学院获批2个国家级一流本科专业建设点，即监狱学和侦查学专业，但与中国人民公安大学11个国家级一流本科专业建设点、5个北京市一流本科专业建设点，中国刑事警察学院10个国家级一流本科专业建设点、1个省级一流本科专业建设点相比，司法警官院校的学科专业建设任重道远。

图 1　国家级和省级一流本科专业建设点规划

2. “双高计划”

“双高计划”，即中国特色高水平高职学校和专业建设计划，旨在打造技术技能人才培养高地和技术技能创新服务平台；引领职业教育服务国家战略、融入区域发展、促进产业升级，实施目标为建设引领改革、支撑发展、中国特色、世界水平的高职学校和专业群，是国家层面实施的重大决策建设工程，亦是推进中国教育现代化的重要决策。

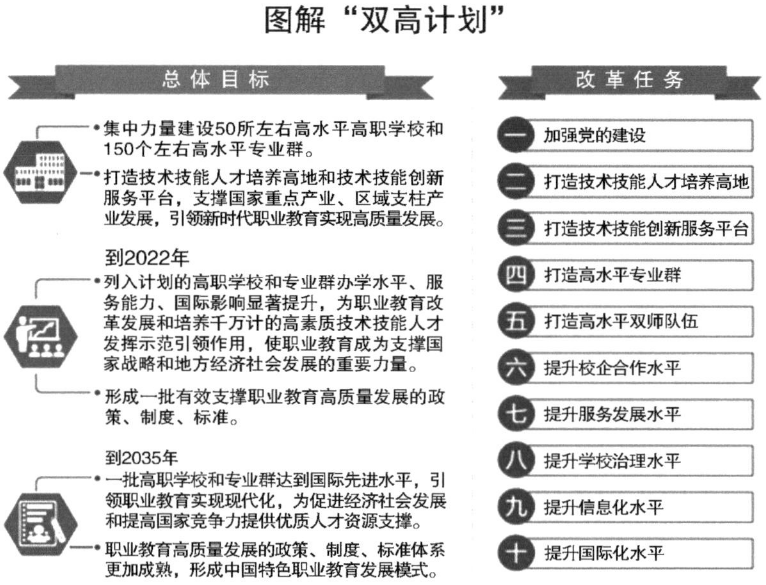

图 2 “双高计划”建设图解

2019 年 1 月 24 日，国务院印发《国家职业教育改革实施方案》提出，由教育部和财政部共同研究制定并联合实施中国特色高水平高等职业学校和专业建设计划，正式启动“双高计划”。

2019 年 3 月 29 日，教育部、财政部发布《关于实施中国特色高水平高职学校和专业建设计划的意见》；4 月 4 日，全国深化职业教育改革电视电话会议在北京召开，国务院总理李克强作出批示并指出，要着力培育发展一批高水平职业院校和品牌专业。

2019 年 12 月 10 日，教育部、财政部公布《中国特色高水平高职学校和专业建设计划建设单位名单》，首批“双高计划”建设名单共计 197 所，其中高水平学校建设高校 56 所（A 档 10 所、B 档 20 所、C 档 26 所），高水平专业群建设高校 141 所（A 档 26 所、B 档 59 所、C 档 56 所）。在 197 所中国特色高水平高职学校和专业建设计划建设单位名单中，警察类高职学校仅有1所，即浙江警官职业学院，刑事执行专业亦为落实便捷入警机制的司法行政警察类专业。

鉴于此，其他司法警官职业院校亦需尽快抓住实施“双高计划”的契机，争取早日进入中国特色高水平高职学校和专业建设计划建设单位名单。

2022年12月27日，教育部召开新闻发布会，介绍中共中央办公厅、国务院办公厅印发的《关于深化现代职业教育体系建设改革的意见》有关情况。中办、国办印发的《关于深化现代职业教育体系建设改革的意见》是党的二十大后，党中央、国务院部署教育改革工作的首个指导性文件。党的二十大对职业教育重视程度之高前所未有，职业教育在整个教育体系中的分量之重前所未有，以一体推进教育、科技和人才三大强国建设的宏阔视野，深化现代职业教育体系建设改革的任务之艰巨也前所未有，对职业教育的战略定位越来越突出、实践要求越来越明确、规律认识越来越深入。

中办、国办《关于深化现代职业教育体系建设改革的意见》的发布，为职业院校创造了新的发展机遇。司法警官职业院校应紧紧抓住贯彻落实《关于深化现代职业教育体系建设改革的意见》的新机遇，加快高质量内涵式发展的步伐。

（七）以新文科、新工科建设为契机，加大学科、专业建设创新力度

新文科就是文科教育的创新发展。它有4项任务：一是培养知中国、爱中国、堪当民族复兴大任的新时代文科人才；二是培育新时代社会科学家；三是构建哲学社会科学中国学派；四是创造光耀时代、光耀世界的中华文化。

从学科、专业布局来看，新文科可以说是三分天下有其二，其包含八大学科门类，即文、史、哲、经、管、法、教育、艺术，在一定程度上可以说，8个文科学科没做好、没做强、没创新，高等教育就不能说好、没法说强、不算创新。

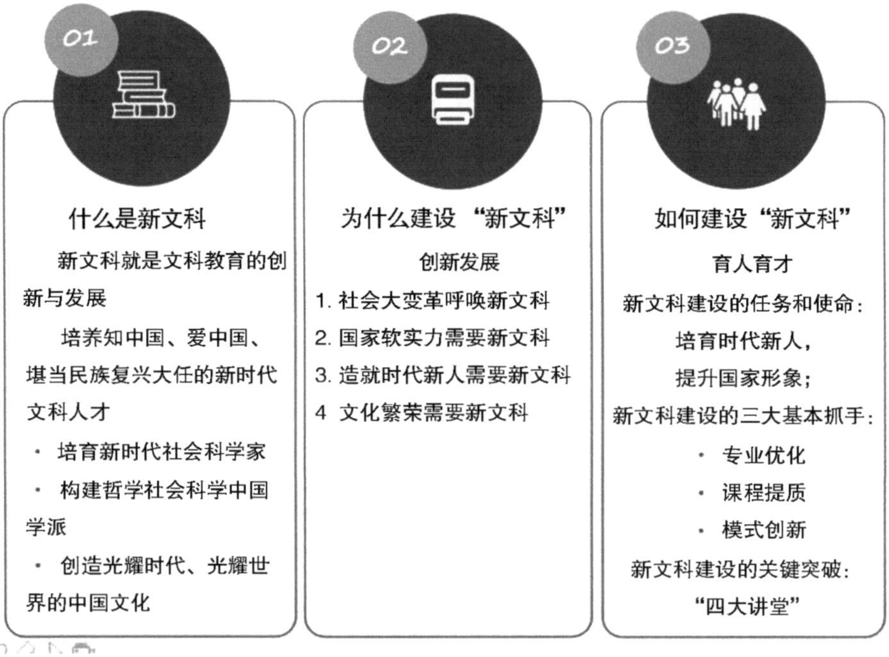

图3　三重解读“新文科”

2021年10月28日，《教育部办公厅关于公布首批新文科研究与改革实践项目的通知》（教高厅函〔2021〕31号）中，认定1011个新文科研究与改革实践项目，其中中央司法警官学院章恩友教授的“新文科建设框架下的监狱学专业升级改造”（2021140036）（经管法领域新文科建设实践），孙绍斌教授的“司法警官院校人才培养共同体模式研究”（2021090023）、宋秋英教授的“基于UC合作的矫正教育云平台建设”（2021090022），获批首批新文科研究与改革实践项目（基础学科拔尖创新人才培养创新与实践）。

新工科建设是应对新经济的挑战，从服务国家战略、满足产业需求和面向未来发展的高度，在“卓越工程师教育培养计划”（简称“卓越计划”）的基础上，提出的一项持续深化工程教育改革的重大行动计划。新工科建设具有反映时代特征、内涵新且丰富、多学科交融、多主体参与、涉及面广等特点。① “复旦共识”“天大行动”和“北京指南”，是教育部自 2017 年 2 月以来，积极推进新工科建设的“三部曲”。

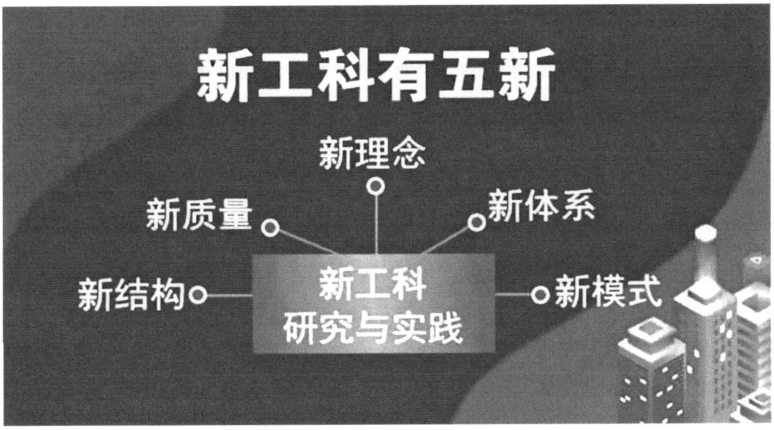

图 4　新工科有五新

先有学科、再有专业、最后培养人才，是人们普遍认同的学科、专业和人才培养三者之间的逻辑关系。然而，在新工科建设过程中，上述认同的逻辑关系可能被打破。在新形势下，新型学科专业的建设路径将是预测未来人才市场需求——改造升级现有专业——调整完善现有学科；新兴和新生学科专业的建设路径将是预测未来人才市场需求——学科建设与专业建设同步进行。②

教育部在首批新工科研究与实践项目实施与管理的基础上，紧紧围绕新时代全国高校本科教育工作会议、“六卓越一拔尖”计划 2.0 启动大会、深化新工科建设座谈会等有关要求，为推动新工科建设再深化、再拓展、再突破、再出发，于 2020 年 4 月组织开展了第二批新工科研究与实践项目推荐工作。在有关方面择优推荐的基础上，经专家综合评议及公示，认定 363 所高校的

① 林健．引领高等教育改革的新工科建设［J］．中国高等教育，2017（Z2）：40-43.
② 林健．引领高等教育改革的新工科建设［J］．中国高等教育，2017（Z2）：40-43.

845个项目为第二批新工科研究与实践项目。其中，中央司法警官学院获批专业改革类项目2项，分别为王华英教授的“新工科背景下面向人工智能的司法信息安全系列课程教学改革”与高冠东教授的“面向司法行政的新工科人才培养机制探索与实践”。

新文科、新工科建设无疑是司法警官院校学科、专业建设新的发展机遇。

（八）充分发挥便捷入警机制的激励作用，不断健全完善学科、专业一体化建设机制

在需要理论、需要思想，且一定能产生理论、产生思想的时代，我们必须积势蓄势谋势、识变应变求变，充分发挥便捷入警机制的激励作用，不断健全学科、专业一体化建设机制。

便捷入警机制是一把“双刃剑”，我们必须充分发挥其正能量，全面推进学科、专业一体化建设，并着力从理论上创新、政策上完善、实践中推进和落实。

2020年12月30日，国务院学位委员会、教育部宣布，设置我国第14个学科门类——“交叉学科”，以及“集成电路科学与工程”和“国家安全学”2个一级学科。2022年9月，国务院学位委员会、教育部印发的《研究生教育学科专业目录（2022年）》中，交叉学科门类下已有1401集成电路科学与工程（可授理学、工学学位）、1402国家安全学（可授法学、工学、管理学、军事学学位）、1403设计学（可授工学、艺术学学位）、1404遥感科学与技术（可授理学、工学学位）、1405智能科学与技术（可授理学、工学学位）、1406纳米科学与工程（可授理学、工学学位）、1407区域国别学（可授经济学、法学、文学、历史学学位）等7个一级学科，另有1451文物、1452密码＊2个专业学位。“交叉学科”建设的迅速发展，为司法警官院校的学科专业建设提供了多种可能。

就司法警官院校而言，如何在新时代国家安全形势错综复杂的严峻形势下，结合司法行政工作的特殊需求，尤其是监狱、戒毒、社区矫正工作需要，加强科研平台建设，组织团队集体攻关，强化有组织科研，加强科研成果转化，加强国家安全学科学研究，培养维护国家安全迫切需要的大批具有全球

视野、全局观念、战略思维、政治意识、能力担当的国家安全人才，提升服务司法行政事业需求的能力和水平，成为当务之急。

征途漫漫，唯有奋斗。虽道阻且长，然行则将至，行而不辍，未来可期。清代诗人牛兆濂在《登华岳南峰极顶》中亦云：“踏破白云千万重，仰天池上水溶溶。横空大气排山去，砥柱人间是此峰。”

在中国特色社会主义新时代，司法警官院校理所应当以更加坚定的理想信念和历史担当，内部发力，外部借力，形成合力，全面服务支撑中国式司法行政事业现代化建设。积极承担起司法警官教育的新使命，既要在现有的基础上，紧密结合司法行政工作实际，紧紧抓住教育部“双万计划”“双高计划”“涉外法治人才协同培养创新基地”建设等新契机，新文科建设、新工科建设重大机遇，第 14 个学科建设门类——交叉学科中的一级学科建设的新起点，不断优化、整合现有的优势学科、专业；又要准确把握新发展阶段，深入贯彻新发展理念，加快构建新发展格局，遵循“服务司法、特色发展、提升内涵”的原则，培养复合型、应用型、创新型司法警官后备人才，牢记空谈误国、实干兴邦，坚定信心、同心同德，埋头苦干、奋勇前进，以推进新时代司法警官教育高质量内涵式发展，为司法行政工作提供坚实的人才保障，推动司法行政事业尤其是监狱、戒毒、社区矫正事业不断向前发展。

附：参考文献

［1］陈君锋，刘昆锋．新质生产力引领高等教育高质量发展：价值意蕴、现实困境及实现路径［J］．四川轻化工大学学报（社会科学版），2024，39（4）：65-78.

［2］李飞，汤颖．高等教育高质量发展的文化意蕴、文化条件及建设路径［J］．教育理论与实践，2024，44（24）：9-13.

［3］陈亮，叶明裕．高等教育高质量发展赋能共同富裕：内在机理与实践策略［J］．大学教育科学，2024（4）：13-24.

［4］刘钧，白宇鹴．推动构建高质量高等教育发展体系研究综述［J］．山西青年，2024（12）：26-28.

［5］郭翠菊．基于高质量发展的高校内涵式发展探析［J］．安阳师范学院学报，2024，26（3）：133-139.

［6］余利川．“双循环”背景下高等教育知识活动高质量发展的逻辑与路径［J］．北京化工大学学报（社会科学版），2024（2）：102-107.

［7］孙典，王莉，商立媛．人工智能赋能我国高等教育高质量发展的内涵、困境及路径［J］．现代教育管理，2024（6）：34-42.

［8］王国银，张建梅，王世泽，等．产教融合背景下高等教育高质量发展的路径研究——基于浙江的分析［J］．浙江树人学院学报，2024，24（3）：59-68.

［9］汪晨．中国式高等教育现代化的逻辑、特征与路径：基于内涵式高质量发展的时代要求［J］．教育探索，2024（5）：25-29.

［10］徐亿军，赵彦龙．新时期高等教育教学评价及其高质量发展路径探析［J］．黑龙江工业学院学报（综合版），2024，24（5）：7-10.

［11］李枭鹰，郭新伟．高等教育高质量发展的“三个反思”［J］．江苏高教，2024（5）：8-16.

［12］杨阳．党的十八大以来我国高校思想政治教育政策演进历程、机制及展望［J］．中国德育，2024（8）：21-26.

［13］刘海军，殷于博，赵球．高等教育服务发展新质生产力的三个要点

[J]. 辽宁经济，2024（4）：11-13.

[14] 冯健文，袁德辉．高等教育高质量发展的逻辑机理与实践探索：以韩山师范学院为例［J］．韩山师范学院学报，2024，45（2）：69-75.

[15] 汪琳玥，陈晓清．日本高等教育二十年创新发展战略探析［J］．世界教育信息，2024，37（4）：30-37.

[16] 蒋先玲，王铭娴．教育家精神与高等教育高质量发展［J］．高等教育评论，2023，11（2）：230-236.

[17] 程斯辉，刘立德．新中国著名大学校长教育家精神的当代价值［J］．河北师范大学学报（教育科学版），2024，26（2）：21-26.

[18] 张晓报，柴亚玲．高等教育高质量发展背景下高校课程考核的“放水”现象及其治理［J］．高等理科教育，2024（2）：91-99.

[19] 高玉勤，高志宏．高等教育高质量发展研究的学术脉络与展望：基于CNKI期刊文献的可视化分析［J］．大庆师范学院学报，2024，44（2）：118-128.

[20] 蒲蕊，沈胜林．中国特色高等教育治理体系现代化建设的内涵与路径［J］．黑龙江高教研究，2024，42（3）：39-45.

[21] 朱晓杰．司法警官教育贯彻习近平法治思想的价值与路径：以党的二十大精神为理论根据［J］．中国监狱学刊，2023，38（2）：113-119.

[22] 王雪峰．监狱学专业教育：命名、必要与可能［J］．河南司法警官职业学院学报，2018，16（1）：123-128.

学习型社会视角下的司法警官继续教育研究

中央司法警官学院课题组①

创建人人学、时时学、处处学，全民学习、终身学习的学习型社会，对我国的监狱、戒毒工作来说，既是挑战，更是机遇。以学习型社会的基本理念为指导，大力加强学习型司法警官队伍建设，是现代社会不断发展进步、遏制违法犯罪、维护社会安全与和谐稳定的迫切需要。要进一步推进社会矛盾化解、社会管理创新、公正廉洁执法三项重点工作，规范监狱、戒毒管理工作，促进监所安全稳定，提高矫正工作质量与社会效益，就必须适应学习型社会的要求，积极开展司法警官继续教育工作，不断充实司法警官的业务知识，扩大司法警官的业务知识面，改善司法警官的业务知识结构，提高司法警官的业务技能，切实提高司法警官的执法水平。

一、学习型司法警官的基本理念

（一）学习型社会与学习型司法警官的理论基点

学习型社会也称学习化社会，是以社会学习者为中心，以终身教育体系、终身学习服务体系、学习型组织为基础，以形成终身学习文化为基本特征，能保障和满足社会成员学习基本权利和终身学习需求，从而有效地促进社会

---

① 本文为司法部2013年度全国司法行政系统理论研究规划课题“学习型社会视角下的司法警官继续教育研究”的研究成果，项目编号：13GH2025。

课题主持人：樊国福，中央司法警官学院矫正教育系教授。

课题组成员：陈鹏、李凯瑞、高金锋。

成员全面发展和社会价值得以充分实现，使社会可持续发展的一种开放、创新、富有活力的新型社会。① 学习型社会作为一个教育哲学范畴的概念，最早是由美国著名的新理性主义教育家和古典人文主义成人教育倡导者、原芝加哥大学校长罗伯特·哈钦斯提出的。1968 年，罗伯特·哈钦斯发表了一部首先在成人教育领域引起全球震动的著作——《学习社会》。该书在对以往教育进行批判性研究的基础上，提出了今后应实现新的教育和社会——学习型社会。② 联合国教科文组织国际教育发展委员会编著、被誉为当代教育思想发展里程碑的著名报告《学会生存》，抑特别强调终身教育和学习型社会两个概念，把学习型社会作为未来社会形态的构想和追求目标。从此，终身教育和学习型社会的理念就在国际社会迅速传播开来，成为许多国家、地区、社会团体推进和实施教育改革和发展的指导原则，成为社会发展和社会进步追求的一个重要目标。③

对于我们国家来说，创建学习型社会是全面建成小康社会、完善社会主义市场经济体制、深入推进社会主义改革开放的必然要求。党的十六大报告描绘了全面建成小康社会的宏伟蓝图，并明确提出了“形成全民学习、终身学习的学习型社会，促进人的全面发展”的奋斗目标。在党的十六届四中全会决定中，又明确提出了建设学习型社会的要求。党的十七大报告继续明确要“建设全民学习、终身学习的学习型社会”。党的十七届四中全会决定提出，“把建设马克思主义学习型政党作为重大而紧迫的战略任务抓紧抓好……建设学习型党组织”。党的十八大以来，党中央多次强调要建设马克思主义学习型政党，这是新时期、新阶段、新形势对马克思主义执政党提出的必然要求，是推进党的建设与学习型社会建设的新理念、新思路、新举措，充分体现了建设学习型社会的时代发展要求，充分说明了在全面建成小康社会的进程中，创建学习型社会的重要地位和作用。创建各类、各层次学习型组织进而推动学习型社会的实现已成为我国社会发展的重要目标和重点任务。

---

① 朱新均. 学习型社会建设的理念、路径和对策 [J]. 现代远程教育研究，2011 (1)：3-11.

② 樊国福，刘恒志等. 构建我国特色的学习化社会 [J]. 宁夏社会科学，2004 (3)：117-119.

③ 田恒平. 学习化社会思潮与学校管理 [J]. 新课程研究（教育管理），2008 (1)：1.

创建学习型社会是一项全民参与、全程参与、全面参与的社会性活动，最终目标是要形成人人、时时、处处学习的社会学习氛围，实现学习行为的社会化和普遍化。创建一个人人学、时时学、处处学，全民学习、终身学习的学习型社会，既是全面实现小康社会的重要目标，也是中国社会持续发展的重要手段。学习型社会包括学习型政党、学习型政府、学习型组织、学习型城市、学习型公民等内容，当然也包括学习型司法警官。

学习型司法警官是学习型社会不可或缺的重要组成部分，学习型司法警官队伍必须在学习型社会的基本理念指导下建设和运行。

司法警官是我国人民警察队伍中的一个特殊警种，特指在国家司法行政系统尤其是监狱、戒毒单位从事刑罚执行、强制隔离戒毒等矫正相关工作的人民警察。学习型司法警官是指秉持继续教育、终身学习基本理念，不断改善自身获取、运用和创新知识的能力，构建完善的、系统的、终身的教育体系，营造浓厚的学习氛围，不断增强自身的综合技能，适应新时代的发展要求，促进新时期司法行政工作可持续发展的监狱、戒毒人民警察。

司法警官作为战斗在监狱、戒毒等矫正战线上的特殊警种，是国家力量的重要组成部分，在建设社会主义法治国家的新时期，肩负着推进社会管理创新、维护社会公平正义的重要历史使命。

构建学习型司法警官队伍，推进司法行政工作全面发展，是推动国家法治建设的重要组成部分。通过建设学习型司法警官队伍，在潜移默化中提高司法警官的思想素质和文化素质，可增强司法警官的职业自豪感和认同感，展现他们的蓬勃朝气和昂扬锐气，激发他们对司法行政事业的奉献精神和敬业情怀。通过创建学习型司法警官队伍，可全面提高司法警官队伍的组织能力和管理水平，树立和打造良好的司法警官队伍形象，强化司法警官之间的沟通、交流和互动，增进彼此之间的了解，互相尊重，互相学习，互相理解，互相信任，增强司法警官队伍的战斗力、凝聚力和向心力。

构建学习型司法警官队伍，是司法行政工作改革与创新的重要人才保障。司法行政工作与人民群众的根本利益息息相关。司法行政机关（特别是监狱、戒毒单位）是党和政府维护人民利益、联系人民群众的重要桥梁和纽带。构建学习型司法警官队伍，需要在监狱、戒毒单位大力营造良好的学习氛围，切实解决司法警官学习和工作中存在的具体问题，不断加强学习，树立继续教育、终身学习的理念，才能进一步提高监狱、戒毒人民警察队伍的综合素质，并进一步促进社会生产力的发展，切实维护广大人民群众的根本利益。

学习型司法警官必须更加重视学习、更加善于学习，努力掌握和运用一切科学的新思想、新知识、新技能，在罪犯教育改造和强制隔离戒毒人员矫正工作中掌握主动，不断深化对司法行政工作职能的认识，探索和完善适应新时期监狱、戒毒工作发展的新路子、新模式，使监狱、戒毒工作呈现出崭新局面，进而促进司法行政事业改革创新和社会公平正义的实现。

（二）构建学习型司法警官队伍的客观必要性

构建学习型司法警官队伍是学习型社会的应有之义，是学习型社会建设目标在司法行政领域的贯彻和实现。与此同时，学习型司法警官队伍建设也是应对新时期犯罪特点的智能化及综合性、复杂性的必然要求。随着人类社会的不断进步，尤其是现代化科学技术突飞猛进的发展，犯罪现象无论在数量上、规模上，还是在犯罪方法、对社会的危害程度上，都发生了很大变化，对人类社会构成的威胁日益加剧。这种新形势、新变化对司法警官的知识水平、理论修养和适应与创造能力都提出了新的更高的要求。不抓紧时间学习，充实自己、完善自己，就难以跟上时代的节拍，难以适应监狱、强制隔离戒毒等矫正工作的需要，难以在维护社会的安全稳定大局中发挥应有的作用。

根据学习型社会理论、当前社会的违法犯罪现状、特点及监狱、戒毒人民警察的工作职责，构建学习型司法警官队伍的客观必要性主要表现在以下4个方面。

1. 犯罪现象和罪犯构成的新变化

犯罪现象是指一定时空中表征、描述和反映犯罪原因并被其所决定，进而为预防犯罪提供依据的有关犯罪、犯罪人、被害人的非刑法条文形态的诸经验事实的总和。① 也就是说，犯罪现象是指一个国家或地区在一定的时间

---

① 许章润. 犯罪学［M］. 北京：法律出版社，2007：67.

内所发生的违法犯罪行为的总和。

作为一种社会法律现象，犯罪就像附着在社会肌体上的寄生虫，总是随着社会的不断变化而不断产生、发展和变化。从实践中看，导致犯罪的原因是多方面的，而且犯罪原因是一个综合的体系，其间有社会政治、经济、文化、教育的间接作用和个体生理、心理的直接作用。譬如，科技是一把双刃剑，用好了可以推进人类社会文明的发展；而一旦落入犯罪分子手中，其危害后果不堪设想。可以说，现代科技的日新月异在推动社会发展的同时，也给违法犯罪分子提供了可乘之机。特别是进入 21 世纪以后，犯罪的专业化、集团化特征明显，高科技、高学历犯罪增多，犯罪手段、形势日趋复杂多样。智能犯罪已成为和传统的杀人、伤害等暴力犯罪类型不相上下的重要犯罪类型之一。

从犯罪主体来看，犯罪人越来越多地呈现出高学历、高智能的突出特点。特别是近几年，监狱中的罪犯构成已经改变了以暴力犯为主的传统特点，呈现出暴力犯、经济犯、职务犯、高科技犯并列的复杂态势，特别是外籍犯亦有增长的趋势。这些罪犯主观恶性深，人身危险性高，改造难度大。监狱人民警察面临这样的新情况、新任务，不学习就难以适应工作需要，不学习就胜任不了工作岗位，不学习就跟不上时代步伐，不学习就难以完成工作任务。因此，我们必须要着力构建学习型监狱人民警察队伍，以适应教育改造需要，充分发挥监管职能，最大限度地使罪犯矫正错误观念，培养守法意识，自觉接受改造，早日成为社会所需要的新人。

2. 国家法治改革的新形势

党的十八届三中全会《关于全面深化改革若干重大问题的决定》中明确指出，“废止劳动教养制度，完善对违法犯罪行为的惩治和矫正法律，健全社区矫正制度”。一方面，劳动教养制度在我国施行了半个多世纪，成效显著，但近几年，因其法律依据不足且违反宪法和上位法，有违罪罚相当和程序正当等法治原则而令人诟病，且在实践中被广泛、严重滥用，劳动教养措施侵犯人权的问题成为众矢之的；另一方面，劳动教养制度的废除是法治社会的进步，是中国法治进程中的又一里程碑，但随之出现了众多的原劳动教养人民警察面临转型何去何从的新问题。从实践来看，大多数劳教所改挂了“强制隔离戒毒所”的牌子，也有少部分改为了轻刑犯监狱，如原北京市团河劳教所已经改为北京市监狱团河二监区。截至目前，大多数劳动教养人民警察已经实现了向强制隔离戒毒人民警察的成功转型。

国家法治建设的这种改革是与我国的实际国情紧密相连的，是契合国家和社会发展进程的。改革开放以来，我国的市场经济得到了迅速发展，但民主与法制建设还亟须加强。特别是伴随着西方腐朽文化的渗透，吸毒、制毒、运毒、贩毒等毒品违法犯罪现象开始出现并急剧发展。近年来，新型毒品案件频发，呈上升趋势。毒品在有些边境地区甚至泛滥成灾，戒毒形势异常严峻。肩负着强制隔离戒毒职能的戒毒人民警察，尤其是部分刚刚转型过来的戒毒人民警察，面对新的工作岗位、工作职责、工作对象和工作形势等一系列新问题，必须加强学习，及时跟进。面对异常严峻的打击毒品违法犯罪行为的新形势，如果不积极加强对毒品相关知识的学习，无法准确认知毒品尤其是层出不穷的新型毒品，如何谈得上打击毒品违法犯罪行为和履行强制隔离戒毒职能？

3. 监所管理工作的新发展

监管场所是法治文明的重要载体，依法保障人权、安全规范管理是法治文明的重要体现。监所管理涉及国家与社会、国家与公民、权力与权利和打击犯罪与保障人权、侦查与羁押、惩罚与教育、监管执法与检察监督等众多关系。监管场所状况能够反映出一个国家的法治水平，从监所管理可以看出法治文明的最新发展，也体现了深层的法治文化。①

2004 年，我国在第四次宪法修正案中明确写入了“国家尊重和保障人权”。在司法行政领域，罪犯人权保障已成为国家人权保障的一项重要内容。随着构建社会主义和谐社会的形势需要，国家确立了宽严相济的刑事司法政策。2006 年 10 月 11 日，中共十六届六中全会通过了《中共中央关于构建社会主义和谐社会若干重大问题的决定》，正式提出实施宽严相济的刑事司法政

---

① 丁国强. 法治文明与监所管理 [N]. 法制日报，2013-4-10 (12).

策。2011 年 2 月 25 日，第十一届全国人民代表大会常务委员会第十九次会议通过《刑法修正案（八）》，社区矫正制度正式写入国家刑法，再一次体现了宽严相济的刑事司法政策。与此同时，监所管理形势也出现了很多新变化、新特点，特别是在行刑社会化理念的影响下，社区矫正的适用范围逐渐扩大，监狱内罪犯适用减刑、假释制度的新情况等。这些监所管理形势的新变化给学习型司法警官队伍建设带来了新的机遇和挑战。面对机遇，司法警官必须通过不断学习乘势而进，抢抓机遇；面对挑战，司法警官更要通过不断学习迎难而上，应对挑战。

4. 司法警官队伍建设的新要求

构建学习型司法警官队伍，是提高司法警官自身素质、克服司法警官队伍不足、预防和减少犯罪的基本途径。但由于多方面的原因，目前在司法警官队伍建设中尚存在着诸多不足和问题，比较突出的就是学习层面上的问题。主要表现为：学习不够深入，观念没有转变；在司法实践中，还不同程度地存在着“跑不过犯人、打不过犯人、说不过犯人”和“不敢管、不想管、不会管”等现象。在罪犯构成日趋复杂、教育改造难度不断加大的情况下，无论在思想观念、工作作风，还是在素质能力、实际本领等方面，与提高教育改造水平、降低重新犯罪率之间的矛盾依然突出。特别是从队伍的专业化程度来看，司法警官队伍专业知识结构不太合理。从实践来看，虽然公务员的学历层次上去了，但队伍的专业化水平不高，依然是“看守型”警察多，“矫治型”警察少，尤其是具有教育矫正资格和相应能力水平的司法警官配备严重不足，缺乏教育矫正工作需要的心理咨询员、文化职业教师、心理矫治人员等专业型高素质人才。

除此之外，司法警官队伍的社会化程度普遍偏低。“人是社会的人，社会是人的社会”，社会性是人的根本属性之一。监狱、戒毒人民警察工作的特殊性，生活环境较为封闭，对社会信息的了解较为闭塞，思想观念和行为方式都滞后于时代潮流，导致了个体社会化程度不高。特别是对一些“个性张扬而缺乏社会责任感”、心理素质和行为习惯较为特殊的青少年罪犯，缺乏教育矫正的针对性，给教育矫正工作带来了不利影响。

“打铁还需自身硬。”现代司法警官必须充分认识到时代的发展要求和肩负的历史使命，全面、深刻、准确地解读学习型司法警官的基本内涵，深入理解预防、控制、减少犯罪对国家和社会的重要作用，积极主动地参与继续教育，加强继续教育，以打造一支主动学习、善于学习、全面学习、全员学习的学习型司法警官队伍为目标。

（三）构建学习型司法警官队伍的总体要求

构建学习型司法警官队伍，必须在提高认识上下功夫，必须抓住关键，找对方法，才能卓有成效。

1. 提高学的认识是前提

物质决定意识，意识反作用于物质。具体而言，意识是通过人的行为作用于物质。意识指导着个体的行为，理念是群体行为的指南。构建学习型司法警官队伍的前提是在司法行政系统（尤其是监狱、戒毒单位）树立正确的学习理念。为此，必须在思想上高度重视，充分认识学习的重要性。

我们生活的时代是信息化时代，是大数据时代。诚如哈佛大学社会学教授加里·金所言：“这是一场革命，庞大的数据资源使得各个领域开始了量化进程，无论学术界、商界还是政府，所有领域都将开始这种进程。”大数据所带来的信息风暴正在改变我们的生活、工作和思维，大数据开启了一次重大的时代转型。大数据已经成为新发明和新服务的源泉，而更多的改变正蓄势待发。信息革命给控制和减少犯罪带来了挑战，也给教育改造工作和矫正违法犯罪分子带来了机遇。为此，新时期的司法警官必须加强学习，不学习就难以在信息时代立足，不学习就难以适应知识经济时代的发展要求。广大司法警官唯有从思想上高度重视学习，扩充信息量，掌握大数据，方能适应新时代。

2. 明确学习的内容是关键

学习，是“学”和“习”的结合。“学习”一词最早出自儒家思想创始人孔子。《论语》记载：“学而时习之，不亦说乎?”言外之意，学与习相辅相成，学固然重要，习更是关键。

毛泽东在《中国革命战争的战略问题》第一章第四节写道：“读书是学

习，使用也是学习，而且是更重要的学习。”结合毛泽东在《反对本本主义》等著作中的经典论述，我们可以得知，学习不仅仅是向书本学习，还要向实践学习，要反对本本主义、教条主义，要学以致用，重视实践在学习中的重要作用，把实践作为重要的学习内容之一。

从“学习型社会”的含义来看，“学习型司法警官队伍”概念中的“学习”，内涵丰富，涵盖平时人们所说的“学习”“教育”特别是“继续教育”等方面的内容。要学习党的基础理论和创新理论，学习党的路线方针政策，学习法律法规，学习现代科技、国内外政治经济形势和各种专业技术知识。既要加强思想政治学习，也要加强专业技能学习；既要加强理论积淀，也要加强经验总结；既要加强岗位练兵，也要加强教育培训；既要加强阶段性的学习，更要加强继续教育和终身学习的推进。要学思结合、知行并用，既要向司法行政系统的老同志学习工作经验，又要向身边的新同志学习时代思维。

3. 找对学习的方法是重点

找对学习的方法，也就是要善于学习，爱学习会学习，把学习作为一种生活方式、一种价值追求。在学习中不断充实自我、完善自我。

结合司法警官队伍建设实际而言，“构建学习型司法警官”是一个系统化、综合化的大工程，它涵盖了监狱、戒毒人民警察“获取知识，锻炼技能，提高素质”的所有学习教育活动。在学习方法上，可以采取教育培训式学习、座谈交流式学习、远程网络式学习、参观调研式学习等多种学习方法。如经常性组织开展专题教育培训，让他们有时间学习、有机会学习，教育激励他们主动学习、自我学习、创造条件学习，培养良好的团队精神、创建良好的文化环境等。

除此之外，还要兼顾学习的深度和广度。学习的深度是指学习要力求深入，要在针对性和专业化上多下功夫。对司法警官来讲，学习的深度就是要强调专业化的学习，成长为“岗位能手”。“每一个岗位都是一所大学。”在本职岗位的学习，不能浅尝辄止，要力求深入。深入学习矫正教育的理论和实践，深入研究矫正教育的发展和变化。“因为专业，所以权威”，要通过专业化的学习，深入推进司法行政工作的改革、创新和完善。学习的广度是指学习方法和学习内容上要力求全面。对司法警官来讲，学习的广度就是要强调综合化的学习，成长为“多面手”。“铁打的营盘，流水的兵。”每一名司法警官，都可能要轮换两个以上的工作岗位。只有学习了更多、更广、更全的知识和技能，提高了自身的综合素质，才能适应不同岗位的职责和要求，打造岗位能手，培养全面人才。

总之，加强司法警官的继续教育是推进学习型司法警官队伍建设的重要途径。只有通过权威性、专业化的教育培训，大力加强司法警官继续教育，逐步建立健全适应学习型社会挑战的司法警官继续教育新模式，切实提高司法警官的职业素养和矫正水平，方能真正做到“魔高一尺，道高一丈”，打击和控制违法犯罪，进而不断提高教育矫正质量，预防和减少重新犯罪，为构建社会主义和谐社会保驾护航。

二、当前司法警官继续教育的现状及存在的问题

我国的司法警官肩负着为巩固人民民主政权和国家长治久安服务，为改革开放和经济建设服务，为社会主义民主和法制建设服务，为保护人民民主权利、方便人民群众生活服务的重要职能，是依法维护社会和谐稳定，促进社会公平正义，保障人民群众合法权益的重要力量，是保障民生、改善民生的一支重要力量，在推进以改善民生为重点的社会建设中担负着重要职责。随着政府职能的进一步转变、人民群众民主意识的进一步提高，司法行政部门履行职能、发挥作用的空间将进一步拓展，司法行政工作已越来越成为全社会和各级党委政府重点关注的领域。

“政治路线确定之后，干部就是决定的因素。”司法行政系统尤其是监狱、戒毒单位要做好加强和创新社会管理工作，队伍建设是根本。要坚持把队伍建设作为一项根本性的长期任务，努力建设一支政治坚定、业务精通、作风优良、执法公正的司法行政队伍，必须适应不断提升社会管理和创新水平的新形势，不断加强、改进和完善司法警官继续教育体系。

目前，我国的司法警官继续教育工作已经形成了三级体系。从司法部到各省区市监狱管理局、戒毒管理局直至基层的监狱、强制隔离戒毒所，每年

都有常态化的人民警察继续教育任务，各级领导对此项工作的重视程度逐年提高。尤其是近几年来，越来越多的基层人民警察除参加本系统省内培训外，还有机会参加省外本系统的教育培训，其中仅中央司法警官学院每年承办的面向基层司法行政系统尤其是监狱、戒毒单位的各类专题业务培训班就有百余期，共培训人员1万余名。当然，在看到成绩的同时，我们还应理性、全面、客观地分析一下构建学习型社会进程中司法警官继续教育工作存在的问题。

为深入了解我国基层司法警官继续教育的现状，我们课题组先后向广东省揭阳监狱、广西戒毒管理局、广西第一戒毒所、广西女子戒毒所、广西南宁茅桥戒毒所、广西柳州戒毒所、广西第二戒毒所、广西第四戒毒所、保定监狱等监狱、戒毒单位发放了“学习型社会视角下的司法警官继续教育模式研究调查问卷”，并进行了具体分析。具体情况详见表1。

表1 学习型社会视角下的司法警官继续教育模式研究调查问卷数据分析统计表

序号	问题	选项	人数百分比
1	参加过的培训形式	A 省内培训	85.3%
		B 省外培训	21.7%
		C 行业外培训	8.4%
		D 其他	3%
2	近五年参加培训的次数	A 1次	28%
		B 2次	21%
		C 3次	17%
		D 多次	34%
3	培训效果评价	A 用处不大	12%
		B 有点用处	32.8%
		C 很有用处	55.2%

续表

序号	问题	选项	人数百分比
4	短期培训的适宜时间	A 3天	13.5%
		B 5天	28.7%
		C 7天	23.8%
		D 10天	34%
5	到人社部国家级专业技术人员继续教育基地培训的次数	A 1次	79.8%
		B 2次	15.2%
		C 3次	5%
		D 多次	0%
6	开展拓展训练的必要性	A 有必要	63.2%
		B 可有可无	27%
		C 没必要	9.8%
7	培训教师对培训起关键作用的素质	A 亲和力	39.8%
		B 口才	56.6%
		C 知识储备	63.6%
		D 理论水平	40.6%
8	最受欢迎的授课方式	A 讲授法	20.9%
		B 互动式	40.6%
		C 体验式	40.6%
		D 案例式	28.7%
9	开展忠诚教育最有效的方式	A 典型事例	59.4%
		B 革命传统教育	35%
		C 道德说教	5.6%
10	合理的培训时间间隔	A 半年	38.3%
		B 一年	48.8%
		C 两年	12.9%
		D 三年以上	0%
11	是否应该设置实践教学环节（如参观监狱）	A 是	95%
		B 否	5%

注：1、7、8为多选题。

调查显示，我国当前司法警官继续教育现状及存在的主要问题如下。

（一）对司法警官继续教育重要性的认识还有待提高

目前，司法警官的工作环境、学习环境和人文环境虽然得到了全面改善，但近几年来，押犯及强制隔离戒毒人员的骤增，押犯及强制隔离戒毒人员成分的复杂化，使得监狱及强制隔离戒毒工作又出现许多新情况和新问题。“首要标准”的提出，又进一步明确了当前与今后一个时期监狱矫正工作在预防和减少重新违法犯罪方面的责任要求和不可推卸的重大使命，对司法警官的能力素质提出了新的更高要求。抓好司法警官继续教育工作作为提高司法警官队伍思想素质，增强队伍工作能力，关心司法警官队伍成长进步的重要环节，成为具有战略意义的重要工程，是适应新的形势变化，推进素质强警战略的重要举措，是推动司法警官队伍建设可持续发展的关键环节。

首先，加强司法警官继续教育是贯彻落实党中央、司法部和各省关于“大规模培训干部、大幅度提高干部队伍素质”要求和部署的需要。司法警官作为国家公务人员的特殊成员，要适应日趋复杂的监管及强制隔离戒毒工作的形势变化，就要通过学习培训不断提高严格、公正、文明执法能力，提高教育改造能力，这也是司法警官继续教育的组织要求和最终目的。

其次，加强司法警官继续教育，是建设专家型矫正人才队伍的迫切需要。在加强司法警官继续教育的过程中，要进一步加强司法警官队伍的继续教育和专业化建设，大力实施教育改造高层次人才培养工程，虽然无法在短时间培养和引进一批法学、教育学、心理学、社会学等高层次专门人才，但可以组织在职司法警官通过学习方针政策、法律法规等内容的不断学习，增强严格、公正、文明执法意识。同时，也可以请在一线工作时间长、经验丰富的老同志传授经验、交流体会，以典型事例作为生动教材，达到引路、解惑的目的。深入开展评优争先活动，激发钻研教育改造业务的热情，培养一支专家型矫正人才队伍，带动队伍整体素质的跃升，为更好地实现“首要标准”提供人力支撑和组织保障。

最后，加强司法警官继续教育，是适应监狱、戒毒工作新形势，提高队伍素质的现实需要。近几年来，随着社会环境的深刻变化，监狱及强制隔离戒毒人民警察的职业意识、职业责任、职业荣誉、职业纪律、职业形象和职业素质备受冲击；随着社会经济的快速发展，年轻罪犯、独生子女罪犯、经济犯、知识型、职务型罪犯及强制隔离戒毒人员增多，押犯的构成日趋复杂，罪犯及强制隔离戒毒人员的思想意识也发生了深刻变化；大量新公务员的招录，司法警官队伍快速年轻化使司法警官的整体素质水平与上级的标准和要求有一定的差距；社会对监狱及强制隔离戒毒工作的关注度越来越高，对司法警官队伍的能力和素质要求也越来越高。随着监狱及强制隔离戒毒工作形势、工作任务、工作环境、工作要求的深刻变化，广大司法警官无论是政治素质、业务素质、体能素质，还是他们的政治意识、大局意识、核心意识和看齐意识，都面临巨大的挑战。广大司法警官要适应监狱及强制隔离戒毒工作的新形势、新变化，就要不断提升能力素质。监狱及强制隔离戒毒工作要创新发展，就要加强司法警官继续教育工作，坚持走素质强警的科学发展之路。

但在实践中，仍存在部分单位和领导对司法警官继续教育工作的重视不够，往往说起来重要，抓起来次要，忙起来不要。用人单位认为，参训人员“可派可不派”。参训对象认为，培训内容“可学可不学”。干部参训的目的不是增长才干、提高素质，而是“完成任务、应付了事”。这种状况亟须改变。

（二）在培训的层次、内容、范围和方式上还有待改进

党中央明确提出了构建终身教育体系、建设学习型社会的奋斗目标。《国家中长期教育改革和发展规划纲要（2010—2020年）》把“到2020年，基本实现教育现代化，基本形成学习型社会”作为教育改革发展的战略目标。中共中央、司法部先后颁布实施《干部教育培训工作条例（试行）》《2010—2020年干部教育培训改革纲要》《司法行政干部教育培训工作实施办法》等一系列文件，为进一步拓展教育培训空间、加大干部教育培训工作力度提供了难得的发展机遇。对此，司法警官继续教育机构必须按照司法部党组的总体部署和统一安排，全面加强教育培训基地建设，积极承担司法警官教育培训工作职能。

目前，我国司法警官的教育与培训主要由隶属于司法部和各省区市司法

厅的司法警官学院承担，基本形成了以中央司法警官学院为龙头，以全国各省区市十余所司法警官职业院校为骨干的司法警官教育培训体系，培养和造就了大批司法行政后备人才，提升了司法行政系统领导干部和司法警官队伍的整体素质，为加强司法行政系统后备人才培养和干部教育培训做出了积极贡献。然而，随着我国政治经济形势的深刻变化，违法犯罪现象不断出现新情况、新特点，使基层的执法改造难度不断加大，司法警官队伍的现状越来越不适应社会发展的需要。

就当前的司法警官继续教育现状来看，在培训的层次、内容、范围和方式上还存在一些问题。

首先，培训层级较低，受训面不广。问卷调查显示，85.3%的司法警官只参加过本省培训，仅21.7%的司法警官参加过省外培训。从参加各级培训的层级来看，参加本省本系统培训的人数最多，参加省外组织的各类培训人数较少，参加国家级培训的人数最少。参加培训人员的范围较小，一些机关和综合部门人员参训机会较少。

其次，培训对象和内容较单一。从参加各级培训的对象和内容来看，专门业务培训最多，基本上按照工作的性质和条块进行划分，造成司法警官培训的对象和内容相对单一，没有以人的全面发展作为培训的标准，只是以从事该项工作的性质作为培训的主要标准。这种单一的培训模式极大地限制了司法警官综合素质和能力的提升。

再次，司法警官继续教育形式比较刻板单一，教育培训内容针对性不强。一般采用“满堂灌”式方法上课，授课方式缺乏创新，学员听起来单调乏味。问卷调查显示，仅20.9%的受访者倾向传统教授法，近80%的受访者更青睐互动式、体验式的授课方式。在培训内容上，缺乏对“问题”的研究，理论与实践联系不够，培训的连贯性和阶梯性不强。

最后，培训模式与手段单一。这一点在地方和基层尤其突出，由于经费、设备等原因，培训模式千篇一律，培训手段落后老化，培训考核管理机制几近空白。

（三）在师资队伍的遴选和建设上还有待加强

目前，无论是作为人社部国家级专业技术人员继续教育基地的中央司法警官学院，还是各省区市的司法警官院校，虽然通过组织各类培训班先后为全国监狱、戒毒单位培训了一大批司法警官，取得了一定的成绩，得到了广大参训单位及干警的好评，但在师资队伍的遴选和建设上依然存在一些问题和不足。

首先，没有建立起一套完备的教师遴选制度。因此，应根据课程设置选拔相应的授课教师，要尽可能扩大选择范围，要广泛挖掘优秀的授课教师，建立一个较为科学、老中青结合的专家学者师资库。

其次，没有建立教师课前备课和教案讲义检查制度。对此，应重点关注授课内容的更新情况，对于长期不更新授课内容的教师要及时做出调整。

再次，没有提供更多的条件和机会开展基层调研工作。目前，一些授课教师讲授的内容老化，理论脱离实际成为教育培训工作中的一大问题。问卷调查显示，63.6％的受访者认为对培训起关键作用的是授课教师的知识储备。众所周知，司法警官教育应随着社会和基层工作发展的需要而及时更新授课内容，解决实践中的热点难点问题，这就需要授课教师始终站在时代的前沿，不断研究新情况新问题，将理论和实际有机地结合起来，但多数授课教师由于各种原因不能及时到基层开展调研。为此，继续教育培训机构应积极创造条件，定期不定期安排授课教师下基层进行调研，这样既可以及时了解到一线的真实情况及最新动态，同时也密切了同基层单位的关系。

最后，没有建立授课教师授课效果评估机制。授课教师的授课效果如果得不到及时反馈，势必直接影响教育培训质量，影响整个教育培训工作。为此，应建立健全科学的授课教师授课效果评估体系，及时对授课情况进行监控，及时解决授课过程中出现的各种问题，进而确保教育培训工作健康有序地发展。

三、构建学习型社会理念指导下的司法警官继续教育新模式

（一）创新司法警官继续教育理念

司法警官继续教育是司法行政系统提高监狱、戒毒人民警察执法能力和执法水平、造就高素质司法警官队伍的重要途径，“同时也是广大干警自身由于工作环境相对封闭、工作负荷重、缺乏系统学习导致理论视野狭窄、知识结构陈旧、教育改造手段落后，甚至出现某种心理问题而寻求走出工作困境、平衡工作压力、实现全面提升的内在需求”。① 简言之，司法警官继续教育的实质是实现司法行政（尤其是监狱、戒毒）事业发展与警察个体职业发展互为因果、互相促进的过程，其主要目的在于将司法警官现有的知识、技能和综合素质提升到胜任新的工作标准所需要的水平上来②，是真正意义上的客观需求和主观能动性的结合。因此，必须以学习型社会理念为指导，不断创新司法警官继续教育理念。

首先，各级管理部门须从监狱、戒毒事业科学发展的战略高度充分认识司法警官继续教育的作用和意义，牢固树立监狱、戒毒工作走向现代化、科学化首先在于在职干警的现代化、科学化的理念，对司法警官继续教育要舍得财力、物力和时间投入③，使继续教育走向科学化、规范化和常态化。

其次，司法警官要强化职业使命感，尤其是在罪犯构成日趋复杂、教育改造难度不断增大的情况下，更要反思自身在思想观念、工作作风、素质能力、实际本领等方面存在的欠缺，自觉树立终身学习的理念，增强接受继续教育的主观能动性，以提高实际本领消解工作压力，最终实现教育改造违法犯罪人员的神圣目标。

再次，基层监狱、戒毒单位应建立继续教育激励机制，将参加继续教育和取得的实际效果纳入干警综合考核范畴，作为职务晋升、警衔晋升的必备

---

① 高金锋，肖彦伟，付伟芳．监狱劳教人民警察培训模式研究：中央司法警官学院近十年警官培训理论与实践 [J]．河南司法警官职业学院学报，2012，10（4）：34-37.

② 高金锋，肖彦伟，付伟芳．监狱劳教人民警察培训模式研究：中央司法警官学院近十年警官培训理论与实践 [J]．河南司法警官职业学院学报，2012，10（4）：34-37.

③ 姜丽．升级在职监狱警察培训模式探索 [J]．中国成人教育，2012（18）：63-65.

或优先条件。

最后，各级司法警官教育培训机构要认清新形势下继续教育大有可为的职业发展前景，以司法行政事业改革发展为导向，以司法警官知识更新和能力提升为目标，不断升级继续教育支持系统，增强核心竞争力，为监狱、戒毒事业改革发展和人才培养提供智力支持和人才保障。

当前，司法警官继续教育的形式主要包括参加与监狱、戒毒工作密切相关的监所管理等专业自学考试、函授教育、在职研究生等学历教育和在职培训等非学历教育。其中，教育培训作为继续教育的重要组成部分之一，与其他教育类型相比，更加贴近职业需求，开放灵活，注重实效，即学即用，在监狱、戒毒单位得到普遍推行，成为当前促使司法警官树立终身教育理念、构建学习型司法警官及学习型监狱、强制隔离戒毒所的重要推手。

（二）加强司法警官继续教育基地建设

当前的司法警官继续教育机构主要由中央司法警官学院、省级司法警官院校和警官培训中心构成，其中全国监狱、强制隔离戒毒所领导干部培训和三级警监以上警衔晋升培训任务主要由中央司法警官学院承担，新警入职培训、警司警督警衔晋升培训、岗位练兵等培训任务主要由省级司法警官院校和警官培训中心承担。除职务培训、晋升培训外，各级继续教育机构还积极承担各类专题业务培训。就目前司法行政系统继续教育基地的数量而言，原则上能够满足在职司法警官继续教育需求，但是由于大部分省级司法警官院校在组织机构上隶属司法厅，办学经费却主要依靠监狱局的支持，建设经费常常捉襟见肘，导致硬件和师资建设跟不上，直接影响了继续教育的规模和实际效果。因此，加强司法警官继续教育基地建设，一方面要积极争取行政和教育主管部门的支持；另一方面也要以市场为导向，积极调整自身职能定位和办学重点，走自力更生、特色发展之路，形成品牌优势。因为市场化是继续教育发展的基本趋势，也是高校继续教育改革与发展的必然选择。① 同时，各基地应突破地域界限，建立全国范围联动机制，形成优势互补、资源

① 胡锐．论高校继续教育战略转型与实施策略［J］．继续教育，2012，31（2）：3-7.

共享、对口援助、开放合作的格局，共同搭建起全国司法警官继续教育交流学习的平台。以中央司法警官学院国家级专业技术人员继续教育基地①为例，其内部设有 3 个培训分支机构——培训部、继续教育部、教育培训部（律师），分别负责司法部计划内司法行政领导干部和高级警官培训、全国监狱、戒毒单位中层干部和各类专题业务培训及高级律师培训工作。"基地"的获批和成立，标志着中央司法警官学院由司法部继续教育基地升级为国家级继续教育基地，社会影响、办学层次和教育水平得到明显提升。仅 2013 年，该基地就为全国司法行政系统尤其是监狱、戒毒单位举办各级各类基层业务培训班 36 期，培训学员 2000 余人。其中，在培训模式上，深入开展"异地—一线—实践"三位一体模式，如受河北某监狱委托，组织该监狱干警深入四川、广西、山东、湖南、湖北等省监狱系统开展对口业务挂职学习（即监区长向监区长学，监区教导员向监区教导员学，依次类推）。通过学习，双方监狱建立了良好的交流合作关系，监管改造业务、监狱文化建设和企业经营管理模式得到了交流和创新。再如，应河北司法警官职业学院教师进修培训的要求，我们为其专业教师开展进修培训。在培训第一阶段，由中央司法警官学院选派专业教师前往河北司法警官职业学院授课；第二阶段，河北司法警官职业学院选派教师到中央司法警官学院随堂听课（本科教学）。此次培训充分发挥了中央司法警官学院作为全国司法行政理论研究创新基地的职能作用，体现了"教学相长、深入交流、相互促进、共同提高"的教育培训理念，开创了司法警官院校交流合作的新模式。

但是与其他行业领域相比，司法行政系统继续教育基地在硬件和信息化建设方面仍处于相对落后的水平，如缺乏专门的训练场所和现代化设施，网络远程教育和在线培训平台尚处于初步探索阶段，但后者已得到继续教育基地主管部门的高度重视，将成为今后一个时期基地建设的重点项目。

---

① 中央司法警官学院于 2012 年被人力资源和社会保障部批准为国家级专业技术人员继续教育基地，这是目前全国政法系统唯一一个国家级专业技术人员继续教育基地。

（三）完善司法警官继续教育保障体系

1. 培训立项及培训环境营造

培训立项的目的是确保教学按计划规范、有序、高效地进行。项目内容主要包括培训目的、培训对象、项目负责人、授课教师、培训的主要内容、培训时间、培训场所、教学方式等。立项的基础是培训需求分析，坚持以人为本、按需施教的原则，结合新形势、新任务下司法警官教育培训的重点和组织需求、岗位需求和个人需求，使培训工作不仅适应培训需求，更要引领需求，使培训富有前瞻性和导向性。为明确双方的责、权、利，培训主办方与承办方还需签署培训协议。

培训环境对于培训效果具有重要影响，因为“培训效果的好坏来自学员听觉、视觉和心理的共同接受效果”。① 教室环境需安静、整洁、舒适，设备齐全。要安排专人负责电教设备的操作，确保上课时设备正常运行。培训教材内容与教师的授课思路一致，资料装帧精美。相对于硬件设施而言，培训软环境的营造更为重要，其中牵涉培训项目以外的诸多细节问题，如培训作息时间、吃住行、课程、课外活动安排等，并应综合不同意见以做出必要的调整。同时，还要掌握学员的地域特征和民族构成，了解不同民族学员餐饮等生活习俗习惯，为学员营造愉悦舒适的生活环境。

2. 培训师资构成及选聘标准

“在职培训班的学习不同于学历教育，没有逻辑严密的教学大纲，课程效果对授课师资的授课水平依附度非常大”②，因此，师资水平成为决定培训效果的关键因素。根据国家《公务员培训规定（试行）》（以下简称《规定》）和司法部《2011—2015 年司法行政系统教育培训规划》（以下简称《规划》），培训师资建设应按照“素质优良、规模适当、结构合理、专兼结合”的原则，“注重发掘司法行政系统内部人才资源，选聘理论素养较高、实践经验丰富的领导干部、专家人才、业务骨干、基层优秀干部和社会知名专家学

① 王雪．现代培训管理［M］．北京：中共中央党校出版社，2004：168.

② 张忠义，郭大勇．监狱干警在地方高校开展继续教育的几点思考［J］．继续教育，2012，26(1)：45-47.

者担任兼职教师”。在实际培训中，根据项目性质和师资专长分配师资。如“监狱突发事件的应急处置”一类实践性质的课程，虽然选派的授课教师归纳总结的预防机制和应急手段确有参考价值，但在基层司法警官看来，仍有纸上谈兵、外行指导内行之虞，与实践层面的要求尚存在一定差距，而真正的行家里手是那些来自一线的业务骨干或基层单位领导，他们可能更有发言权和来自经验教训的深刻反思，这类师资在培训师资库中应保持一定比例。除了丰富的理论知识和实践经验，教师选聘应注重3个观测点：首先，要懂得授课艺术，富有创造性思维和个性化表达方式，不仅能吸引人，而且有足够的能力和技巧说服学员认同自己的观点。其次，要对培训工作和学员有真挚的感情投入，引导学员实现观念的转变。最后，至关重要的一点是教师应该坚持正确的政治方向，要带头讲政治、守规矩，坚持研究无禁区，讲坛有纪律，在思想上行动上同党中央保持高度一致。①

3. 培训课程及教学方式方法

培训课程设置的基础和导向是行业和学员的需求。根据《规定》和《规划》要求，司法警官培训课程体系应涵盖政治理论、政策法规、廉政建设、领导科学、业务能力、文化修养等内容。其中，领导干部培训课程在补充前沿理论和改善知识结构的基础上，结合“六种能力”等核心要求，“更加注重从新理念、新方法、新模式的启发和引导，更加注重从宏观层面、长远角度的分析和把握”。② 专题业务培训课程宜采用模块化编排体例，包含通识性必修课程，如监狱、戒毒人民警察执法规范与职业道德、政法干警核心价值观教育实践、忠诚教育、监狱、戒毒人民警察心理健康与调适等课程。专题核心课程紧扣“专”与“用”，强化技能。随着罪犯构成日趋复杂，尤其是职务犯罪、涉黑、涉毒、涉枪犯罪、团伙暴力犯罪等犯罪类型的增多，监管和教育改造工作的难度在不断增大，风险不断升高。所谓“工欲善其事，必先利其器”，要打掉罪犯的嚣张气焰，消除反改造情绪，并防止脱逃事件的发生，

① 新华社．习近平在全国干部教育培训工作会议上的讲话[EB/OL].(2008-7-16)[2024-8-12]. http://www.wzdx.gov.cn/Art/Art_22/Art_22_73.aspx.

② 徐兟．中国高端培训转型：下一个十年的新思路［J］.继续教育，2012，26（2）：38-39.

就必须“说得过，追得上，打得赢”，口头、笔头、拳头都要硬。“说得过”主要指在培训实践中注重将专业知识和人文素养相结合，培养干警掌握谈话、论辩、谈判（反劫持）技能，进而针对服刑人员明之以法、晓之以理、动之以情的能力。“追得上，打得赢”显然是针对目前监狱、戒毒人民警察体能和搏斗能力还不完全适应新的要求而言的。在部分培训项目中应积极探索战训合一模式，开设实弹射击训练、拓展训练课程，开展野外定向搜索、高空跨越、信任背摔等个人或集体项目，以实现训练体能、磨炼意志、培养健康的心理素质和积极进取的人生态度、增强团队凝聚力和合作意识的目标。但是对于培训机构而言，受经费、专业师资诸因素制约和出于安全角度的考虑，此类课程并未得到大力开发和推广，致使目前各类培训普遍存在重知识理论、轻实战训练的现象。作为监狱、戒毒人民警察，文能矫正、武能防控是其必备素质，监所工作不能仅仅依赖高墙电网，这是应该引起各方面重视的问题。

由于“成人学习一般是带着问题学习，注重对问题的解决”，即“由普通教育的储备型向功利型转化，更注重实用性，强调即学即用的效果”。① 因此培训方式方法的选择应注重学员的参与程度，重视激发、催化学员的潜能，灵活采用讲授、研讨、案例分析、角色扮演、启发式、体验式等培训方式。但需要强调的是，每种培训方式都有其优势与不足，培训中要根据师资、学员、内容和环境的特点和需要进行科学合理的调整。

（四）重视忠诚教育和心理健康教育在司法警官继续教育中的重要地位

忠诚是司法警官的必备素质，作为国家重要的刑事执法力量之一，司法警官要“始终坚持党的事业至上、人民利益至上、宪法法律至上，始终做到党在心中、人民在心中、法在心中、正义在心中。”忠诚教育是司法警官教育培训的必修课，在教育实践中，要明确忠诚教育与其他理论培训、业务培训的不同之处，不宜刻意追求立竿见影的效果。

第一，从党性修养的理论角度，要“让学员轻松愉快地理解，心悦诚服地接受，将对党忠诚从外在要求上升到理性自觉，内化为稳定的情感归属和

---

① 王雪．现代培训管理［M］．北京：中共中央党校出版社，2004：27.

持久的行为责任”。①

第二，要重视榜样的力量，大力弘扬爱岗敬业、勇挑重担的职业风范和无私奉献、忠于职守的道德风尚。

第三，要从人文角度去引导、鼓舞、塑造司法警官，使其懂得教育改造罪犯及矫正强制隔离戒毒人员，一方面需要严刑峻法，使罪犯接受应有的惩治；另一方面还需要有人道主义情怀，“用真诚、善良乃至亲情般的温暖向那些幽闭的心灵播撒阳光，驱逐黑暗，最终使失足者还原道德和良知，知法守法，重树人生的理想和自信，走出高墙，回归社会”②，进而实现矫正工作由粗放式向集约化、精细化的转变，降低重新犯罪率。

第四，通过一场自我确认的集体讨论，帮助监狱、戒毒人民警察树立职业认同感、归属感和自豪感，体会“特殊园丁”“灵魂工程师”称谓所蕴含的社会责任和价值期待，以及在平凡岗位上创造不平凡价值的伟大和自我实现的成就感。

此外，受环境和工作对象等诸多因素影响，司法警官心理健康水平不仅低于一般职业人群，而且已严重影响其职业行为和司法行政事业的长远发展。解决这一问题的办法除了改善外部环境，坚持以人为本、从优待警，为一线干警创造成长机会、拓展成长空间外，更须从内因着手。在培训实践中，宜注重提高学员的认知水平和心理调适能力，帮助其树立正确的荣辱观、苦乐观，增强职业认同感和自我悦纳能力。引导其培养高雅趣味，丰富业余生活，建立良好的人际关系，保持积极乐观的进取精神。通过科学手段进行心理危机干预和疏导，帮助其消除紧张和焦虑情绪，缓解心理压力。

（五）强化培训监督检查与评估

培训监督主要包含 3 个层面：一是上级组织、人事部门对培训计划制定的指导原则和落实情况进行监督，以及纪检、审计部门对培训经费使用情况

---

① 中央司法警官学院课题组．监狱人民警察培训如何突出忠诚教育［J］．中国监狱学刊，2012（1）：121-124.

② 高金锋，肖彦伟．论海岩小说《深牢大狱》的人性光辉［J］．怀化学院学报，2009（12）：74-76.

的监督，确保教育培训符合国家有关政策，经费使用科学合理，如国家级专业技术人员继续教育基地对于培训专项经费的使用范围有严格规定，不得超范围使用等；二是培训主办方对于培训过程和服务保障体系的监督，如司法部组织的各类培训都有司法部相关主管部门派驻工作人员进行监督检查。各省区市司法厅或监狱管理局、戒毒管理局组织的业务培训也都有相应领导干部或业务主管跟踪检查督学，以确保学员遵守纪律，保持良好的警容风纪，取得良好的培训效果；三是继续教育基地有关机构负责人对培训过程的检查监督，包括教师是否按时上下课，班主任和其他管理人员是否尽职尽责，服务保障是否满足学员要求等。

培训评估是整个培训活动的重要组成部分，其意义在于通过对培训效益和效果的调查分析与对培训管理、培训模式和培训技术手段进行检验，为培训决策者、管理层、教师和学员提供有价值的参考信息，从而使培训需求确定更加准确、培训动员更加有效、培训计划更加符合实际需要、资源分配更加合理、培训内容与形式相得益彰，更为重要的是及时纠正偏差，找寻差距，推广成功经验。① 做好培训评估工作，重点是做好以下工作。首先，收集培训信息。培训信息的收集采取面谈访问、调查问卷和观察法，其中观察法要求培训管理者深入教学现场和学员的日常生活中，仔细观察学员对教学活动和日常服务保障工作的反应情况，并做有关记录。其次，评估调查问卷。调查问卷评估的内容包括对预期培训目标实现程度的评估、教师和管理工作者的评估、培训内容与培训形式的评估、培训环境与培训设施的评估等。此外，培训结束后，每位学员应按要求提交一篇学习总结，包括培训心得、收获及对培训工作的改进建议等。继续教育培训机构应对收集到的各种反馈信息进行全面分析、综合研究，形成科学的研究结论，反过来指导教育培训工作，促进教育培训工作的科学化和系统化。

（六）加强司法警官继续教育理论研究

理论研究是继续教育基地的重要职能之一。理论研究主要包括课题开发

① 王雪．现代培训管理［M］．北京：中共中央党校出版社，2004：249-250.

和教材建设、司法行政事业改革创新研究、基地建设理论研究等。其中，课题开发研究要结合国家政策法规、司法行政前沿理论和基层实际需求不断推陈出新，坚决避免一劳永逸的倾向；或者“新瓶装旧酒”，课题名称变新颖了，但内容依旧老套。部分课题虽然适用于不同的专题培训，但仍要有所侧重，避免万能型、“包打天下”的现象。目前，用于司法行政系统尤其是监狱、戒毒单位教育培训的系统教材不多，而当接受教育培训已作为公务员基本权利和义务写入相关政策法规，教育培训已形成长效机制之际，加强司法警官继续教育教材建设不仅必要，而且很迫切。因此，要在课题开发的基础上，组织专家学者研究形成教材体系编目和每本教材自身的内容框架，发动全国司法警官院校资深师资和监狱、戒毒单位有理论造诣的专家进行评议讨论，组织编写教材。司法行政事业改革创新研究应密切结合国家有关政策动态，积极介入社会焦点难点问题的分析研究，如劳教制度废止后，原劳教人民警察分流与身份及职业转型问题，知识、技能更新问题等。继续教育基地建设理论研究，一方面，要根据国家人力资源和社会保障部有关文件精神，不断加强制度化和信息化建设，规范有关工作流程；另一方面，要通过学习考察，积极借鉴国内外继续教育先进经验，取其精华，为我所用。

在新的起点上，以中央司法警官学院和国家级专业技术人员继续教育基地为龙头的司法警官继续教育基地要充分发挥主阵地作用，积极拓展教育培训领域，丰富教育培训内容，创新教学手段，提高服务水平，重点举办狱政管理、教育改造、心理咨询、狱内侦查、矫正教育、强制隔离戒毒业务等专业技术类岗位培训班，并适度扩大高级研修班的规模，力争将培训班办出特色，办出水平，为全国司法警官创造一流的继续教育平台，为司法行政队伍知识更新和能力提升做出积极贡献。

附：参考文献

一、著作类

［1］许章润．犯罪学［M］．北京：法律出版社，2007．

［2］王雪．现代培训管理［M］．北京：中共中央党校出版社，2004．

二、期刊类

［1］朱新均．学习型社会建设的理念、路径和对策［J］．现代远程教育研究，2011（1）：3-11．

［2］樊国福、刘恒志等．构建我国特色的学习化社会［J］．宁夏社会科学，2004（3）：117-119．

［3］田恒平．学习化社会思潮与学校管理［J］．新课程研究（教育管理），2008（1）：1．

［4］高金锋，肖彦伟，付伟芳．监狱劳教人民警察培训模式研究［J］．河南司法警官职业学院学报，2012，10（4）：34-37．

［5］姜丽．升级在职监狱警察培训模式探索［J］．中国成人教育，2012（18）：63-65．

［6］中央司法警官学院课题组．监狱人民警察培训如何突出忠诚教育［J］．中国监狱学刊，2012（1）：121-124．

［7］徐眺．中国高端培训转型：下一个十年的新思路［J］．继续教育，2012，26（2）：38-39．

［8］张忠义，郭大勇．监狱干警在地方高校开展继续教育的几点思考［J］．继续教育，2012，26（1）：45-47．

［9］胡锐．论高校继续教育战略转型与实施策略［J］．继续教育，2012，31（2）：3-7．

下　篇

新时代社区矫正检察监督研究

樊　森[①]

一、序言

（一）选题背景及意义

新时代法治建设工作应全面贯彻落实习近平法治思想，其中检察工作理应如此。党的二十大报告指出，强化对司法活动的制约监督，促进司法公正，加强检察机关法律监督工作。这与《中华人民共和国宪法》第134条[②]之规定相契合，共同构成在中国式法治现代化视域之下阐述与研究“法律监督”的根本遵循，中国式法治现代化为研究新时代法律监督提供了最新的理论范式。回顾历史长河，传统刑罚理念的根深蒂固，使得非监禁刑罚难以突破重刑主义的束缚，社区矫正制度起步较晚、发展较慢的现状，致使社区矫正检察监督工作始终受限。但作为新时代中国特色社会主义法治建设的重要组成部分，其要求社区矫正工作须采取稳步推进与积极创新相结合的新发展模式；要求检察机关开展社区矫正检察监督工作时，应构建数字监督与依法监督相结合的新发展格局，接续稳步推进社区矫正检察监督工作的高质量发展。

概言之，新时代检察监督工作的发展与完善是中国特色社会主义检察制度的巩固与发展的应有之义，对新时代检察监督工作的革新与完善是重要前提，最终目标是将检察工作切实融入全面建设中国式法治现代化的新征程之

---

① 樊森，毕业于中央司法警官学院，现就职于北京市公安局海淀分局。

② 《中华人民共和国宪法》第134条规定：“中华人民共和国人民检察院是国家的法律监督机关。”

中。“一个现代化国家必然是法治国家”① “在法治轨道上全面建设社会主义现代化国家……全面推进国家各方面工作法治化”等一系列重要思想的提出，充分体现了中国共产党对中国式现代化的深刻理解与认识，全面揭示了现代化法治建设与国家现代化建设的交互逻辑。②

2020 年 7 月 1 日，《中华人民共和国社区矫正法》与《中华人民共和国社区矫正法实施办法》的生效实施，标志着社区矫正制度走上法治化、制度化的轨道，社区矫正制度基于行刑社会化的刑罚发展趋势，从法律意义上确立为中国特色社会主义刑罚执行体系的重要组成部分，同时也是中国刑事执行体系发展史上的一个里程碑。从立法层面来看，社区矫正相关法律法规的落地，是我国社区矫正长期实践和理论探索的重要成果，也将成为未来指导社区矫正工作更进一步的重要指南。由此，社区矫正检察监督相关制度的运行与中国式法治现代化建设道路之间的“耦合性问题”将会成为新时代社区矫正检察监督工作中面临的一大挑战。诚然，现阶段的社区矫正检察监督理念对矫正工作起到了良好的促进作用，是保障司法层面依法行刑的重要基础。但是，随着刑罚轻缓化理念的变革、社区矫正法治化运行的完善，检察监督工作将会面临全新的挑战。从司法实践来看，社区矫正检察监督工作的理念滞后、检察监督资源配置不当、检察监督机制运行失当与检察监督工作模式固化等现实症结，均严重制约着社区矫正检察监督的高效运行。

自 2018 年起，最高人民检察院开始探索社区矫正巡回检察的完善之路。经过 5 年的努力，累计核查纠正社区矫正对象脱管漏管 8.5 万人，相较前 5 年上升了 19%。其间，检察机关持续整治“纸面服刑”“提钱出狱”等顽瘴痼疾，同时对判处实刑未执行或针对监外执行条件消失的情况，监督收监执行累计 7.3 万人；纠正不当减刑、假释、暂予监外执行共 24.5 万人；推动查处监管人员职务犯罪累计 235 人，同时对监督不力的 42 名派驻检察人员和 6

---

① 习近平．论坚持全面依法治国［M］．北京：中央文献出版社，2020：130.

② 习近平．高举中国特色社会主义伟大旗帜为全面建设社会主义现代化国家而团结奋斗——在中国共产党第二十次全国代表大会上的报告［M］．北京：人民出版社，2022：40.

个派驻单位进行问责。① 由此可知，我国轻缓化的量刑改革使得受非监禁处罚的罪犯人数逐步增加。因此，目前社区矫正检察监督的制度理念、运行模式和配套保障机制需要进行相应的调整与完善，以更好地适应新形势下的社区矫正工作的需求。

中共中央不断加强党对检察工作的全面领导，以确保检察机关依法履行监督职责。2021 年 6 月 15 日，中共中央就加强新时代检察机关法律监督工作发布《中共中央关于加强新时代检察机关法律监督工作的意见》（以下简称《意见》）。该《意见》为加强党对检察监督工作的绝对领导而提出，其中提到了检察监督工作的新发展、新理论、新理念如何落实在社区矫正检察监督中是亟须解决的一个问题。此外，该《意见》还表明，要充分利用信息技术优势，充分发挥大数据、区块链技术在加强监督工作中的应用，推动各机关协同办案，打造信息化、智能化的工作模式。充分实现案件数据和办案信息网上流转，推进涉案财物规范管理和证据、案卷电子化共享。

根据该《意见》，基础设施建设是实现数字检察的前提，生成案件数据是实现数字检察的关键，协同办案是数字检察全程监督的过程，技术运用是数字检察革新能力的体现。现阶段，检察机关在履行法律监督职责的过程中推行数字检察建设，致力于通过数字化为检察监督赋能。具体到社区矫正检察监督中，数字检察的建设与完善也会给社区矫正检察监督工作带来助力。同样，检察机关如何与社区矫正机构、公安机关、审判机关、司法行政机关等部门协同健全社区矫正信息交换平台，如何合理规范地建构社区矫正的法律监督算法模型，以及从何方向去推进建立大数据法律监督平台便是一个亟待研究的议题。

（二）国内外研究现状

1. 国内研究现状

我国关于社区矫正检察监督制度运行的专门性著作较少，这一现象可能

---

① 中华人民共和国最高人民检察院. 2023 年最高人民检察院工作报告[R/OL].(2023-3-17)[2024-12-15]. https://www.spp.gov.cn/spp/2023lhzq/202303/t20230307_606812.shtml.

反映了对这一领域研究的相对不足。大部分现有研究成果都是在研究社区矫正的过程中顺带对社区矫正检察监督制度进行研究的，而且相关研究多集中在期刊文献和学位论文中。现阶段，国内学者针对社区矫正检察监督的学理研究主要集中于提炼实践中的既有问题与提出相应的应对之策的层面。具体切入点为检察监督资源紧缺、检察监督模式陈旧、检察监督理念滞后、检察监督力度不足、信息化检察监督较弱等方面，以及针对上述问题提出相应的解决之策。

湘潭大学法学院付盾博士和张义清教授在《广西社会科学》发表的《中国式现代化视域下法律监督体系化的问题与进路》一文中指出，社区矫正检察监督工作主要包括监督事项的分布、监督职能的落实、人员配置等内容，社区矫正检察资源配置存在不足的问题。根据相关学者们的研究，检察监督力量欠缺的问题主要归结于：其一，社区矫正检察工作由刑事执行部门负责，但该部门也承担了其他多重职能，这导致了资源分配上的不均衡和监督力量的欠缺。其二，检察监督力量不足还体现在员额检察官和检察官助理的数量配比失衡。基层检察院刑事执行检察部门的检察官不足，无法要求基层检察院配备专职负责社矫监督的检察官，继而无法满足刑事执行检察工作日益繁重的现实需求，更无法与检察工作“高标准、严要求”的理念相匹配。其三，检察监督力量欠缺还体现在“监外执行”检察监督实践工作之中，负责社区矫正检察监督工作的检察官所掌握的专业性知识水平不齐，实务性经验储备不足。另外，还可能出现因“角色抵牾”造成社区矫正检察监督资源配置不合理的问题。检察机关肩负公诉与法律监督职能，且二者在实践工作中并未形成明确界限，导致职责不明。① 因此，为避免出现以上问题，加上检察人员数量紧缺，各级检察机关极易形成“重诉讼，轻监督”的畸形格局。

中国人民大学法学院博士匡旭东在《时代法学》发表的《社区矫正检察监督的实践检视与优化路向》一文中指出，目前，一方面，实践中存在协同性检察监督理念缺失，缺少社会力量的参与；另一方面，单凭检察机关进行

---

① 陈卫东，刘计划．公诉人的诉讼地位探析——兼评检察机关对法院的审判监督［J］．法制与社会发展，2003，9（6）：80-91.

监督难以兼顾工作的全面性与公正性。在实践中，社区矫正工作涉及的主体较多，存在职能分别配置、协同工作的现实要求，在检察工作全面性的工作原则下无疑加剧了检察机关对社区矫正的监督难度，而且极大程度上影响了社区矫正的应有效果。

河南省商丘市睢县人民检察院第三检察部副主任王国耀在《中国检察官》发表的《社区矫正检察监督的检视》一文中提到，现阶段我国社区矫正检查监督的实践还存在社区矫正检察监督模式单一、监督措施缺乏刚性和信息化检察监督亟待加强等问题。针对目前社区矫正检察监督的实务工作而言，其主要采取非定期的巡回检察模式，但一些突出问题难以忽视，如检察范围和检察方式留有空白，部分检察官检察不全面、检察不彻底的情况客观存在。再如，部分检察官人为减少巡回检察频次与频率，未依法对所管辖区内的社区矫正机构开展全覆盖监督。社区矫正工作涉及多个职能机构。检察监督工作缺乏监督刚性，在缺乏相关部门配合的情况下难以实现高效运转。检察惩戒措施刚性不够，对于被惩戒单位的影响力较小，均成为检察工作高质量发展的障碍。因此，应当增强监督刚性，确保监督效果。

吴宗宪的《社区矫正导论》、高贞的《中国特色社区矫正制度研究》、司绍寒的《社区矫正程序问题研究》、张建明的《社区矫正实务》、金明焕的《比较检察制度概论》和骆群的《社区矫正专题研究》等著作，以系统化的视角进行社区矫正制度的研究，同时在此基础上对社区矫正检察监督进行了制度构想与理论探索。但是随着形势的发展，应当进一步将社区矫正检察监督与新型技术或中国式现代化结合。顺应信息技术发展的潮流，及时进行革新升级，以适应现代社会的需求和挑战。当前在实践工作中广泛应用设备定位、生物验证、轨迹查询等新型技术，虽有成效但同时也暴露了诸多隐忧。

2. 国外研究现状

追溯社区矫正制度的发展渊源即可得知，社区矫正是源自英美法系国家的一种刑罚执行方式，具体可追溯至19世纪七八十年代的西方国家。社区矫正作为一种非监禁刑的形式逐渐发展起来，并逐渐成为当今世界非监禁刑现代化的一大趋势。贝卡利亚曾在《论犯罪与刑罚》中写道："刑罚的目的既不是要摧残折磨一个感知者，也不是要消除业已犯下的罪行。刑罚的目的仅仅在于：阻止罪犯再重新侵害公民，并规诫其他人不要重蹈覆辙。”[①] 随着对于“保障人权”理念的愈加重视，世界各地都将刑罚人性化、合理化作为重要标准予以参照。因此，社区矫正检察监督的实质功效变得尤为重要。根据相关研究，英美法系国家和大陆法系国家研究社区矫正检察监督的文献多集中于监督主体、监督方式、监督模式、权利保障等角度。

从域外针对社区矫正检察监督的角度出发，以英美法系的代表国家之一英国为例，根据现有文献得知，英国的检察机关形式上与立法机关相独立，但实质上却没有强制监督权。具体到与本文相关的内容中，以假释为例，英国所有涉及假释的案件均需交至“地方检委会”进行复审复核，并且对应案件的处理结果须征得首席法官的同意，才可交由“假释委员会”进行讨论和执行。最后，经由“假释委员会”集体讨论通过之后，加以国务大臣批准（此过程可做部分形式变更）之后，对应案件的假释决定才正式生效。由此可见，英国的“地方检委会”在假释案件中承担法律监督重任，即在当事人的申请之后进行初步核查，起到“线索分流”“运行监督”的双重作用，使得假释案件的决策效率稳步提升，进而从源头上减少“问题假释”的产生。

尽管美国与英国同属英美法系的代表国家，但美国与英国的矫正监督制度有着明显的不同：其一，在任命制度层面，矫正调查者办公室下设在州长办公室，并由州长任命。其二，在具体监督职权层面，矫正调查者根据民众的检举或依据其自身的动议，直接进入矫正局的司法管辖区域内进行监督、检查，且无须事先商议。其三，在监督实质效力层面，对于最终的核查结果，矫正调查者拥有一定的修法建议权与寻求反馈权。具体而言，倘若矫正调查者认为部分行为虽是依据法律作出，但其导致的实质结果是不公平且非客观的，且需通过立法或修法的方式对于存在的漏洞进行补足，在这种情况下，矫正调查者可以将相关修法议案提交至立法委员会进行完善，以期通过立法的方式解决问题并改进制度；抑或者矫正调查者依法认为矫正局的具体行为

---

① 切萨雷·贝卡利亚．论犯罪与刑罚［M］．黄风译．北京：北京大学出版社，2008：29.

存在问题时，矫正局须在一定时间内对矫正调查者给予的意见作出回应，如依据意见采取相关整改措施或作出未采纳相关意见的合理理由，且须对意见条款进行“逐一反馈”。最终，矫正调查者将会针对问题线索的受理、审查、处置、相关证据和最后的整改结果等内容形成完整且系统的报告进行备案留存，以便高效处理同地区后续出现的类案问题。

虽然社区矫正制度盛行于英美法系国家，但德国作为大陆法系国家的代表之一，它的社区矫正相关制度的发展同样较为悠久，并且德国具有较为完整的刑事执行体系，有着完整且系统的法律法规作为基础。具体而言，德国的社区矫正监督机关可以分为三大类：一是检察机关，在德国，检察机关承担着执行刑罚的职能，同时也是刑罚执行监督的重要主体；二是法院，德国的高等法院及其法官负责对假释、缓刑等非监禁刑罚的执行进行监督，1975年，德国依据最新修订的《法院组织法》，由高等法院建立了“刑事执行法庭”，以此来保障对刑事执行行为的监督审查和加强对受刑人的人权保护；三是司法机关下设的顾委会（全称“顾问委员会”），其内设机构主要负责对社区矫正对象的改造活动是否合法进行监督，以及常规化基础活动是否能够得到合理保障。

日本的检察机关在大陆法系的检察工作特点的基础上，具有较为权威的法律监督权。根据日本《检察厅法》的相关规定，检察机关和检察官拥有监督法律执行的权力，其中需要特别关注的是，检察官针对法院裁判的监督权是其独有的法定职责。因此，针对日本领域内的社区矫正检察监督工作，日本检察官既有权监督刑罚执行过程中的相关事项，又有权进行不定期的巡视检察，以此切实考察监督社区矫正机关的矫正活动，同时也便于受理社区矫正对象的申诉控告，进而反向规范社区矫正机构的矫正行为。

加拿大通过法律规定与专门机构设置保证检察监督权的顺利实行。其设立了全国假释委员会申诉部成为针对各地假释决定进行审查监督的监督部门，并在《矫正与有条件释放法》中明文确立，以此形成了决定机关内设机构的法律监督模式，且通常具有较强的自审自纠属性。

综上，通过对不同国家社区矫正法律监督的制度设计与实践经验的总结与梳理，了解先进做法，在充分了解新时代、新形势下我国社区矫正检察监督发展需求的基础上，借鉴域外地区的相关经验，并结合我国发展的实际，为我国新时代社区矫正检察监督的理论研究与实践路径选择提供新视角。

（三）研究思路与方法

1. 研究思路

本文整体按照“提出问题—分析问题—解决问题”的研究思路展开论述。研究内容除序言外，还包括 3 个部分。

首先，序言部分主要介绍社区矫正检察监督的发展历程，国内外针对社区矫正检察监督的研究现状，同时着重介绍研究思路和研究方法，以及研究的重点、难点和创新点。

其次，梳理了我国社区矫正检察监督的规范现状并考察我国社区矫正检察监督的实践现状，通过对规范现状和实践现状的分析，以期总结出社区矫正检察监督存在的问题。

再次，在之前的研究基础上，提炼出社区矫正检察监督在监督主体、监督模式、监督手段、监督内容等方面存在的问题，并进一步剖析上述问题的成因。

最后，在分析引发问题原因的基础上，借鉴域外制度的有益经验，进而提出相应的完善对策，特别是利用数字检察建设的契机，推进社区矫正领域的数字检察监督。

2. 研究方法

（1）文献研究法

通过中国知网、万方数据库、维普网等平台搜集有关文献和论文，查阅图书馆资料，搜集有关著作，并通过调研所在地区的规范性文件，对近些年有关社区矫正检察监督的文献进行梳理、研究。

（2）实证研究法

本文的研究需要建立在对社区矫正检察监督状况深入调研的基础之上。具体措施为：一是采取实地调研方式，以问卷、访谈的形式与基层司法行政机关、社区矫正机构、社区矫正对象、检察官展开交流，获取实地调研的数据；二是采取收集实证数据方式，在最高人民检察院和地方各级检察院的官方网站，以及司法部和最高人民检察院发布的指导案例中，搜集各地社区矫正检察监督的先进经验和做法。

（3）比较研究法

通过阅读国外有关社区矫正检察监督的法律法规和文献资料，主要搜集英国、美国、德国、日本等域外国家的社区矫正检察监督制度资料，横向对比研究我国现行的社区矫正检察监督制度，为完善我国社区矫正检察监督制度提供借鉴。

（四）研究重点难点与创新点

1. 研究重点

本文主要研究矫正前调查评估的监督机制、矫正中教育矫正的监督机制、矫正后复归环节，避免局限于对单一环节的研究，导致研究结论难以形成统一的逻辑体系。在社区矫正检察监督机制的情境下，分别研究检察监督主体、检察监督模式、检察监督手段、检察监督内容等具体问题，并且分别探析在理念层面、资源层面和机制层面引发这些问题的原因，进而提出相应的解决方案。

2. 研究难点

理论层面：一是如何打通社区矫正的刑罚执行理论和检察监督理论之间的脉络，研究社区矫正检察监督的制度问题，注定离不开研习有关社区矫正的刑罚执行理论，也要密切关注检察监督理论；二是如何在融合之后的理论之下，如何为解决社区矫正检察监督实践中出现的问题提供有效指引。

实证层面：向不同对象发放问卷与进行访谈具有难度。其主要表现为：一是社会矫正检察监督涉及多机关多主体，需要根据不同对象分门别类地设计问卷，并且问卷可能无法准确挖掘实践中存在的问题，也无法准确收集实践中先进的监督方法和经验；二是在访谈过程中，检察官可能不愿意如实反映社区矫正检察监督实践中存在的漏洞和不足。

3. 创新点

本文以社区矫正检察监督为主题开展研究，相较于学界已取得的成果，重点是以检察监督的新理念如何在社区矫正制度中予以贯彻为基调，并在整体逻辑体系下分别研究社区矫正检察监督在不同阶段出现的理论问题与实践问题，最后旨在将数字检察建设推进至社区矫正检察监督过程中。

二、社区矫正检察监督的现状考察

（一）社区矫正检察监督的规范现状

1. 社区矫正检察监督的法律规定

法律对于执法者的价值，好比灯塔之于航船。受到刑事政策变革与刑罚理念革新的影响，从进入 21 世纪起，我国正式开启社区矫正工作的探索之路。但遗憾的是，纵观有关社区矫正检察监督规范性文件的历史进程，立法机关针对该领域所制定的专门性法律颇为欠缺。因此，笔者除列举与社区矫正检察监督有关的法律规范之外，在此亦将与之相关的其他规范性文件的历史脉络一并梳理。

2003 年 7 月 10 日，最高人民法院、最高人民检察院、公安部、司法部（以下简称“两高两部”）联合下发《关于开展社区矫正试点工作的通知》（以下简称《通知》），标志着我国刑罚执行制度正式开启了改革的序幕。其中明确法律监督的工作主体机构与法律监督的现实意义。2004 年正式颁布的《司法行政机关社区矫正工作暂行办法》成为社区矫正试点工作的行动指南。在此基础上，社区矫正试点工作不断深入，适用该制度的地区逐步增加，《关于在全国试行社区矫正工作的意见》（以下简称《意见》）于 2009 年正式颁布实施，《意见》中详列了试点社区矫正工作的地区与单位，合理科学地推进了社区矫正工作在全国范围内普及的进程。伴随着社区矫正工作在我国范围内不断普及与完善，出于保障社区矫正工作的稳定发展与其规范性运作的现实需要，2011 年，《中华人民共和国刑法修正案（八）》出台，社区矫正制度正式纳入法律执行体系，标志着社区矫正制度以基本法的形式正式确立，为检察监督工作的进一步发展奠定了法律基础。

2012 年，《中华人民共和国刑事诉讼法》进行新一轮修订并正式通过，此次修订的一大亮点为我国首次以立法的方式对社区矫正的适用对象进行了规定，同时依据之前试点工作的实践经验对社区矫正的工作机构进行了调整，再一次提升了社区矫正相关制度在我国现行法律体系中的地位。除此之外，2012 年修正的《中华人民共和国监狱法》将暂予监外执行的罪犯纳入社区矫正管辖的范围。[①] 与此同时，根据《刑事诉讼法》第 269 条[②]的规定，实行社区矫正的范围扩大到被判处管制、宣告缓刑、假释或者暂予监外执行的罪犯。由于社区矫正属于刑罚执行的一种方式，也属于刑事诉讼程序的范畴。因此，根据《刑事诉讼法》第 8 条[③]的规定，人民检察院理应对社区矫正工作依法进行检察监督。至此，社区矫正制度逐步融入了刑事实体法、刑事程序法与刑事执行法“三位一体”的新格局之中。随着社区矫正工作的不断推进与完善、依法行刑理念的不断深化与革新，建立一部完整且系统的社区矫正法似乎是非监禁刑罚法治发展的应有之义。

2013 年 11 月 12 日，中国共产党第十八届中央委员会第三次全体会议通过了《中共中央关于全面深化改革若干重大问题的决定》。该决定明确法治化教育改造的革新路径，废除劳动教养制度，推动社区矫正制度的发展，同时提出优化司法职权配置的目标，以法治化、制度化和规范化的原则加强对司法活动的监督，同时明确法律监督的主体。后续中国共产党第十八届中央委员会第四次全体会议通过了《中共中央关于全面推进依法治国若干重大问题的决定》。[④] 该决定在“加强重点领域立法”的内容项下，提出应当加强社会组织立法，规范和引导各类社会组织健康发展，明确指出须制定社区矫正法，表明党和国家为实现国家治理体系和治理能力现代化的美好愿景，将社区矫正法的制定正式纳入中国特色社会主义法律体系的范畴之列，同时明确指出通过制定社区矫正法，以加强其他重点领域立法工作的推行。

---

① 《中华人民共和国监狱法》第 27 条规定：“对暂予监外执行的罪犯，依法实行社区矫正，由社区矫正机构负责执行。原关押监狱应当及时将罪犯在监内改造情况通报负责执行的社区矫正机构。”

② 《中华人民共和国刑事诉讼法》第 269 条规定：“对被判处管制、宣告缓刑、假释或者暂予监外执行的罪犯，依法实行社区矫正，由社区矫正机构负责执行。”

③ 《中华人民共和国刑事诉讼法》第 8 条规定：“人民检察院依法对刑事诉讼实行法律监督。”

④ 中华人民共和国中央人民政府. 中共中央关于全面推进依法治国若干重大问题的决定[R/OL].(2014-10-28)[2025-03-10].https://www.gov.cn/zhengce/2014-10/28/content_2771946.htm.

2016年，国务院法制办公室发布关于《社区矫正法（征求意见稿）》公开征求意见的通知，其目的是进一步增强立法的公开性、合理性与透明性，提高立法质量，严格遵循科学立法的要求。2019年7月5日，全国人民代表大会常务委员会面向公众公开征集对《社区矫正法（草案）》的相关意见。同年10月，十三届全国人大常委会第十四次会议举行分组会议，就《社区矫正法》的二审草案进行审议。终于，2019年12月28日《社区矫正法》正式颁布，并定于2020年7月1日正式实施。该部法律共设9个章节，由63条法律条文组成，其中详列了社区矫正法的立法目的、社区矫正工作的核心价值、社区矫正的机构、人员和职责、社区矫正监督管理和针对未成年人社区矫正的特别规定等内容。同时，为更好地推进和规范社区矫正工作，两高两部于2020年6月18日正式发布了《社区矫正法实施办法》，该办法的实施为我国的社区矫正工作提供了思想指导，同时也为社区矫正工作及其法律监督的完善提供了理论支撑与实践依据。全文共计59个条文，详细地介绍了社区矫正工作的机构设置、矫正方式、检察监督等方面的内容。此后，我国便正式开启了以“一法一办法”为基准的社区矫正新时代。

2. 社区矫正检察监督的相关司法解释

作为中国特色社会主义法治体系的重要组成部分，司法解释发挥了保障法律正确实施的关键作用。① 1981年6月10日，第五届全国人民代表大会常务委员会第十九次会议通过《关于加强法律解释工作的决议》，该决议授予了最高人民法院、最高人民检察院（以下简称“两高”）一项正式的法律权力——司法解释权。② 法律是普遍适用的，但也是高度抽象的。对于抽象的法律条文，司法解释可在一定程度上使其具象化，从而减少司法人员的理解

---

① 聂友伦. 论司法解释的行权规则［J］. 法学家，2023（5）：12-25.

② 1981年6月10日，《全国人民代表大会常务委员会关于加强法律解释工作的决议》规定：“凡属于法院审判工作中具体应用法律、法令的问题，由最高人民法院进行解释。凡属于检察院检察工作中具体应用法律、法令的问题，由最高人民检察院进行解释。”其中，对最高人民法院的授权具有确认性质，因为根据1955年《全国人民代表大会常务委员会关于解释法律问题的决议》与1979年《中华人民共和国人民法院组织法》，最高人民法院已经获得了审判领域内的法律解释权，而对最高人民检察院在检察领域内进行法律解释的授权则是首次规定。

分歧，促进法律的统一实施；同时，法律不是周全完备的，法律可能会在部分领域内存有漏洞，此时司法解释可在不失法的安定性之前提下对法律漏洞进行填充，解决适法过程中的疑难杂症；而对于可能出现规则阙如的法律，两高可以实践经验总结或规范理性设计为前提，以制定司法解释为方式，创制“试行”的法律规范，待其正向价值在实践中得以确认之后，最终通过立法上升为法律。① 概言之，司法解释在实践中发挥着促进适法统一、补足立法缺陷、保障司法完善之特殊功用。

复观社区矫正及其检察监督制度相关的司法解释的发展历程，司法机关虽在逐步完善相关规范，但仍需结合司法实践和新时代法治建设工作的切实之需进行细化。2008 年 3 月 23 日，最高人民检察院为规范监外执行检察工作，制定发布了《人民检察院监外执行检察办法》。其中，针对检察机关的检察权行使和检察人员的法律监督职责均作出了详细的规定。② 2019 年 12 月 30 日起正式实施的最高人民检察院《人民检察院刑事诉讼规则》在其第十四章“刑罚执行和监管执法监督”的内容中针对“社区矫正监督”进行了专节规定，主要通过“总括规定”“适用范围”“监督方式”等内容对社区矫正检察监督的相关内容进行说明。③

2021 年 6 月 15 日，中央层面出台了《关于加强新时代检察机关法律监督工作的意见》，其在“全面提升法律监督质量和效果，维护司法公正”内容中，明确规定应当完善监管执法监督机制，健全完善对监管场所派驻检察与巡回检察相结合的工作机制，加强对社区矫正的检察监督，促进严格依法监管，增强罪犯改造成效。④ 2021 年 12 月 8 日起实施的《人民检察院巡回检察工作规定》（以下简称《巡回检察工作规定》），针对社区矫正巡回检察监督

① 杨万明.《中华人民共和国人民法院组织法》条文理解和适用［M］. 北京：人民法院出版社，2019：133.

② 《人民检察院监外执行检察办法》第 4 条规定：“人民检察院在监外执行检察工作中，应当坚持依法独立行使检察权，坚持以事实为依据、以法律为准绳。检察人员履行法律监督职责，应当严格遵守法律，恪尽检察职责道德，忠于职守，清正廉洁；应当坚持原则，讲究方法，注重实效。”

③ 《人民检察院刑事诉讼规则》第 642 条、第 643 条、第 644 条。

④ 中华人民共和国最高人民检察院. 中共中央关于加强新时代检察机关法律监督工作的意见［R/OL］.(2021-10-08)［2025-03-10］. https://www.spp.gov.cn/tt/202108/t20210802_525619.shtml.

的内容，虽然指明应“参照本规定执行”，但其中却忽略了非监禁刑与监禁刑之间的价值取向不同和最终欲实现的司法目的之差异。此外值得注意的是，在《社区矫正法》颁布实施之前，各地人民检察院除依据相关司法解释进行检察监督之外，还需依靠各地独立制定并发布的《实施条例》或《实施细则》，以开展社区矫正检察监督的实践工作。但是，此做法与《中华人民共和国立法法》中所阐明的基本法律理念之间存在矛盾。[①] 虽然目前与社区矫正及其法律监督相关的规范性文件不断增多，但是总体来看，这些文件大多都是类似于《巡回检察工作规定》中的概括性规定或原则性规定。此类规范性文件对社区矫正检察监督的适用条件、监督时间、监督程序、监督模式和相关法律责任等内容均无明确的指引性规定，直接影响检察机关对社区矫正的检察监督工作的可操作性。

（二）社区矫正检察监督的实践现状

1. 社区矫正检察监督的主体

从社区矫正检察监督的历史沿革来讲，人民检察院作为社区矫正检察监督的主体是理论与实践相结合的共同导向。我国司法实践在很长一段时间中，人民检察院对于刑事执行检察监督的工作重心均在封闭类矫正场域。直至 2003 年，“两高两部”联合下发通知，决定在北京、天津、上海等 6 个省市试行社区矫正拉开了我国刑罚执行制度改革的序幕，与此同时，最高人民检察院开始逐步关注监外执行法律监督领域。

2005 年，最高人民检察院为推进社区矫正试点工作的顺利进行，在“监所检察厅”内部设立了“监外执行检察处”，该机构承担针对监外执行的法律监督职能，特别是社区矫正检察监督的法定职能。2013 年以来，随着《刑事诉讼法》的修订完善与社区矫正工作的顺利推进，最高人民检察院又设立了综合业务指导处。同时，由于劳动教养制度于 2013 年被彻底废止，看守所劳

---

① 《中华人民共和国立法法》第 9 条规定：“本法第十一条规定的事项尚未制定法律的，全国人民代表大会及其常务委员会有权作出决定，授权国务院可以根据实际需要，对其中的部分事项先制定行政法规，但是有关犯罪和刑罚、对公民政治权利的剥夺和限制人身自由的强制措施和处罚、司法制度等事项除外。”

教检察处同步改革为看守所检察处。2015 年 12 月，最高人民检察院印发了《关于全面加强和规范刑事执行检察工作的决定》[①]，其中明确指出应当加强社区矫正执行监督工作，并提出了以“定期专项检察监督”向“常态化检察监督”转变的改革方向，要求各级人民检察院应当积极推动社区矫正执行的法律监督工作，加强对社区矫正各环节的常态化监督，严抓重点领域与重点问题的监督效能，严格预防与积极纠正社区矫正对象所出现的脱管、漏管等违法问题，各地检察机关应当积极配合，形成监督合力，进而促进社区矫正工作依法顺利开展。此后，最高人民检察院正式设立“刑事执行检察厅”，该机构的前身是“监所检察厅”，在此基础之上还设置了专职负责社区矫正检察监督的检察人员与监督小组。

从现行法律规范的角度来看，人民检察院作为社区矫正检察监督的主体是法律规范认可。我国《宪法》第 134 条明确指出人民检察院是我国的法律监督机关。[②] 社区矫正作为刑事执行体系的重要组成部分，其相关活动理应受到人民检察院的法律监督。此外，我国《刑事诉讼法》同样赋予了人民检察院对刑事诉讼程序依法享有的法律监督权。根据《刑事诉讼法》第 269 条[③]的规定，“社区矫正”相关条款规定在《刑事诉讼法》第四编内容之中，即属于刑事执行程序。根据《刑事诉讼法》第 8 条[④]的规定得知，人民检察院对刑事诉讼程序依法实行法律监督。因此，在法律规范层面，社区矫正当然包含在刑事诉讼程序之中，人民检察院理应承担对社区矫正工作进行检察监督的职能。同时，《社区矫正法》第 8 条第 2 款[⑤]又进一步对人民检察院的检察监督权进行了明确。在《社区矫正法实施办法》颁布出台后，对检察机

---

① 中华人民共和国最高人民检察院. 最高人民检察院关于全面加强和规范刑事执行检察工作的决定［R/OL］.（2015-12-17）［2025-03-10］. https://www.spp.gov.cn/zdgz/201512/t20151217_109465.shtml.

② 《中华人民共和国宪法》第 134 条规定：“中华人民共和国人民检察院是国家的法律监督机关。”

③ 《中华人民共和国刑事诉讼法》第 269 条规定：“对被判处管制、宣告缓刑、假释或者暂予监外执行的罪犯，依法实行社区矫正，由社区矫正机构负责执行。”

④ 《中华人民共和国刑事诉讼法》第 8 条规定：“人民检察院依法对刑事诉讼实行法律监督。”

⑤ 《中华人民共和国社区矫正法》第 8 条第 2 款规定：“人民法院、人民检察院、公安机关和其他有关部门依照各自职责，依法做好社区矫正工作。人民检察院依法对社区矫正工作实行法律监督。”

关的法律监督职责再一次进行了详细规定。[①] 由此可见，无论是从《宪法》《刑事诉讼法》的角度分析，抑或是从《社区矫正法》《社区矫正法实施办法》等来看，承担社区矫正检察监督职责的主体均是人民检察院，这一点毋庸置疑。检察机关在社区矫正监督活动中确实发挥着中立的检察监督职能。通过监督社区矫正执法机构是否依法开展矫正活动，检察机关能够保障社区矫正工作的合法性和合规性，从而维护社会秩序和公共利益。至此，我国针对刑罚执行领域的监督基本形成了以“监所矫正监督＋社区矫正监督”为主的二元双向格局。

2. 社区矫正检察监督的模式

根据《高检规则》第 622 条[②]的规定可以得知，检察机关可以对刑罚执行采取巡回检察、派驻检察等形式进行法律监督。根据《人民检察院监外执行检察办法》[③] 明确规定，检察机关针对监外执行的检察监督工作，从参与机构来说，可分为单独检察和联合检察；从检察频次来说可分为定期检察与不定期检察，从检察范围来说可以分为全面检察与重点检察等，并且该条第 2 款明确规定了市、县检察机关应当每半年至少开展一次全面检察。因此，现阶段检察机关针对监外执行的监督模式主要可分为定期检察与不定期检察、全面检察与重点检察和派驻检察与巡回检察 3 种模式。值得注意的是，社区矫正相关法律法规的不断完善与社区矫正实践工作的不断优化，均离不开检察机关对其制度运行与实践执法的监督。根据《2023 年最高人民检察院工作报告》可知，自 2018 年创设巡回检察制度以来，“派驻＋巡回”的二元监督模式使得检察监督的效率大幅提升。

最高人民检察院与省、市级人民检察院除针对监狱进行巡回检察以外，还全力探寻适宜社区矫正的巡回检察模式。如前所述，自巡回检察制度设立

---

① 《中华人民共和国社区矫正法实施办法》第 2 条、第 6 条、第 11 条。

② 《人民检察院刑事诉讼规则》第 622 条规定：“人民检察院根据工作需要，可以对监狱、看守所等场所采取巡回检察、派驻检察等方式进行监督。”

③ 《人民检察院监外执行检察办法》第 26 条规定：“人民检察院开展监外执行检察工作，可以采取定期与不定期检察，全面检察与重点检察，会同有关部门联合检查等方式进行。县、市、区人民检察院在监外执行检察工作中，每半年至少开展一次全面检察。”

以来，累计核查纠正社区矫正对象脱管漏管 8.5 万人，较前五年上升 19%。同时检察机关将持续整治“纸面服刑”“提钱出狱”等违法现象。例如，针对判处实刑却未执行或监外执行前提条件消失的，实际执行 7.3 万人；再如，纠正不当减刑、假释、暂予监外执行累计 24.5 万人。与此同时，查处监管人员利用职务便利实施犯罪共计 235 起，对于监督失职、不力的 42 名派驻检察人员和 6 个派驻单位进行问责。① 值得一提的是，巡回检察是指以固定或临时组建巡回检察办案组的形式，对社区矫正开展检察工作模式。② 社区矫正巡回检察，有机地将派驻与巡回检察相结合，充分发挥“巡”的全面之优和“驻”的细致之便，以开展检察监督新模式。但不得不承认的是，现阶段社区矫正的检察监督工作在整个刑事执行检察监督工作体系中仍处于边缘地位。实践中多数区、县人民检察院会着重选用省时省力的“定期检察”作为主要监督模式，而“不定期检察”多发生在出现严重社会舆情的案件中。同时在实务中，基层检察机关通常采取“定期检察”结合“巡回检察”的监督模式，以“书面审查”为主要方式进行监督，而对于“重点检察”模式的开展，一般需经上级检察机关的批准或通知。

3. 社区矫正检察监督的手段

根据《社区矫正法》与《社区矫正法实施办法》③ 的相关规定可知，提出纠正意见、书面检察建议和查处职务犯罪类案件成为我国社区矫正检察监督的主要方式。

其一，提出纠正意见，是指在社区矫正检察监督过程中，一旦检察机关发现社区矫正执法人员或相关机关存在违法违规现象，依法需要对相应问题进行纠正时，检察机关采取口头或书面形式提出纠正意见的行为。

其二，检察建议是人民检察院履行检察职责、维护社会公正、推进依法

---

① 中华人民共和国最高人民检察院．2023 年最高人民检察院工作报告[R/OL]．(2023-03-07)[2025-03-15]．https://www.spp.gov.cn/spp/zdgz/tj/202303/t20230307_606746.shtml.

② 侯亚辉．新时代社区矫正检察监督实务研究与案例指引 [M]．北京：中国检察出版社，2023：51.

③ 《中华人民共和国社区矫正法》第 61 条、第 62 条；《中华人民共和国社区矫正法实施办法》第 6 条、第 57 条。

行政、打击违法犯罪并依法履行法律监督职责的重要方式之一。[①] 具体到社区矫正检察监督工作中可以得知，此处的检察建议主要是针对监外执行罪犯的交付执行或者对其监督管理活动中，社区矫正机构存在执法不规范、管理不严格等问题时，经检察长批准后，由检察机关向社区矫正机构提出检察建议，督促其限期纠正违法行为。实践中，检察机关多会因年终业务考核的指标要求与为提升社区矫正检察监督效率的原因，制发纠违通知书是常见的一种高效监督手段。纠违通知书多用于常态化监督管理过程中所发现的脱管、漏管等轻微性、苗头性与倾向性的违法情形。书面检察建议通常适用于人民检察院在监督社区矫正工作的过程中所发现的具有严重性、普遍性与多发性的违法行为。通常情况下，为更好地监督纠正此类违法行为，检察机关将针对特定社区矫正机构制发书面检察建议，并要求其限期予以改正并反馈。

其三，查处职务犯罪类案件是检察机关目前在社区矫正工作法律监督中最严厉的一种手段。此种手段主要适用于社区矫正的工作人员在矫正活动中存在滥用职权、徇私枉法等违法行为，由此导致社区矫正对象的合法权益无法受到保障之时。根据《社区矫正法实施办法》的规定，人民检察院在对社区矫正活动进行法律监督过程中发现执法、司法人员实施相关职务犯罪的，可对直接受理的案件立案侦查。当然，检察机关还可以将所掌握的问题线索移送至监察机关依法处置。此外，除以上常见的三类监督手段之外，为完善监督手段体系，解决监督效率低下的问题，实践中还可采取其他辅助监督手段。根据《人民检察院监外执行检察办法》[②] 的相关规定，人民检察院在针对社区矫正进行法律监督过程中，可采用查阅相关卷宗与档案、同公安机关了解核实案情和与社区矫正对象及其亲属进行谈话、听取意见等方式，实践中检察机关需根据具体案情对监督手段进行抉择。

---

① 《人民检察院检察建议工作规定》第 2 条规定："检察建议是人民检察院依法履行法律监督职责，参与社会治理，维护司法公正，促进依法行政，预防和减少违法犯罪，保护国家利益和社会公共利益，维护个人和组织合法权益，保障法律统一正确实施的重要方式。"

② 《人民检察院监外执行检察办法》第 6 条、第 10 条、第 21 条、第 28 条。

4. 社区矫正检察监督的内容

检察机关对社区矫正进行全面监督，社区矫正的前期评估、条件适用、接收入矫、执行变更均纳入了监督范围。其中，《社区矫正法实施办法》明确了检察机关的监督职责，大致包含对审前调查评估活动、社区矫正对象接收入矫或交付、受理申诉、控告、举报、维护社区矫正对象合法权益和督促社区矫正机构依法执行的监督。概言之，社区矫正检察监督的内容涵盖了社区矫正的全过程和各环节。

根据《社区矫正法》第 8 条①、《社区矫正法实施办法》第 6 条②的相关规定可知，目前司法实践中对于社区矫正的刑事执行检察工作体系主要可分为三大类。第一类是检察机关通过对社区矫正工作的派驻检察或巡回检察进行监督；第二类是针对检察监督过程中所发现的违法违规行为开展的督办工作；第三类则是对督办案件中发现的涉嫌违法犯罪的问题线索进行侦查处置。由此可见，三类监督措施在实践工作中往往呈现递进关系，且适用条件也是逐步严苛，即检察机关在常态化监督中发现违法违规行为之后，依法启动督办程序。在督办案件过程中，若发现涉嫌违法犯罪的问题线索时，依法自行侦查或交由监察机关进行处置。虽然以上分类颇为宏观全面，但不能详尽说明社区矫正检察监督的具体内容。基于此，笔者以现阶段刑事执行检察工作体系为基准，提炼出新时代社区矫正检察监督的具体内容。

第一，针对调查评估活动的监督。调查评估监督是《社区矫正法》和《社区矫正法实施办法》赋予检察机关的一项法定职能，此项职能要求检察机关应针对社区矫正机构或其他有关社会组织，对罪犯可否适用社区矫正措施

① 《中华人民共和国社区矫正法》第 8 条第 2 款规定："人民法院、人民检察院、公安机关和其他有关部门依照各自职责，依法做好社区矫正工作。人民检察院依法对社区矫正工作实行法律监督。"

② 《中华人民共和国社区矫正法实施办法》第 6 条规定："人民检察院依法履行以下职责：（一）对社区矫正决定机关、社区矫正机构或者有关社会组织的调查评估活动实行法律监督；（二）对社区矫正决定机关判处管制、宣告缓刑、裁定假释、决定或者批准暂予监外执行活动实行法律监督；（三）对社区矫正法律文书及社区矫正对象交付执行活动实行法律监督；（四）对监督管理、教育帮扶社区矫正对象的活动实行法律监督；（五）对变更刑事执行、解除矫正和终止矫正的活动实行法律监督；（六）受理申诉、控告和举报，维护社区矫正对象的合法权益；（七）按照刑事诉讼法的规定，在对社区矫正实行法律监督中发现司法工作人员相关职务犯罪，可以立案侦查直接受理的案件；（八）其他依法应当履行的职责。"

所进行的预先式调查、评估这一活动进行法律监督。其关键在于监督社区矫正机构或其他有关社会组织依法进行调查与评估，但就目前的法律规范而言，调查评估制度还未被法律规定为一项强制性前置程序。因此，当社区矫正机构有意不进行调查评估时，检察机关的此项监督职能便无处可施。

第二，针对交付执行、接收入矫的监督。交付执行作为整个社区矫正工作的起始程序，检察机关应依法对该环节进行监督，应当严格依法监督交接双方的职责行使是否完整合法，同时应当坚决对苗头性、倾向性的违法违规问题进行依法处理，保障社区矫正对象及其亲属的合法权益。

第三，针对变更、解除及终止矫正的监督。变更刑事执行措施，或解除、终止社区矫正措施，事关社区矫正对象的切身利益与合法权益。因此，法律赋予检察机关此项法定监督权，要求其依法保障刑事执行环节的公平正义。同时，检察机关应进一步加强对撤销缓刑、假释及暂予监外执行衔接程序的同步监督，重点监督审查决定机关、执行机关的行为是否符合法定程序。

第四，针对监督管理、教育帮扶的监督。《社区矫正法》明确指出，我国的社区矫正工作应当坚持“监督管理＋教育帮扶”有机结合的基本原则。[①]基于此，检察机关在针对社区矫正检察监督的工作中应当及时更新监督理念，即要求检察人员在坚守防止出现脱管、漏管和再犯罪等基本原则的同时，应当革新理念、重构原则，加强针对社区矫正机构在为社区矫正对象顺利重返社会方面所进行的教育、帮扶工作的监督，进而反向促进社区矫正机构的执行理念与矫正方式的厘革，以最大化实现“监督管理＋教育帮扶”的基本要求。

第五，针对未成年人社区矫正活动的监督。从《社区矫正法》第七章[②]、

---

① 《中华人民共和国社区矫正法》第3条规定：“社区矫正工作坚持监督管理与教育帮扶相结合，专门机关与社会力量相结合，采取分类管理、个别化矫正，有针对性地消除社区矫正对象可能重新犯罪的因素，帮助其成为守法公民。”

② 《中华人民共和国社区矫正法》第七章“未成年人社区矫正特别规定”。

《社区矫正法实施办法》第 55 条[①]均对未成年人的社区矫正作了特别规定可以看出，针对未成年人社区矫正活动监督的重要性。其不仅关乎我国社区矫正制度的发展，同时也影响着我国刑事执行监督体制的完善。在生理与心理双重维度上与成年人的差异性，便决定了社区矫正机构对未成年群体的矫正工作应当有别于对成年群体，也要求检察机关针对未成年社区矫正工作的法律监督同样需要特殊开展，即应当始终以保护未成年社区矫正对象的个人信息与相关隐私为基础，秉持以教育、感化为核心的监督原则，通过谈话、沟通等途径为监督方式，尽可能避免对未成年社区矫正对象的刺激与伤害，进而相对全面地了解未成年社区矫正对象的监管、教育和学习生活状况，合理听取其近亲属及社会专业人士[②]的建议，以加强检察监督工作的针对性与专业性。

三、社区矫正检察监督的问题及成因

（一）社区矫正检察监督的现有问题

1. 检察监督主体的局限性

首先，社区矫正检察监督工作涉及的法益多元化，现有的检察人力资源难以满足保护的法益的需要。由于目前社区矫正工作的部门包括矫正调查组织、量化评估组织、矫正决定机关和具体执行机关等，检察机关在对社区矫正进行监督时需要面向的部门较为多元，监督工作所涉及的部门较多，所包含的内容复杂，含有预先评估工作、交付执行工作、变更解除工作等环节，并且各个环节所保护的法益不尽相同。因此，根据现在对社区矫正检察监督的人员安排，难以应对错综复杂的现实工作。

---

① 《中华人民共和国社区矫正法实施办法》第 55 条规定：“社区矫正机构、受委托的司法所应当根据未成年社区矫正对象的年龄、心理特点、发育需要、成长经历、犯罪原因、家庭监护教育条件等情况，制定适应未成年人特点的矫正方案，采取有益于其身心健康发展、融入正常社会生活的矫正措施。社区矫正机构、司法所对未成年社区矫正对象的相关信息应当保密。对未成年社区矫正对象的考核奖惩和宣告不公开进行。对未成年社区矫正对象进行宣告或者处罚时，应通知其监护人到场。社区矫正机构、司法所应当选任熟悉未成年人身心特点，具有法律、教育、心理等专业知识的人员负责未成年人社区矫正工作，并通过加强培训、管理，提高专业化水平。”

② 此处的“专业人士”主要指针对未成年人的教育学、心理学等领域的专业人士。

其次，社区矫正检察监督工作包含的内容复杂，现有的检察人员配置难以应对繁重的工作内容。自《社区矫正法》等法律规范颁布实施后，这一问题愈加明显。随着我国刑事执行理念的变革和相关法律规范的不断完善，从理论研究到司法实践均表明我国将重点强化社区矫正的检察监督工作。例如，最高人民检察院于 2023 年 8 月 7 日印发了《2023—2027 年检察改革工作规划》，其中明确规定了“健全对刑事执行的监督机制”，同时提出法律监督机关应全面加强对执法司法活动的监督与制约，应力求实现法律监督理念、体系、机制、能力现代化。① 由此可以看出，随着社区矫正检察监督工作的不断发展和完善，监督内容的扩充、监督环节的优化和监督程序的规范化都将成为重要趋势。这意味着社区矫正检察监督人员的工作任务和职务压力将会逐步增加。因此，现阶段的检察人员配置具有一定的局限性，将是未来有效开展社区矫正检察监督工作的隐忧与障碍。

最后，社区矫正检察监督工作中检察机关与其他机关的配合不足。如前所述，社区矫正检察监督不同于其他法律监督，此项监督权仅由人民检察院行使。但是，就社区矫正工作的现实境况与需求而言，单纯依靠检察机关进行全面有效的法律监督，是不可取且不合理的。原因在于，社区矫正工作本质上是一项兼具复杂性与系统性的刑事执行程序，其需要整合司法行政机关、人民法院、公安机关、民政部门等多机、多部门的力量与资源，单纯依靠检察机关开展监督工作的质效较低。如果检察机关能与其他机关进行有效合作，那么便能提升社区矫正监督工作的质效。

2. 检察监督模式固定化

虽然现阶段检察机关针对监外执行的监督模式主要可分为“定期检察与不定期检察”“全面检察与重点检察”和“派驻检察与巡回检察”3 种模式，但是针对社区矫正的检察监督，一直以来各地实践中主要采取定期检察与巡回检察模式。利用该模式进行检察监督虽然发挥了部门规范督促作用，但同

① 中华人民共和国最高人民检察院. 最高人民检察院《2023—2027 年检察改革工作规划》[EB/OL]. (2023-8-7) [2025-3-15]. https://www.spp.gov.cn/xwfbh/wsfbt/202308/t20230807_624017.shtml#1.

样暴露出一些隐患。

其一，现阶段针对社区矫正检察监督工作的检察人员的职权边界并无清晰划定，同时针对检察人员的监督标准也无明确规定。实践中，检察人员可能为减少工作量，擅自简化监督内容，缩减监督范围，甚至进行抽样监督，最终形成一份形式化的监督报告。同样，由于监督模式的固化，可能造成检察人员未依法对所管辖区内的社区矫正机构进行“全面＋重点”化的监督模式。

其二，由于上级机关的考核要求，实践中部分检察机关会在年末采取突击式的巡回检察监督模式，此时检察人员进行具体监督工作时易形成“走过场、浮表面”的异象，逐步偏离实质化法律监督的轨道。此种模式在无法律有效规制的情况下，不仅难以保障社区矫正对象的合法权益，同时也极易为社区矫正执法人员“搭建”便于其利用职权实施犯罪的桥梁。

其三，在现有的监督模式下，实践中各地检察机关仅在各自的辖区之内各司其职，彼此间的交流与学习较为匮乏。因此，导致社区矫正检察监督体系性较差，整体性较弱，多呈现独立化与碎片化的特征。例如，在实际工作中，一些基层人民检察院发现某个社区矫正机构存在监管矫正执法问题时，其检察监督效果通常局限于对应社区矫正机构，而当本辖区内的其他矫正机构出现类似问题需要监督纠正时，检察机关必须再次进行调查与发现，重新提出纠正意见。此类模式不仅浪费了司法资源，而且很大程度上影响了社区矫正工作的发展，同时先前的纠正意见也无法发挥其指引与教育之作用。① 概言之，检察监督系统性的缺乏引起了重复性司法劳动，进而导致法律监督的实效低下。

3. 检察监督手段单一

现阶段，我国社区矫正检察监督的主要手段可分为提出纠正意见、书面检察建议和查处职务犯罪类案件等。其中，提出纠正意见与检察建议可归纳为书面监督，查处职务犯罪则属于最严厉的一种手段。除此之外，还有一种在实践中极为常见的辅助手段为现场监督，此种手段主要是应对突发状况或

---

① 侯亚辉．新时代社区矫正检察监督实务研究与案例指引［M］．北京：中国检察出版社，2023：60-61．

临时事件。

无论是向社区矫正机构提出纠正意见，还是向其提出检察建议，均无法起到实质性的监督作用。原因在于，书面监督的方式难以发现现实中存在的实质性问题。通过对特定书面材料的审查，仅能检查发现基本的表述、格式或记录前后不一的瑕疵问题，并责令其限期修改。但是，这样的监督方式能够审查材料的正确性，却难以了解审查材料是否真实并符合实际情况。① 在实践中，为应付检察机关的监督，社区矫正相关机构会提前按照格式要求制作检察监督所需要的书面材料，甚至有时还会出现矫正教育工作还未开展，但总结相关工作的记录与文书已制作完备。当然，实践中也有检察机关的监督事例可以借鉴学习的，如 2020 年 8 月，安徽省芜湖市湾沚区人民检察院收到社区矫正对象管某某的反映，其称其负责的电子公司因交易难题面临经济困难，迫切需要本人前往上海、江苏等地处理问题。管某某曾向相关司法所申请外出，但申请未获批准，因此向湾沚区人民检察院提出法律监督请求。接到申请后的 6 天内，湾沚区人民检察院与该区司法局举行了联席会议，会中检察机关综合考虑了管某某的原判罪名、犯罪情节、改造表现和申请原因等因素，提出了应依法批准其外出的建议，并与司法局就批准其请假外出事项达成一致。此案例作为检例第 134 号，为各级各地检察机关所学习借鉴。值得关注的是，管某某在被批准外出期间，湾沚区人民检察院通过社区矫正对象重点监督平台，登录司法局社区矫正智慧矫正系统，通过定位通信、微信监管、社区矫正智慧监管系统信息检测与推送等方式，严格核查管某某行动轨迹，实现对管某某的动态监管，此举值得其他检察机关借鉴与学习。因此，笔者认为，现阶段检察手段的单一化并不能合理全面地发现矫正过程中的问题，同时也无法通过现有的检察监督手段针对既有问题进行监督修正，最终实现应然的法律监督效果。

概言之，现阶段的检察监督手段不仅存在单一化的问题，而且存在着很大的滞后性。基于此，笔者通过设置问卷并向 A 省 B 市 C 区社区矫正机构的

① 魏小涵. 论社区矫正的检察监督 [D]. 哈尔滨：黑龙江大学，2015：14.

矫正对象随机发放问卷的形式，对此问题进行了实证研究。① 调研数据显示，有 143 位（占比 55%）受访矫正对象希望检察机关能够对矫正活动进行全程同步监督，有 117 位（占比 45%）受访矫正对象希望检察机关能够对涉及矫正对象合法权益的事项上进行预先介入（图 1）。针对“预先介入”的方式，其中有 76%的受访对象希望检察机关在矫正机构对被矫正人使用“电子定位装置”时可以提前介入与审查；其余 24%的受访对象希望检察机关可以针对“外出法定审批”等涉及限制被矫正人出行的事项时，可以进行预先介入与监督。

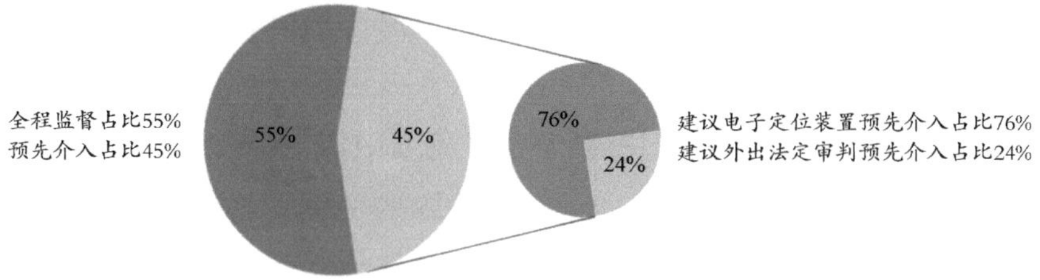

图 1　检查监督手段统计数据

对于检察机关而言，目前更多的是在社区矫正机构出现违法违规的情况后，再进行检察监督，但是事后监督的优势在于损耗的司法资源较少，监督事项的定位较准，同时也不易造成监督与执行的偏差。但是，随着《社区矫正法》《社区矫正法实施办法》的实施，愈加强调对社区矫正对象合法权益的保障，以及矫正方式的革新与规范。单纯依靠检察机关的事后监督，抑或是被动等待社区矫正机构出现问题时的反馈再进行监督纠正，此种方式已无法满足当下刑事执行的现实工作需要，同时检察监督过程中长期存在的零和博弈理念，并不符合新时代检察监督工作的现实需求。因此，在新时代背景下持续提升社区矫正检察监督质效的重要路径之一是充分利用各方监督力量和多种监督方式。

① 此次问卷调查共发放了 300 份问卷，回收问卷共计 260 份，回收率为 85%。

4. 检察监督内容片面化

随着司法理念的革新与法律规范的调整，检察机关在法律监督方面的职责也在逐步变化。对比2008年最高人民检察院发布的《人民检察院监外执行检察办法》①，当前的法律规范和司法机关的相关工作规定已经扩展了包括调查评估、教育帮扶和针对未成年人的社区矫正等在内的监督内容。这些变化反映了对更为全面和细致的法律监督的需求。

但是，对于信息时代的快速发展与“科学技术+刑事司法”有机结合理念的迅速普及，如何合理有机地与社区矫正检察监督进行融合，如何改善社区矫正检察监督内容片面化的问题，如何优化新时代刑事执行检察监督的改革路径，是当下亟须理论研究与实务工作回应解决的难题。现阶段的法律规范仅针对电子定位装置的使用监督②对失联人员进行技术化、信息化查找监督③进行了补充完善，以及针对社区矫正对象适用禁止令相关事项的监督④进行了规定。但是，需要注意的是，针对禁止令的变更、适用限度与解除等事项，现有的规范并未明确给予检察机关法定监督权和并未划定明确的监督标准。同时，面对信息化时代的迅猛发展，现有的法定监督内容已经难以应对日新月异的现实变化。显然，社区矫正检察监督内容的片面化和信息时代发展的多样化，对检察机关针对社区矫正的监督工作提出了更高的要求，同时

① 《人民检察院监外执行检察办法》第3条、第9条、第12条、第15条。

② 《中华人民共和国社区矫正法实施办法》第37条规定：“电子定位装置是指运用卫星等定位技术，能对社区矫正对象进行定位等监管，并具有防拆、防爆、防水等性能的专门的电子设备，如电子定位腕带等，但不包括手机等设备。对社区矫正对象采取电子定位装置进行监督管理的，应当告知社区矫正对象监管的期限、要求以及违反监管规定的后果。”

③ 《中华人民共和国社区矫正法实施办法》第38条规定：“发现社区矫正对象失去联系的，社区矫正机构应当立即组织查找，可以采取通信联络、信息化核查、实地查访等方式查找，查找时要做好记录，固定证据。查找不到的，社区矫正机构应当及时通知公安机关，公安机关应当协助查找。社区矫正机构应当及时将组织查找的情况通报人民检察院。查找到社区矫正对象后，社区矫正机构应当根据其脱离监管的情形，给予相应处置。虽能查找到社区矫正对象下落但其拒绝接受监督管理的，社区矫正机构应当视情节依法提请公安机关予以治安管理处罚，或者依法提请撤销缓刑、撤销假释、对暂予监外执行的收监执行。”

④ 《中华人民共和国社区矫正法实施办法》第39条第2款规定：“对禁止令确定需经批准才能进入的特定区域或者场所，社区矫正对象确需进入的，应当经执行地县级社区矫正机构批准，并通知原审人民法院和执行地县级人民检察院。”

也预示着新时代的刑事执行检察监督工作将会面临更大的挑战。基于此，为有效开展新时代的社区矫正检察监督工作，拓宽监督力量、明确监督内容、设定清晰的监督标准和界定具体的工作职责成为必要的前提条件。这些措施将有助于提高法律执行的透明度和效率，确保司法公正和权利保障。

（二）社区矫正检察监督问题的成因

1. 理念层面：检察监督理念滞后

伴随着《社区矫正法》的正式生效实施，“社区矫正”这一制度也正式从舶来品成为被我国吸收采纳的一项制度。同时，《社区矫正法》也是我国首部为规范社区矫正工作及其法律监督而创设的国家法，其与《中华人民共和国监狱法》具有相同的法律地位。在此之后，也意味着我国刑事执行体系下的两种不同刑罚制度走向完备，同时我国的社区矫正工作总体目标也在发生转变，从原先的“重监管”逐步向“监管与矫治并重”的模式转型。虽然《社区矫正法》《社区矫正法实施办法》及相关法律法规的出台实施，回应了社区矫正实践工作中的诸多需求与困难，同时也为健全完善我国刑事执行规范体系做出了里程碑式的贡献。但是，现阶段的社区矫正检察监督工作仍然存在“重监禁刑监督”“轻矫正检察监督”“检察监督形式化”等基础理念方面的问题。

实践中，社区矫正检察监督依然受到传统法律监督思维的限制，检察监督工作重形式而轻实质。同时，由于非监禁刑制度的发展较监禁刑制度缓慢，因此检察监督工作中检察人员多重视监禁刑罚方面的监督，而针对非监禁刑罚方面的监督工作并不充分。此外，实践中由于检察机关长期满足于矫正机关遵循“交得出”“管得住”的工作底线，不仅不利于新时代刑罚执行方式的创新监督，而且针对社区矫正工作检察监督的理念较为滞后。① 同时，此种理念的滞后性也在一定程度上阻碍了恢复性司法理论的发展与完善。除此之外，《社区矫正法》实施之后，我国社区矫正工作的总体目标由“重监管”向

① 桑先军. 治本安全观语境下社区矫正检察监督工作的推进［J］. 人民检察，2018（13）：49-52.

"监管矫治并重"转变。① 这一转变标志着法律框架和社会管理策略的更新。尽管如此，检察机关在社区矫正的法律监督方面的思维仍在逐步适应这一变化。当前，检察监督的实际工作主要集中在社区矫正的入矫、执行和解矫等阶段的监管上，而对于教育矫正的监督则相对较弱，通常侧重于形式和程序上的监督。这表明在完全实现监管与矫治并重的目标方面，还需要进一步加强和改进教育矫正的监督实务。因此，面对社区矫正工作的日益复杂和信息时代的迅猛发展，为避免社区矫正检察监督工作出现数据孤岛、运行不便等问题，社区矫正检察监督理念的革新方向应由理论界予以回应。

2. 机制层面：检察监督机制失当

虽然《社区矫正法》《社区矫正法实施办法》的颁布实施，填补了我国非监禁刑事执行法律的空白。但是，现阶段社区矫正工作及其法律监督机制仍处于不完善的状态。本研究着重阐述社区矫正检察监督机制失当的问题，主要包括欠缺具象化调查评估机制、缺少针对矫正教育、改造情况的实时监督机制和缺乏统一化交付执行监督机制三类症结。除此之外，各地社区矫正检察监督机制不完善，导致现阶段我国社区矫正检察监督体系难以形成。

首先，根据我国《社区矫正法》第 18 条②和《社区矫正法实施办法》第 13 条③的规定，调查评估是由社区矫正决定机关根据实际需要予以开展，即委托相关的机构或社会组织对待矫正对象进行专业系统的调查评估，具体内容包括待矫正对象的成长环境、家庭状况、心理状况、悔罪态度和潜在的危险程度与再犯罪的可能性等。依据《社区矫正法实施办法》，人民检察院对调

---

① 侯亚辉．新时代社区矫正检察监督实务研究与案例指引［M］．北京：中国检察出版社，2023：61.

② 《中华人民共和国社区矫正法》第 18 条规定："社区矫正决定机关根据需要，可以委托社区矫正机构或者有关社会组织对被告人或者罪犯的社会危险性和对所居住社区的影响，进行调查评估，提出意见，供决定社区矫正时参考。居民委员会、村民委员会等组织应当提供必要的协助。"

③ 《中华人民共和国社区矫正法实施办法》第 13 条规定："社区矫正决定机关对拟适用社区矫正的被告人、罪犯，需要调查其社会危险性和对所居住社区影响的，可以委托拟确定为执行地的社区矫正机构或者有关社会组织进行调查评估。社区矫正机构或者有关社会组织收到委托文书后应当及时通知执行地县级人民检察院。"

查评估活动实行法律监督。① 但遗憾的是，现阶段各法律规范针对此内容的规定均为原则性规定，而具体到检察监督的介入时间、检察监督的具体方式和检察监督的程序规定等方面的内容均无明确规定。显然，法律规范的留白，大概率会导致实践中针对调查评估工作的检察监督无从下手。同时，该部分规范内容的缺乏，将导致实务工作中无法确立统一的监督标准，即可能出现面对相同或类似的违法问题时，检察机关可能会作出不同的监督措施，进而得出不同的归责结果，此时调查评估机制便可能失去其应有的价值。因此，针对调查评估机制的具体规定便变得尤为重要。

其次，我国社区矫正制度为促进社区矫正对象顺利融入社会，预防与减少社区矫正对象再犯罪的可能性，将社区矫正机构依法履行矫正教育职能写入《社区矫正法》。实践中，矫正机构主要实施 3 种教育帮扶方式，分别为入矫教育、日常教育和解矫教育。前两种方式的主要目的是使矫正对象在刑罚执行完毕后，能够顺利回归社会、正常生活，同时可以与社会产生良好的交互。最后一种方式则是通过总结归纳社区矫正对象在矫正过程中的表现，分析相关数据，进而帮助其树立重返社会的信心。因此，社区矫正教育在帮助社区矫正对象重返社会和减少社区矫正对象再犯罪方面有其独特的功用，社区矫正工作的顺利开展离不开矫正教育制度的合理运行。因此，针对矫正教育过程的法律监督变得极为重要。虽然现阶段的法律规范要求检察机关对矫正教育过程开展法律监督，但是，实践中检察机关多数仅从形式层面进行监督，缺少针对矫正教育的实时检察监督机制。

最后，对于交付执行环节的法律监督而言，现行法律规定尚浅，社区矫正决定机关在作出适用社区矫正的决定之后，社区矫正对象需要及时到执行

① 《中华人民共和国社区矫正法实施办法》第 6 条规定："人民检察院依法履行以下职责：（一）对社区矫正决定机关、社区矫正机构或者有关社会组织的调查评估活动实行法律监督；（二）对社区矫正决定机关判处管制、宣告缓刑、裁定假释、决定或者批准暂予监外执行活动实行法律监督；（三）对社区矫正法律文书及社区矫正对象交付执行活动实行法律监督；（四）对监督管理、教育帮扶社区矫正对象的活动实行法律监督；（五）对变更刑事执行、解除矫正和终止矫正的活动实行法律监督；（六）受理申诉、控告和举报，维护社区矫正对象的合法权益；（七）按照刑事诉讼法的规定，在对社区矫正实行法律监督中发现司法工作人员相关职务犯罪，可以立案侦查直接受理的案件；（八）其他依法应当履行的职责。"

机构报到，同时，社区矫正决定机关应抄送相关文书至人民检察院。[①] 具体至社区矫正交付执行环节的检察监督，现有的法律规范却颇为抽象与笼统，如检察监督的时间、可用措施、监督模式和相关责任等内容都无统一规定。由此可见，社区矫正检察监督机制的不完善，在一定程度上会影响社区矫正工作的顺利开展，甚至可能会阻碍新时代刑事执行程序的革新完善。

3. 资源层面：检察资源配置不当

诚然，原有的社区矫正检察工作模式确实能够满足社区矫正法律监督工作的基本要求，以及固有的社区矫正检察监督资源可以应对最基本的社区矫正法律监督工作的需求。但是，随着刑事司法体制改革，新时代检察监督工作的现实需求，固有检察监督资源分配不均的缺陷和不足日益凸显，具体包括社区矫正检察监督人员资源的分配，针对社区矫正检察人员培训的资源投入，以及社区矫正法律监督理念普及与宣传等方面。

第一，社区矫正检察监督人员不足。社区矫正作为我国非监禁刑罚的重要方式，从社区矫正的决定、适用、执行、变更等程序中均需要进行法律监督。同时，鉴于社区矫正本质上是一种动态且连续的系统性工作，检察机关对其进行的监督应当是全程的、同步的，并且需要及时更新相关的矫正信息。这对开展社区矫正检察监督工作人员储备提出了更高要求，以保持稳定地开展检察监督工作。就现阶段检察机关的人员分配来看，日常负责社区矫正检察监督工作的专职人员面临人手短缺问题。为了应对全面监督、专项监督或巡回式不定期监督的需求，经常需要临时借调其他机关或部门的工作人员。这种做法虽然在短期内可以缓解人力资源的紧张，但也可能导致监督工作的连续性和专业性受到影响。完成特定监督任务后，这些临时借调的人员通常会返回他们原来的机关或部门。这种频繁的人员流动可能会导致知识和经验

---

① 《中华人民共和国社区矫正法实施办法》第 16 条规定："社区矫正决定机关应当自判决、裁定或者决定生效之日起五日内通知执行地县级社区矫正机构，并在十日内将判决书、裁定书、决定书、执行通知书等法律文书送达执行地县级社区矫正机构，同时抄送人民检察院。收到法律文书后，社区矫正机构应当在五日内送达回执。社区矫正对象前来报到时，执行地县级社区矫正机构未收到法律文书或者法律文书不齐全，应当先记录在案，为其办理登记接收手续，并通知社区矫正决定机关在五日内送达或者补齐法律文书。"

的断层，影响监督工作的质量和效果。另外，社区矫正检察人员配备不足，存在“一人负责多岗”“福利待遇少”“工作待遇低”等问题均会影响社区矫正检察监督人员的分配。[①] 因此，检察监督人员的分配不均，必然在一定程度上导致负责社区矫正检察监督的人员稳定性变差，进而影响甚至阻碍社区矫正检察监督工作的实效。

第二，社区矫正检察监督人员的培训不足。自《社区矫正法》及相关法律法规颁布实施后，法律充分表明了我国对社区矫正检察监督工作的高度重视。进一步完善了检察监督的内容，对监督程序进行了进一步的细化，一定程度上促进了社区矫正检察监督工作的发展，但同时也意味着监督人员的工作压力愈加繁重。此时，便更需要针对性加强检察监督人员的专业培训以提升其业务能力。但反观实务工作，鲜有检察机关重视抑或是将该项培训列为内部重点工作内容。尤其是基层社区矫正检察监督的工作人员更需具有较强的专业素养，检察机关更应加强对其业务培训与能力考核。目前，我国的社区矫正检察监督制度起步较晚，专职人员较少、专业能力较弱等现实问题不容回避，检察机关对检察人员的培训不足，导致检察人员对检察监督工作的认识仍不到位，特别是对于监督理念、程序、方式的理解与该项制度的设置初衷存在一定差距。[②] 因此，社区矫正检察监督人员的培训缺位必然影响检察实效。

第三，社区矫正检察监督理念的宣传欠缺。在社区矫正检察监督的实践工作中，大多数社区矫正对象并不了解检察监督的工作内容和检察人员的工作职责，并且在矫正工作过程中，受到社区矫正机构工作人员的不法侵害时，也不知该向谁提出申诉；当个人的合法权益受到侵害时，不知该怎样去依法维护自身权益。矫正对象主动要求与检察人员谈心谈话、反馈矫正情况的较少，主动向检察人员反映社区矫正机构所存在的违法问题的则更少。究其根本原因在于，社区矫正检察监督理念的宣传力度不足，进而导致社区矫正对

① 张建升，周伟，吴宗宪，等．创新监督方式完善监督机制 强化社区矫正检察工作［J］．人民检察．2015（15）：41-48.

② 凌高锦．中国社区矫正检察监督制度路径选择［J］．党政干部学刊，2019（9）：48-51.

象对检察监督工作性质的理解不充分、对检察人员的工作职责认识不到位。概言之，检察监督工作理念的宣传不足，进而导致检察机关收集问题线索的来源狭窄。其不仅会导致社区矫正对象的合法权益受到侵害时，检察机关难以第一时间进行止损与保障，而且会为违法违纪的社区矫正工作人员在一定程度上留下逃避法律惩罚的可乘之机。

四、新时代社区矫正检察监督的完善策略

（一）新理念：贯彻新时代检察监督理念

2017 年 10 月 18 日至 24 日，党的十九大明确提出和概括了习近平新时代中国特色社会主义思想。这一思想是实现中华民族伟大复兴的行动纲领，也是马克思主义中国化的最新成果，融合了中华传统文化和中国精神的时代内涵。其中，习近平法治思想是其重要组成部分，强调法治国家、法治政府、法治社会一体建设，推动全社会尊法学法守法用法，进一步加强社会主义法治体系，理应得到理论界的重点关注。因此，应当以贯彻习近平法治思想为基础，以实现新时代中国特色社会主义思想为目标，革新新时代检察监督理念。

最高人民检察院于 2023 年 8 月 7 日印发了《2023—2027 年检察改革工作规划》（以下简称《改革规划》），其中指出应当加快推进检察工作现代化，同时强调应当建立健全数字检察工作机制。① 此外，最高人民检察院法律政策研究室针对《改革规划》的解读中指出，未来五年的检察工作应当坚持以实现检察监督现代化为目标，坚持形成推进中国式现代化，推进法律监督在理念、体系、机制、能力等方面的现代化发展。② 其中明确了新时代的检察监督理念，即应当利用检察大数据赋能法律监督。在《改革规划》中虽未明

---

① 中华人民共和国最高人民检察院 . 2023—2027 年检察改革工作规划[EB/OL]. (2023-8-7)[2024-10-27]https://www.spp.gov.cn/xwfbh/wsfbt/202308/t20230807_624017.shtml#1.

② 中华人民共和国最高人民检察院 . 以加强检察机关法律监督工作为总抓手　以检察工作现代化服务保障中国式现代化——最高检法律政策研究室负责人解读《2023—2027 年检察改革工作规划》[EB/OL]. (2023-8-7)[2024-10-27] https://www.spp.gov.cn/xwfbh/wsfbt/202308/t20230807_624017.shtml#3.

确提及“检察大数据赋能法律监督”的概念，但理论界对于该项内容的定义较为统一，即具体是指检察机关以法律监督提质增效为目的，以合法合规的大数据技术为手段，通过树立大数据思维、汇集大数据资源、构建大数据模型、开展大数据分析的方法，运用大数据办案，依托大数据治理的工作模式。① 社区矫正工作作为我国刑事执行体系的重要组成部分，社区矫正检察监督工作亟须贯彻新时代的检察监督理念。如何在检察监督的机制运行和日常工作中革新传统监督理念，贯彻新时代监督理念便亟须理论界予以研究回应。

1. 在监督机制中贯彻新时代检察监督理念

“机制”一词最早起源于希腊语“μηχανικός”，原指机器的构造和机理。后来在中世纪时演变为“mechanism”意为“机械装置”或“工作原理”，主指机器的内部构造和工作原理。除生物医学类比借用该词以外，“机制”一词如今广泛应用于自然现象及社会现象领域，泛指一个工作的组织元素或元素之间相互作用的方式。② 本文将主要讨论社区矫正检察监督机制中所包含的主体、对象、模式核心组成部分。

第一，针对社区矫正检察监督的主体部分，贯彻新时代检察监督理念可从“人员培训＋机关督促”两个维度进行推进。具体而言，对于现阶段社区矫正检察监督工作而言，核心工作内容多数落实到了检察人员的个人职责，少数落实到工作小组的集体负责。因此，对负责社区矫正检察监督工作的检察人员进行新时代监督理念的培训与学习便极为重要，主要可从“大数据赋能检察监督”“数字检察的利与弊”“数字检察与社区矫正监督的关联”等方面进行理论学习与培训，必要时可进行模式考核与检验。机关督促则意为，在各级各地检察机关已完成对检察人员基础概念的培训之后，仍需在检察监督的实务工作中，以新时代检察监督理念为核心，同时因地制宜、按需变通相关理念，实时关注社区矫正法律监督工作的革新变化和核心概念的动态发

① 郭箐，张庆立．检察大数据赋能法律监督的探索与创新［J］．犯罪研究，2023（4）：96-102．

② 中国社会科学院语言研究所词典编辑室．现代汉语词典［M］．北京：商务印书馆，2016：600．

展，以此督促检察人员高效开展社区矫正检察监督工作。

第二，针对社区矫正检察监督的对象部分，贯彻新时代检察监督理念应重点关注未成年社区矫正对象的监督领域。即在信息互通的新时代背景下，如何避免未成年社区矫正对象的隐私泄露，以及在大数据赋能法律监督的新时代理念下，如何利用新技术对未成年社区矫正工作及其监督提供正向效能，均是理论研究应当关注及回应的关键问题。结合司法部所发布的关于社区矫正的指导案例可知，应当以未成年社区矫正对象作为重点工作对象，着重强化分类管理模式，加之以个别化矫正方式，通过动员各方力量，形成家庭、学校及社区的“三方合力”，由此实现监管教育与学业发展的同步并行，进而落实对未成年罪犯的司法保护与感化教育。例如，社区矫正对象刘某，因犯诈骗罪被山东省烟台市芝罘区人民法院判处有期徒刑 8 个月，缓刑 1 年。2021 年 4 月，由山西省朔州市应县社区矫正管理局及受委托的司法所对刘某进行监督管理与教育帮扶。笔者认为，不仅应当关注未成年社区矫正对象的矫正与监督工作，同时还应当重点关注未成年人领域，即尝试建立未成年人（青少年）社区矫正对象信息数据库，且须建立配套的数据核算与储存机制，以防数据泄露。同时，应当建立相应的数据备份与追回系统，最大限度保障未成年社区矫正对象的个人信息与隐私。针对如何利用新技术对未成年人社区矫正工作及其监督提供正向效能的问题，可以尝试从“分类式管理、特殊化矫正”的原则出发贯彻新时代监督理念，并且其中应当厘清未成年社区矫正对象与成年社区矫正对象检察监督的区别，明晰未成年人社区矫正的特殊之处。同时，可以采取新型技术实现“针对性矫正＋综合化教育”相结合的理念开展社区矫正工作，并且可综合教育学、心理学、社会学等领域的专业力量进入社区矫正队伍，形成一体化集成式矫正平台，进而开展新时代背景下的专业化矫正。同时，检察机关也可以通过在线平台实现对社区矫正工作的实时监督与及时纠正，在提升检察监督效率的同时亦促进了社区矫正工作的实效。

第三，针对社区矫正检察监督的模式，贯彻新时代检察监督理念应首先将工作模式从“办事”向“办案”转变。即要求检察人员在日常监督工作中除遵循传统监督模式之外，应当坚持“规范检察监督程序、构建信息共享模式”的要求。同时，应当注重依法办理脱管漏管、减刑监督、再犯罪等案件的信息化处理，将司法办案内化为新时代检察监督模式的辅助手段。同时，检察机关应当进一步普及和完善内部互联共通系统，即创设社区矫正信息互联共享模式，以确保系统内部各机关能够实时掌握社区矫正机构的工作内容和社区矫正对象的个人信息。还可以尝试辅之以机关联席会议制度①，对各机关发现的社区矫正工作中存在的问题线索进行通报上报，通过联席会议进行集体研究与处理，进而推动检察监督模式的改革中贯彻新时代检察监督理念。

2. 在监督工作中贯彻新时代检察监督理念

检察监督工作的核心内容可分为针对调查评估活动、接收入矫、教育帮扶、变更终止矫正和未成年人社区矫正活动的监督这 5 个部分。基于此，笔者认为，在检察监督日常工作中贯彻新时代检察监督理念，应着重关注对调查评估活动、教育帮扶及变更终止矫正 3 个部分监督工作的新时代理念的学习与运用情况。原因在于，以上 3 个部分囊括了社区矫正工作的核心环节。因此，以如上环节为基础推进贯彻新时代检察监督理念是革新检察监督工作的应有之义。

首先，对于调查评估活动的检察监督工作，应通过前端宣传推行新时代检察监督理念。由于调查评估活动作为社区矫正工作的开端，因此该环节的理念学习与实践运用，应当得到检察机关与社区矫正机构的双重重视。这便要求检察机关在开展评估活动开启前进行教育宣传工作，即将新时代检察监督理念引入社区矫正机构，使得矫正机构对于调查评估工作的开启与运行更加规范。与此同时，前端宣传的前提是检察人员自身需理解新时代检察监督理念，因此，此项工作同样可以使得检察监督工作更全面地贯彻新时代检察监督理念。显然，社区矫正工作中设置的调查评估程序，其法理在于保护待

① 此处的“联席会议制度”主要指，成立相应的秘书办公室及确定联络人，并且要求公检法主管领导、部门负责人、业务骨干参与会议，联席会议原则上每季度召开一次，由成员单位轮流主办，以增强成员单位的责任感。如若遇到重大事项或突发事项，可以临时由秘书办公室提议召开。

矫正对象的合法权益，同时实现刑事执行特殊预防理念下的因素考量。是故，对于调查评估活动的检察监督应当着重利用新时代检察监督理念对社区矫正对象的成长环境、犯罪缘由、心理健康等方面进行数据化监督，进而使得检察人员在实践工作中不断加深对监督理念的理解。

其次，对于教育矫正与帮扶工作的检察监督，应通过设立信息互联共享平台践行新时代检察监督理念。社区矫正工作除承担刑事执行的基本职能之外，同时有着促进社区矫正对象顺利重返社会的核心宗旨。因此，新时代社区矫正检察监督工作应当践行新时代检察监督理念，依托数字化监督机制，搭建信息互联共享平台，根据矫正机构的信息传输与数据分析进行监督工作，且形成由单向“监督”向“监督＋保护”观念的转变。检察机关应当以新时代检察监督理念为指导，以“监督＋保护”观念为遵循，同社区矫正机构一起推进新时代社区矫正工作的健康发展。该方式也与学界所提倡的社区矫正理念应反映“社会关系与规制惩罚”相辅相成的双重属性相吻合。① 同时，应当适时对表现突出的予以奖励，实现奖惩结合的工作机制。例如，通过司法部发布的天津市河西区对缓刑社区矫正对象郑某依法给予表扬的案例可以得知，社区矫正对象在社区矫正机构及相关工作人员的教育帮扶下，自愿接受管理教育，主动修复社会关系，积极改造重返社会，案例中提到的见义勇为行为，不仅是社区矫正对象回报社会、改过自新的体现，也是社区矫正监督管理工作取得实效的缩影（案例编号：TJSJJDGL1673310593）。

最后，对于变更、终止矫正工作的检察监督，应通过实现动态数据信息传输落实新时代检察监督理念。诚如前文所言，现阶段针对变更、解除或终止矫正工作的检察监督，多数是以检察机关的事后监督为主，究其本质在于，检察机关获取社区矫正工作的信息源较窄，且获取的多数信息具有较强的滞后性。若能够以新时代检察监督理念为指导，实现动态数据信息监管，则可以在很大程度上解决监管信息滞后性的症结。具体而言，社区矫正机构应根据检察机关与信息共享平台的要求，将社区矫正对象的相关法律文书进行扫

---

① 王耀彬．社会关护与规制惩罚：未成年人社区矫正的双重属性及多元展开［J］．刑法论丛，2018（4）：575-593．

描上传，同时送达接收交接、入矫执行、日常监管和其他重要信息的文书数据，特别是应当将变更、终止矫正的事实原因及相关证据材料等内容及时上传至平台，交由检察机关开展法律监督工作。同时值得注意的是，所有上传至平台的事实及证据材料，均应确保线上线下同步更新与封存，进而实现动态化同步检察监督，以解决社区矫正信息滞后获取与社区矫正工作事后监督的桎梏。

（二）新机制：健全社区矫正检察监督机制

1. 优化矫正前调查评估的监督机制

社区矫正适用前的调查评估活动从 19 世纪初美国的缓刑资格审查制度发展而来，同时也是近代司法发展史上的产物，兼具教育融合刑罚观念与刑罚个别化理念的发展产物。随着刑事司法理念的革新，我国适用缓刑的比例提高，直接导致缓刑人群基数变大，调查评估活动对于社区矫正工作的实践运行乃至整个刑罚执行体系的构建和完善起到了显著的作用。因此，对于调查评估的检察监督也变得十分重要，结合新时代检察监督理念的提出与改革，笔者认为应重点完善优化针对风险评估目标、风险评估因子与风险评估类型这 3 个方面的检察监督。

第一，针对风险评估目标的法律监督，应重点关注评估目标的合法性与合理性。针对风险评估目标的研究，理论界多数重视其标准的设定和刚性标准是否具有合理性。例如，有学者认为应当将风险评估目标作为规范适用的前置条件，但应当将“没有再犯罪的危险”① 指标进行适当调整，以“再犯罪的危险性较小”作为评价指标更合适，目的在于减轻人力资源压力与职责压力。② 因此，风险评估目标的标准亟须进行相应的转型，而针对评估机构标准执行与结果输出的法律监督尤为重要。检察机关应当在评估机构进行风

---

① 《最高人民法院关于办理减刑、假释案件具体应用法律若干问题的规定》第 15 条规定：“办理假释案件，判断“没有再犯罪的危险”，除符合刑法第八十一条规定的情形外，还应根据犯罪的具体情节、原判刑罚情况，在刑罚执行中的一贯表现，罪犯的年龄、身体状况、性格特征，假释后生活来源以及监管条件等因素综合考虑。”

② 王鹏飞．社区矫正社会调查评估的现实困境与规则建构［J］．宜宾学院学报，2021（4）：33-40.

险评估过程中，着重监督评估过程的合法性和评估标准的合理性。

第二，针对风险评估因子的法律监督，应着重关注评估因子的体系搭建与数据量化。风险评估因子体系搭建的法律监督，可通过大数据算法对评估因子体系进行搭建，以及相关因子的发现与计算，检察机关可要求评估机构及时上传数据分子与演算过程至社区矫正平台以备监督，而检察机关应针对评估机构上传的相关因子进行数据核算与同步监督。此外，风险评估的数据量化可通过制定标准评估量表实现，具体可通过联合有关机关从以往的案件数据库中整合选择出具有一定代表性、集中性的犯罪因子。评估机构可以此为基础，计算出不同因子对犯罪行为再发生的影响力，并对其进行相应赋值予以量化，以增强评估结果的直观性与指向性。因此，检察机关应重点核对评估因子的数值统计与恒定标准间的差距，以及在一定时期内的数据波动与平均偏差。①

第三，针对风险评估类型的法律监督，应集中关注评估类型的统一化与差异化适用前提。风险评估类型应当根据评估对象、评估阶段等不同因素进行差异化设置，以契合评估对象的个体化特征。例如，针对未成年人与成年人的评估模式理应进行差异化设置；再如，针对管制、缓刑、假释与暂予监外执行等类别的风险评估，应当进行区别化设置。概言之，应当在符合共性的基础之上，允许评估机构进行差异化的调整。此时，便要求检察机关做好针对评估机构对风险评估类型选择的法律监督工作。同时，可以利用前端数据平台对评估类型选择进行预先模拟，以便选择最佳的评估类型，进而使得矫正机构顺利开展矫正工作。

2. 强化教育矫正监督机制

若以善治（Good Governance）理论为基础研究社区矫正中的教育矫正问题，可知善治理论强调需要建立高度参与的政府并强调积极治理的有效性，充分体现了社区矫正的教育矫正目的。溯源其根本内涵，善治理论是西方关于政治治理分析的代表性理论，其核心观点为“善治即使公共利益最大化的

① 在数据分析和统计学领域，平均偏差是一种用于衡量数据集中数值偏离其平均值的统计指标。其衡量了数据的离散程度，即数据点与平均值之间的平均距离。

社会治理过程及治理活动”。然而，我国社区矫正实践工作并未以善治理论为基础，而是受社会防卫理论与特殊预防理论的影响，形成了以预防再犯罪的危险性矫治为主导的教育矫正范式。但是，仅以预防再犯罪教育矫正为核心观念的教育矫正机制，通常较易忽视被害人的合法诉求与权益保障，以及在一定程度上阻碍修复因犯罪行为被破坏的社会关系，同时使得现阶段多元化的矫治需求在实践中难以得到合理实现。因此，针对教育矫正的检察监督机制应当有所侧重。

两高两部于2009年联合印发的《关于在全国试行社区矫正工作的意见》中，明确指出教育矫正是实现社区矫正工作，防范再犯罪的特殊预防目标起到了重要的保障作用。① 基于此，笔者经整合被害人保护理念、恢复性司法观念、法益恢复原则等前沿观点，得出社区矫正机构应当以社会复归机制为基础，以矫正损害修复理论为指引，将损害修复理念融入对社区矫正对象人格的教育矫正、被害人权益的补偿保障和社会秩序的整体修复之中的结论。在此基础上，建构针对损害修复型教育矫正模式的专项监督机制，利用集成式平台实现教育矫正工作的全过程留痕，其中包括矫正对象参与教育学习、公益活动和社会活动的情况，以及遵纪守法、接受监督管理的实时情况等内容。② 同时，检察机关可要求社区矫正机构将矫正对象的学习情况及矫正内容一并上传至集成式平台，可以按周、月、季度等时间区间进行统一上传，以备检察机关进行相应的法律监督，最终形成信息化、体系化和一体化的教育矫正监督体系。

同时，应当将损害修复理论运用于新时代社区矫正教育的实践之中，即构建新时代教育矫正的法律监督新模式，以信息化建设替代先前的人力化监督，不仅有利于提升监督效率，而且可以缓解基层检察人员人力资源匮乏的

---

① 最高人民法院、最高人民检察院、公安部、司法部：《关于开展社区矫正试点工作的通知》，司发〔2003〕12号。

② 《中华人民共和国社区矫正法实施办法》第24条第1款规定：“社区矫正对象应当按照有关规定和社区矫正机构的要求，定期报告遵纪守法、接受监督管理、参加教育学习、公益活动和社会活动等情况。发生居所变化、工作变动、家庭重大变故以及接触对其矫正可能产生不利影响人员等情况时，应当及时报告。被宣告禁止令的社区矫正对象应当定期报告遵守禁止令的情况。”

困境。损害修复型教育矫正模式实现了刑事执行与损害修复的有机结合，对其的法律监督亦保障了新时代社区矫正教育的规范开展。基于此，信息化教育矫正监督体系的构建，规范了社区矫正教育机制的运行，强化了对社区矫正教育的监督力度，提升了对社区矫正教育的监督效率，为新时代社区矫正的实践工作提供了机制导向，也为我国现阶段刑事执行体系完善进程中遇到的现实问题提供了针对性策略。

3. 深化矫正后复归环节的监督机制

我国《社区矫正法》第 1 条规定，社区矫正工作应当促进社区矫正对象顺利融入社会，以预防和减少犯罪。[①] 因此，深化社区矫正后的复归环节十分重要，深化矫正后复归环节的监督机制关乎社区矫正制度的核心目标之实现。

首先，应当明晰针对矫后复归的检察监督原则。在使矫正对象复归社会的目标之下，检察监督应当更加重视矫后工作的科学化与人性化，同时应当将评价矫后复归工作是否合理作为基本监督原则。此外，针对矫后复归工作的检察监督，公正与效率同样亟须得到重视，但必须在公正的基础之上追求效率。换言之，追求效率须在公正得以实现的基础上才有意义。正如有学者所言，公正是诉讼的生命、灵魂，倘若公正不存在，也就无所谓效率。[②] 在我国现阶段刑事执行的体系之下，监督矫后效果的重要标准之一，便应当是矫正执行过程的公正性和矫后复归环节的融洽性。基于此，针对社区矫正对象矫后复归社会工作的检察监督，应当符合社区矫正工作检察监督的核心目标和着重关注矫后工作的科学化与人性化。此外，检察机关应当明确社区矫正对象有重返社会的权利，即应当通过法律监督的形式，积极督促社区矫正机构辅助社区矫正对象顺利复归社会。有学者将其称为“双向互动原理”，即指在回归目标下开展效果评估，使矫正措施的改进更趋客观、全面。[③]

---

① 《中华人民共和国社区矫正法》第 1 条规定：“为了推进和规范社区矫正工作，保障刑事判决、刑事裁定和暂予监外执行决定的正确执行，提高教育矫正质量，促进社区矫正对象顺利融入社会，预防和减少犯罪，根据宪法，制定本法。”

② 宋英辉．刑事诉讼法［M］．北京：清华大学出版社，2007：29.

③ 邱兴隆．个别预防论的源流［J］．法学论坛，2001（1）：46-60.

其次，应当建立针对矫后复归的监督指标评估体系。从统计学角度来讲，指标不仅是衡量项目状态的尺度，也是分析项目质量和综合数量的测度工具。对于任何领域的一个陌生事物，均可以通过构建指标，将复杂化的事务转换为直观且可度量的数字与符号，通过对相应数据的分析与计算，使独立的指标变成可视化体系。建立针对矫后复归的监督指标评估体系，可结合社区矫正对象的个人情况，多维度了解社区矫正对象复归社会的进程及状态，可预先设定检察监督指标，根据社区矫正机构的数据上传与信息备份，逐步实现针对矫后工作的检察监督。从核心指标出发，到子目标，再到具体目标，最后明确各监督专项指标进行评估。最终的监督指标评估体系，具体是指将矫后工作的各项指标接入社区矫正的整体性框架之中，使检察机关可准确监督评估矫后工作的执行情况，有助于完成社区矫正检察监督工作的“最后一公里”。

最后，应当丰富针对矫后复归的监督内容。现阶段针对矫正对象的矫后复归社会工作的监督内容主要集中在矫正变更、解除和矫正过程的合法性监督。但是，随着新时代社区矫正检察监督理念的革新，检察机关除需要关注传统的监督内容之外，应当着重关注社区矫正对象心理健康的测试辅导情况。究其缘由在于，犯罪行为产生的核心因素之一便是实施犯罪人员的心理因素。同时，梳理犯罪形成的综合理论研究成果得知，心理因素通常被认为是犯罪行为发生的重要因素。因此，检察机关应当着重关注社区矫正机构在对矫正对象进行矫正的过程中以及矫后复归社会环节中的心理矫治方案的制定与落实。同时，为使社区矫正对象顺利复归社会，社区矫正机构理应对不同背景的社区矫正对象进行差异化心理评估与矫正，检察机关应当对其进行全面化的实时监督。

（三）新举措：优化社区矫正检察监督资源配置

1. 改进检察监督的人力资源配置

强化社区矫正检察监督力量、优化检察监督资源配置，首先应从改进人力资源分配入手，具体可分为整合资源与协同配合两个方面。

首先，从整合现有检察监督人力资源出发，以实现各级检察机关“巡驻检察”制度的合理运行，进而均衡现有检察监督人力资源的配置。在当前的监督实践中，法定检察职能能够得到充分履行成为重中之重。检察监督层级化管理和分散型配置的现实情况，需要进一步适用集约化资源配置原则，以应对社区矫正检察监督力量有限且分散的不利影响，提高监督的效率和质量。具言之，上级人民检察院可以根据社区矫正监督工作的均衡发展需求进行资源配置的优化。在这一过程中，案组和监所检察监督办案组实现差异化分工，构建团队分工化组织模式，以最大限度实现人员分配机制的合理性。与此同时，各地检察机关应当将以往工作经验与新时代社区矫正巡驻制度有机结合，吸纳有益经验与做法。在推动监所派驻组与社区矫正派驻组人员有效流动的基础上进行定期轮班，以此加强监所派驻与社区矫正派驻的工作交流与沟通。

其次，从促进协同配合出发，以引进技术型人才为导向，探索新时代社区矫正检察监督的发展路径。为更好地适应新时代社区矫正整合平台的技术发展，以及确保刑罚执行在新型技术层面的顺利过渡，检察机关可尝试引入集成式技术平台领域的专业人员对社区矫正检察监督的实践工作提供技术支持。可依据最高人民检察院于 2018 年发布的《关于指派、聘请有专门知识的人参与办案若干问题的规定（试行）》（以下简称《规定》）进行选取，《规定》中将此类专业人员归纳为“有专业知识的人”①，并且在其中明确规定了人员的选取前提、限制范围及职能分配等具体内容。因此，在检察机关对社区矫正进行监督过程中，对于具体案件所涉专业性和技术性问题可通过引入专业人员进行缓解。

面对实务监督工作中不断迭代的平台技术，各地检察机关应当积极探索，除单方面引入技术型人才之外，应当与其他部门协同，尽可能地实现技术信息的互通与社区矫正数据的互联，进而实现全方位的检察监督。同时，协同配合的监督模式也会在一定程度上缓解基层检察人员资源匮乏的矛盾。因此，

① 《最高人民检察院关于指派、聘请有专门知识的人参与办案若干问题的规定（试行）》第 2 条规定：“本规定所称‘有专门知识的人’，是指运用专门知识参与人民检察院的办案活动，协助解决专门性问题或者提出意见的人，但不包括以鉴定人身份参与办案的人。本规定所称‘专门知识’，是指特定领域内的人员理解和掌握的、具有专业技术性的认识和经验等。”

应当分层级、分区域整合现有专家资源，并在此基础上扩充建立技术型人才库和相关专家问询库，以满足对社区矫正不同案件不同环节的专业需求。差异化遴选相应领域的专家及技术型人员进行辅助监督，为社区矫正各个环节的各项工作进行审查复核，同时提供技术支持与数据支撑，进而优化检察监督的人力资源配置。

2. 加强检察监督的物力资源供给

在改进检察监督的人力资源配置之后，为全面优化社区矫正检察监督资源，还应着力加强检察监督的物力资源供给。即应当加强技术投入、加大宣传力度和提供相应的保障机制，以缓解检察监督的技术局限性、理念滞后性和检察人员的工作消极性。

首先，应当增加检察监督领域的技术投入。随着社区矫正信息化管理的普及，以及新型技术日新月异，数字检察理念运用到社区矫正检察监督的实践中，便显得极为重要。笔者认为，为了实现检察监督与社区矫正信息化的相互配合，可以通过增加检察监督领域内的专项科技研发与提升技术型人才对监督设备的调控监管能力来实现。此外，技术层面的资源倾斜是实现检察监督工作数据化的重要手段之一，通过技术资源的投入和优化利用，在新形势下充分发挥信息技术的优势，推动社区矫正检察监督信息化、数字化、智能化进程。同时，完善相关制度也至关重要，以确保在运用技术性监督措施时有法可依。

其次，应当加强检察监督数字化理念的宣传力度。具体采用“线上＋线下”的形式对检察监督数字化理念进行宣传，线上宣传可通过各级各地检察机关的官方网站、媒体平台等媒介进行普及宣传，线下宣传则可通过实地调研与“检院进社区”等方式进行普及宣讲，以此加强对社区矫正检察监督新理念的宣传学习力度，增加检察监督数字化理念在广大人民心中的知晓度，使人民群众对新时代检察监督工作的理解达到“知理念、懂平台、用平台”的核心标准。基于此，各级各地检察机关应当将部分宣传资源有目标地向数字化理念普及进行倾斜，同时应当做好数据处理与分析工作，对于线上平台，应当定期查看浏览数据与分析用户画像；对于线下宣讲，应当定期做好回访与意见采集等工作，进而实现对数字化检察监督理念的区域化普及和在一定程度上缓解新旧检察监督理念更新迭代的滞后性。

最后，应当完善检察监督领域的检务保障。数字检察监督的运用与发展，表面上看似乎是技术问题，但究其本质，实质上是检察人员与检察技术开发人员如何运用数字平台实现信息化监督的问题。基于此，除对检察人员与技术人员进行专业培训与技能考核之外，还应重点关注人员自身的后勤保障工作。检察机关应当针对负责社区矫正检察监督的检察人员与技术人员给予相应的检务保障，进而提升相关人员在监督工作中的价值归属感与工作积极性。着力完善检察监督领域的检务保障，不仅有利于检察监督工作的顺利开展，还有助于缓解因人力资源不足带来的工作压力与疲倦，同时在一定程度上会降低相关人员实施职务犯罪的几率。

（四）新向度：推进社区矫正数字化检察监督

加强检察机关信息化、智能化建设，是《中共中央关于加强新时代检察机关法律监督工作的意见》明确提出的新要求，① 全面推进社区矫正的数字化检察监督是新时代检察监督高质量发展的应有之义。对于我国当前社区矫正司法实践中涉及的数据安全与信息鸿沟的问题，如何建立完善社区矫正的数字检察监督平台是理论研究界亟须回应的现实问题。新时代社区矫正检察监督需要发挥自身技术优势，树立“司法改革＋科技创新”的新理念，创建“数据处理＋平台共享”的新格局，坚持将人工智能与智慧检务深度融合，通过构建新时代社区矫正信息共享平台，搭建社区矫正的法律监督算法模型，建立社区矫正大数据法律监督平台，建构新时代背景下的智慧检察生态系统。

1. 健全社区矫正信息共享平台

现阶段信息技术迅速发展，“司法改革＋科技创新”的新时代治理理念亟须落实，利用数据算法打破信息壁垒，健全多机关之间针对社区矫正信息的互通共享平台，以实现社区矫正法律监督模式的转型升级。

---

① 中华人民共和国最高人民检察院．中共中央关于加强新时代检察机关法律监督工作的意见[EB/OL]．(2021-8-2)[2024-8-2]https://www.spp.gov.cn/tt/202108/t20210802_525619.shtml.

《社区矫正法》第5条①确立了社区矫正工作向信息化、技术化模式转型的目标，《社区矫正法实施办法》第11条②也明确指出，社区矫正机构应当依法加强信息化建设，运用现代信息技术实现相关部门间的信息共享。同时，司法部"数字法治+智慧司法"建设的战略目标也在积极推进。其中，通过GPS定位、指纹信息、虹膜数据、移动手环等手段进行智慧监管，已然成为新时代社区矫正工作的重要方式。社区矫正对象的信息涵盖程度较高，全流程、多环节的监管信息成为智能监督的信息基础。因此，为检察机关开展社区矫正对象信息分析与管理进行检察监督提供了可行之源。与此同时，社区矫正机构信息技术手段的提升与检察机关之间的差距逐渐拉大，以致产生"耦合性"难题。因此，各地检察机关可以以省级为单元，构建检察系统内部的社区矫正信息管理平台。同时，应当由省级人民检察院负责协调辖区内的其他有关机关，将其所掌握的社区矫正信息或与社区矫正信息相关的其他信息上传共享。例如，将社区矫正对象的活动轨迹、定位数据、矫正方案、变更解除等相关信息进行互联共通，实现在内部系统的传输与联通。同时，对应辖区内的省级司法行政机关可负责权限范围内的社区矫正相关信息的管理与审核。

具体而言，首先，由人民法院在判决生效后，将需要执行的相关数据与信息从法院内部系统中上传至社区矫正信息管理平台。其次，对应辖区执行地的司法行政机关应当根据其从内部系统中知悉的关于待矫正对象入矫的基本信息与具体时间，提前准备接收入矫的相关事宜并且有针对性地制定矫正方案。再次，公安机关在针对违法犯罪人员作出行政拘留或刑事拘留以备侦查的决定后，应当通过公安机关的内部系统对接辖区内检察机关的内部系统，

① 《中华人民共和国社区矫正法》第5条规定："国家支持社区矫正机构提高信息化水平，运用现代信息技术开展监督管理和教育帮扶。社区矫正工作相关部门之间依法进行信息共享。"

② 《中华人民共和国社区矫正法实施办法》第11条规定："社区矫正机构依法加强信息化建设，运用现代信息技术开展监督管理和教育帮扶。社区矫正工作相关部门之间依法进行信息共享，人民法院、人民检察院、公安机关、司法行政机关依法建立完善社区矫正信息交换平台，实现业务协同、互联互通，运用现代信息技术及时准确传输交换有关法律文书，根据需要实时查询社区矫正对象交付接收、监督管理、教育帮扶、脱离监管、被治安管理处罚、被采取强制措施、变更刑事执行、办理再犯罪案件等情况，共享社区矫正工作动态信息，提高社区矫正信息化水平。"

以便查询拘留对象是否存在其他刑罚信息，并及时通知辖区内的司法行政机关采取对应的司法措施，防止由于资料信息不对等造成刑事执行工作无法顺利进行。最后，检察机关通过以上各机关所传输的信息源进行整合处理，一并储存于社区矫正信息共享平台之中。此平台的搭建与运行，有助于提升与社区矫正相关的各司法机关之间的沟通效率与交流频次，有利于缓解因信息不对等而阻碍矫正工作顺利开展。同时，通过对社区矫正调查评估信息的收集、入矫信息的录入和矫正措施变更或解除等环节信息的储存，实现新时代社区矫正检察监督的合理转型与高效运行。

2. 构建社区矫正的法律监督算法模型

在建成社区矫正信息共享平台之后，检察机关可以利用 AI 技术①开发社区矫正检察监督算法模型，以促进传统检察监督范式的转型与智慧检务普及化应用的过渡。人工智能领域具体可分为弱、强、超 3 个阶段，现阶段的人工智能技术暂处于初级阶段，即弱人工智能阶段。因此，如何将现有的人工智能技术同社区矫正信息共享平台有机融合，如何利用现有的人工智能技术建构社区矫正法律监督算法模型，便成为理论研究界亟须回应的现实之需。

首先，应当利用云存储系统将信息共享平台中的各类信息进行分类存储，以便提高后续矫正信息处理与按需检索的平台效率。在经过云存储系统的分类处理之后，通过提取人工智能与智慧检务的共性技术，以信息保护与整理分析为机制，将现阶段的人工智能技术框架搭建至社区矫正信息共享平台中，以实现人工智能技术同社区矫正信息共享平台有机融合，进而为检察监督算法模型的建构与运行提供基础信息源。

其次，应当将人工智能领域内的优化学习架构融入社区矫正检察监督算法模型的构建之中。究其本质，此法律监督算法模型的功用在于对已获信息的处理与分析。

---

① 此处的 AI 是人工智能（Artificial Intelligence）的缩写。人工智能是一个以计算机科学为基础，由计算机、心理学、哲学等多学科交叉融合的交叉学科、新兴学科，研究、开发用于模拟、延伸和扩展人的智能的理论、方法、技术及应用系统的一门新的技术科学，企图了解智能的实质，并生产出一种新的能以与人类智能相似的方式做出反应的智能机器，该领域的研究包括机器人、语言识别、图像识别、自然语言处理和专家系统等。

因此，接入人工智能优化学习架构可以极大程度地缓解人力资源紧缺的压力，以及深入挖掘智慧检察监督系统的数据价值。

基于此，可以将建构社区矫正的法律监督算法模型分为如下几个环节。

第一，完成数据采集与整合工作。原因在于，人工智能算法运行的前提是有足够的样本数量供其进行学习与分析。因此，相关数据与信息应重点聚焦于社区矫正工作中的易发问题，根据不同犯罪性质进行分类采集，同时对犯罪心理、动机等关键信息进行筛选提取，以确保提供给人工智能模型的数据完整且准确。

第二，进行个案监督结果的模块总结。即检察机关需要通过对个案监督处理的结果进行分析与归总，归纳出具有代表性的类型化要素，对心理、社会、教育等相关数据进行采集与梳理，进而得出具有高度盖然性的检察监督线索。

第三，进行智能化轨道整合工作。社区矫正检察监督是一项综合且系统的司法工作，其需要与司法行政部门、公安机关等相关机关或组织建立数据信息共享机制。因此，通过整合评估、监管、教育、帮扶、回归等各个环节的工作记录，确保算法模型的系统性和协同性。

第四，做好持续优化与更新工作。随着人工智能技术逐步向强人工智能发展，检察监督算法模型需要同步进行相应的优化与更新，以确保系统的有效性和适应性。

总之，利用人工智能技术构建社区矫正的法律监督算法模型是一个处于预想阶段的综合型工作，结合云储存、物联网等技术实现“AI＋社区矫正检察监督”的前沿构想需要各界力量予以支持。同时，检察机关在着力对社区矫正检察监督工作进行数字化、网络化和智能化转型的过程中，还应关注人工智能在社区矫正检察监督工作中的主体责任划定与监管，避免出现伦理道德与责任混沌等问题，需要提前界定人工智能的责任属性与范围。

3. 建立社区矫正大数据法律监督平台

“大数据的运用已成世界大势”①。大数据赋能新时代检务工作，是当下检察工作高质量发展的应然要求，也是未来检察工作高效率运行的实然路径。利用大数据技术建立社区矫正的法律监督平台，将社区矫正各环节纳入其中，通过对接社区矫正的信息共享平台，利用社区矫正的法律监督算法模型，实现对已录入信息的处理分析，通过大数据技术的探查、收集、记忆、运算等程序，进而通过社区矫正的大数据法律监督平台实现对社区矫正工作的全覆盖监督。

《人民检察院监外执行检察办法》明确指出，监所检察部门应当依照“微机联网、动态监督”的要求，实现检务办公的自动化管理。② 此规定同样可以作为社区矫正检察监督工作转型的规范指引。首先，检察机关应当将社区矫正信息共享平台中的文书进行价值筛选，选取有代表性的矫正工作数据上传至大数据法律监督平台，利用大数据技术进行积累与分析海量的“矫正数据足迹”，形成前置的审查基准、风险提示、违法预警等自动化程序。此后，便需要人工对相应的风险预警提示进行复审，以及决定是否开启后续的检察监督程序。其次，检察机关应当将区块链技术接入社区矫正的大数据法律监督平台，以提高平台针对矫正对象个人信息的存储与保护的能力，同时有助于提升社区矫正检察监督司法数据的算法运行效率。有学者指出，区块链技术具有数据去中心化、不可篡改、数据化担保等突出特征，集数据密码学、定点传输、分布式存储等信息技术于一体。③ 利用区块链技术可将社区矫正信息共享平台的文书材料进行数据化存储，同时形成对应的哈希值④。检察

---

① 姜昕，刘品新，翁跃强．检察大数据赋能法律监督三人谈［J］. 人民检察，2022（5）：37.

② 《人民检察院监外执行检察办法》第 28 条规定：“人民检察院监外执行检察工作实行‘一账三表’的检察业务登记制度。‘一账三表’是指《罪犯监外执行情况检察台账》、《检察纠正违法情况登记表》、《严重违法情况登记表》、《监外执行罪犯减刑情况登记表》。监所检察部门登记‘一账三表’，应当按照‘微机联网、动态监督’的要求，实现办公自动化管理。”

③ 赵志刚．从“事后取证”转变为“同步存证”——区块链技术带来的检察办案模式之变［N］. 检察日报，2019-11-11（003）．

④ 哈希值是区块链技术中常用的一种数据结构。哈希值可用于验证数据记录的完整性，通过比对哈希值来确认区块链网络中存储的数据是否受到篡改或破坏。

机关可通过比对社区矫正信息上链前后的哈希值是否一致，来甄别对应数据材料的真实性与完整性。此外，根据最高人民法院、最高人民检察院、公安部联合印发的《关于办理刑事案件收集提取和审查判断电子数据若干问题的规定》，电子数据完整性的重要保护方法之一即为计算核对电子数据完整性检验值。① 因此，无论是检察监督日常工作数据的核查，还是办理刑事案件时所需提取审查的电子数据，均离不开哈希值的比对与区块链技术的应用。

综上所述，通过连通社区矫正信息共享平台，接入社区矫正法律监督的算法模型，建立社区矫正大数据法律监督平台，可将先前收录的大量无序的矫正信息转变为系统内部一体有序的算法数据。继而通过完善运行机制、累积案例数据，使得大数据法律监督平台的运作精度与产出效率逐步提升，进而实现新时代社区矫正检察监督工作的“同步监督”与“体系监督”。同时，社区矫正大数据法律监督平台的建成，不仅代表着新时代检察监督工作的信息化转型，亦标志着新时代智慧检务建设工作的新篇章。

伴随着新时代中国特色社会主义法治的不断推进，新时代检察监督工作高质量发展的核心要义是对中国特色社会主义检察制度的巩固与发展，基本内涵是对新时代检察监督工作的革新与完善，最终目标是将检察工作切实融入全面建设中国式法治现代化的新征程之中。本文通过梳理现有检察监督的法律规定和司法解释，总结出现阶段检察机关对社区矫正进行法律监督的主要方式，进而分析社区矫正检察监督的现有问题，主要体现为检察监督主体局限性、检察监督模式固定化、检察监督手段单一化、检察监督内容片面化等。通过剖析引起以上问题的具体缘由得知，主要是由检察监督理念滞后。检察监督机制失当和检察资源配置不当等因素引起。笔者认为，下一步应着

---

① 《关于办理刑事案件收集提取和审查判断电子数据若干问题的规定》第5条规定：“对作为证据使用的电子数据，应当采取以下一种或者几种方法保护电子数据的完整性：（一）扣押、封存电子数据原始存储介质；（二）计算电子数据完整性校验值；（三）制作、封存电子数据备份；（四）冻结电子数据；（五）对收集、提取电子数据的相关活动进行录像；（六）其他保护电子数据完整性的方法。”第29条第（二）项规定：“完整性校验值，是指为防止电子数据被篡改或者破坏，使用散列算法等特定算法对电子数据进行计算，得出的用于校验数据完整性的数据值。”

力探寻新时代社区矫正检察监督的完善策略，即应将改革重点放在健全社区矫正信息共享平台、构建社区矫正的法律监督算法模型和建立社区矫正的大数据法律监督平台的3个角度。具体而言，应当通过连通社区矫正信息共享平台，接入社区矫正法律监督的算法模型，建立社区矫正大数据法律监督平台，将先前收录的大量无序的矫正信息转变为系统内部有序的算法数据。继而通过优化监督算法、完善运行机制、积累案例数据，使得大数据法律监督平台的运作精度与产出效率逐步提升，进而实现新时代社区矫正检察监督工作的“同步监督”与“体系监督”。

本文通过对社区矫正检察监督规范分析、实践探究与完善路径等的论述，在尊重现阶段客观实践基础上寻求创新，但由于笔者自身学识有限、实地调研时间有限和获取的实践数据不够全面等多方面的原因，本文仍有很大的提升空间，但笔者努力提出了一些改进社区矫正检察监督制度的思路和方向。希望这些思路能够为该领域的研究和实践提供一定的参考。同时，也希望学术界和实务界能够就本文提出的观点展开深入探讨，共同推动新时代社区矫正检察监督制度的不断完善和发展。

附：参考文献

一、著作类

[1] 习近平. 论坚持全面依法治国 [M]. 北京：中央文献出版社，2020.

[2] [意] 切萨雷·贝卡利亚. 论犯罪与刑罚 [M]. 黄风译. 北京：北京大学出版社，2008.

[3] 杨万明.《中华人民共和国人民法院组织法》条文理解和适用 [M]. 北京：人民法院出版社，2019.

[4] 贾济东. 中国刑法 [M]. 北京：知识产权出版社，2012.

[5] 高贞. 中国特色社区矫正制度研究 [M]. 北京：法律出版社，2018.

[6] 侯亚辉. 新时代社区矫正检察监督实务研究与案例指引 [M]. 北京：中国检察出版社，2023.

[7] 中国社会科学院语言研究所词典编辑室. 现代汉语词典 [M]. 北京：商务印书馆，2016.

[8] 宋英辉. 刑事诉讼法 [M]. 北京：清华大学出版社，2007.

[9] 习近平. 高举中国特色社会主义伟大旗帜 为全面建设社会主义现代化国家而团结奋斗：在中国共产党第二十次全国代表大会上的报告 [M]. 北京：人民出版社，2022.

[10] 翟中东. 刑罚个别化研究 [M]. 北京：中国人民公安大学出版社，2001.

[11] 翟中东. 中国社区矫正制度的建构与立法问题 [M]. 北京：中国人民公安大学出版社，2017.

[12] 武红玉. 社区矫正管理模式研究 [M]. 北京：中国法制出版社，2011.

[13] 王爱立，姜爱东. 中华人民共和国社区矫正法释义 [M]. 北京：中国民主法制出版社，2020.

［14］张建明. 社区矫正实务［M］. 北京：中国政法大学出版社，2010.

［15］王平. 刑罚执行现代化：观念、制度与技术［M］. 北京：北京大学出版社，2017.

［16］陈明国. 社区矫正工作教程［M］. 北京：法律出版社，2017.

［17］冯卫国. 刑事执行与罪犯处遇新探索［M］. 北京：法律出版社，2019.

［18］张东平. 监禁刑与社区矫正的互动衔接研究［M］. 北京：中国法制出版社，2017.

［19］田楷. 执行监督论［M］. 北京：中国检察出版社，2010.

［20］骆群. 社区矫正专题研究［M］. 北京：中国法制出版社，2018.

［21］司绍寒. 社区矫正程序问题研究［M］. 北京：法律出版社，2019.

［22］吴宗宪. 社区矫正导论［M］. 北京：中国人民大学出版社，2011.

［23］刘强. 社区矫正制度研究［M］. 北京：法律出版社，2007.

［24］韩玉胜. 刑事执行制度研究［M］. 北京：中国人民大学出版社，2007.

［25］向泽选，骆磊. 检察：理念更新与制度变迁［M］. 北京：中国法制出版社，2013.

二、期刊类

［1］聂友伦. 论司法解释的行权规则［J］. 法学家，2023（5）：12-25.

［2］桑先军. 治本安全观语境下社区矫正检察监督工作的推进［J］. 人民检察，2018（13）：49-52.

［3］张建升，周伟，吴宗宪，等. 创新监督方式完善监督机制：强化社区矫正检察工作［J］. 人民检察，2015（15）：41-48.

［4］凌高锦. 中国社区矫正检察监督制度路径选择［J］. 党政干部学刊，2019（9）：48-51.

［5］郭箐，张庆立. 检察大数据赋能法律监督的探索与创新［J］. 犯罪研究. 2023（4）：96-102.

［6］王耀彬. 社会关护与规制惩罚：未成年人社区矫正的双重属性及多元展开［J］. 刑法论丛，2018，56（4）：575-593.

［7］王鹏飞. 社区矫正社会调查评估的现实困境与规则建构［J］. 宜宾学院学报，2021，21（4）：33-40.

［8］邱兴隆. 个别预防论的源流［J］. 法学论坛，2001（1）：46-60.

［9］姜昕，刘品新，翁跃强. 检察大数据赋能法律监督三人谈［J］. 人民检察，2022（5）：37-44.

［10］贾宇. 以检察工作现代化助推中国式法治现代化［J］. 人民检察，2023（1）：55-70.

［11］万春. 检察机关在人权司法保障中的作用［J］. 民主与法制，2023（33）：50-52.

［12］魏治勋. 百年法治进程的基本逻辑与执政党角色：纪念中国共产党成立100周年和“依法治国”方略提出24周年［J］. 法学论坛，2021，36（1）：45-56.

［13］朱孝清. 论依法能动检察［J］. 人民检察，2022（13）：1-13.

［14］王伟，陈咪娜，卢凤英. 坚持和发展检察一体原则的思考［J］. 中国检察官，2020（1）：35-38.

［15］魏丽艳，李亚西. 社区矫正对象脱管漏管检察监督的联动机制研究［J］. 中国法治，2024（3）：65-71.

［16］冯笑杰，钱周伟. 论检察监督的困境与转型［J］. 广西政法管理干部学院学报，2023，38（6）：108-113.

［17］周光，田颖，计鸿等. 未成年人“两法”实施中的检察监督责任研究［J］. 贵州警察学院学报，2023，35（6）：43-52.

［18］喻少如，许柯. 社区矫正检察监督的功能定位及其实现路径［J］. 西南科技大学学报（哲学社会科学版），2023，40（5）：29-36.

［19］何晓红，何妍，高震乾. 未成年人社区矫正检察监督的困境与对策［J］. 湖北文理学院学报，2023，44（6）：33-37.

［20］谭宗泽，王宏英. 新时代行政检察监督的宪法功能及立法回应

[J]. 江海学刊，2023（3）：177-186.

[21] 吴宗宪，赵宇. 完善我国社区矫正法若干问题探讨 [J]. 江西社会科学，2023，43（10）：123-133+208.

[22] 自正法. 论社工参与未成年社区矫正的模式与路径 [J]. 法治现代化研究，2023，7（4）：117-127.

[23] 史臣，邢朝国. 风险控制与情感治理：本土社区矫正的实践逻辑与行动策略 [J]. 社会学评论，2023，11（3）：239-256.

三、学位论文类

[1] 何明珠. 社区矫正分级处遇制度研究 [D]. 重庆：西南政法大学，2021.

[2] 何梨. 社区矫正智能化监管体系构建研究 [D]. 重庆：西南政法大学，2021.

[3] 贾文博. 罪错未成年人矫正法律问题研究 [D]. 济南：山东大学，2023.

[4] 兀思凡. 社会力量参与社区矫正研究 [D]. 上海：华东政法大学，2023.

[5] 肖鹏. 社区矫正制度运行现状研究 [D]. 山东大学，2022.

[6] 尚甜甜. 我国社区矫正信息化监管体系研究 [D]. 北京：中国人民公安大学，2022.

[7] 穆坤明. 社区矫正对象重新犯罪预防研究 [D]. 北京：中国人民公安大学，2022.

[8] 韦梦园. 我国未成年缓刑犯社区矫正研究 [D]. 北京：中国人民公安大学，2021.

[9] 周思源. 违法涉罪未成年人帮教矫正体系完善研究 [D]. 重庆：西南政法大学，2020.

[10] 殷虹. 社区矫正对象身份认同整合对社会适应的影响 [D]. 长春：吉林大学，2022.

［11］李昀泽．未成年人犯罪社区矫正存在的问题及对策研究［D］．长春：吉林大学，2022.

［12］崔晓巍．论未成年人社区矫正制度的完善［D］．长春：吉林大学，2018.

［13］王帅．我国社区矫正在矫人员“中间行为”惩戒机制研究［D］．长春：吉林大学，2018.

［14］李慎行．社区矫正教育帮扶功能的实现困境及其解释［D］．武汉：中南财经政法大学，2021.

［15］钟婧．女性社区矫正对象的再社会化研究［D］．武汉：中南财经政法大学，2020.

附　录

“新时代社区矫正检察监督研究”调查问卷

一、单选题

1. 您的性别是：

○A. 男　　○B. 女

2. 您的年龄是：

○A. 18 岁以下　　○B. 18—30 岁　　○C. 30—40 岁

○D. 40—50 岁　　○E. 50 岁以上

3. 您是否了解过社区矫正相关的法律知识？

○A. 是　　○B. 否

4. 您是否了解检察机关在社区矫正中的作用？

○A. 是　　○B. 否

5. 您对社区矫正工作中的检察机关的职责是否了解？

○A. 非常了解　　○B. 不是很了解　　○C. 不了解

6. 您是否了解现阶段社区矫正检察监督方式的具体内容？

○A. 非常了解　　○B. 不是很了解　　○C. 不了解

7. 新型智慧检察监督模式与传统检察监督模式相比，您更倾向于哪种模式？

○A. 新型智慧检察监督模式（如智慧云平台或相关 App）

○B. 传统检察监督模式

8. 您是否希望检察机关可以对社区矫正工作进行全程监督？

○A. 是　　○B. 否　　○C. 无所谓

9. 您是否希望检察机关可以预先介入对社区矫正对象合法权益的保护？

○A. 是　　○B. 否　　○C. 无所谓

二、多选题

1. 针对现阶段社区矫正机构的矫正措施，您认为有哪些需要检察机关预先介入与审查？

○A. 与社区矫正对象的谈话教育

○B. 对社区矫正对象使用电子定位装置

○C. 对社区矫正对象的家庭背景进行调查

○D. 对社区矫正对象的成长环境进行调查

○E. 对社区矫正对象的外出法定审批

○F. 其他请补充

2. 您认为当前社区矫正检察监督的智慧建设工作中，可能存在的问题有？

○A. 群众对新技术和法律行业结合的接受度低

○B. 可能会出现泄露矫正对象个人信息的情况

○C. 专业技术与相关人才储备不足

○D. 相关法律依据不完善

○E. 其他请补充

感谢您的参与配合！

L监狱医院发展困境及对策研究

杜雨康①

一、序言

（一）研究背景

随着我国社会的不断发展进步，中国特色社会主义建设进入新时代，社会主要矛盾已经转化为人民日益增长的美好生活需要和不平衡不充分的发展之间的矛盾。伴随着整体生活水平的提高、生活需求的变化，人民群众对于“健康生活”提出了更高的期盼，也对生命健康权利的保障有着越来越迫切的要求。同时，一个国家整体医疗水平的高低、公共医疗服务能力的大小也是衡量国家现代化发展水平的重要依据之一。习近平总书记在党的二十大报告中指出，推进健康中国建设，把保障人民健康放在优先发展的战略位置，建立生育支持政策体系，实施积极应对人口老龄化国家战略，促进中医药传承创新发展，健全公共卫生体系，加强重大疫情防控救治体系和应急能力建设，有效遏制重大传染病传播。因此，以中国式现代化全面推进中华民族伟大复兴，部署“增进民生福祉，提高人民生活品质”的相应工作，回应人民群众对于“健康生活”的期盼，切实将保障人民健康放在优先发展的战略位置就是新时代中国特色社会主义建设工作的重中之重。

监狱医院作为专门向服刑人员提供医疗健康、卫生防疫等服务的医疗机构，是司法行政工作系统中必不可少的一环，更是整个国家公共卫生服务体

---

① 杜雨康，毕业于中央司法警官学院，现就职于河北省邢台市中级人民法院。

系中的重要组成部分。截至2023年，我国服刑人员数量近200万，在职监狱民警人数为30万，每年至少有10万服刑人员存在医疗服务需求。因此，我国监狱医院作为监狱的组成部门面临着人手短缺、对服刑人员疾病救治工作压力较大的问题。除此之外，由于相对封闭的工作环境，相当一部分监狱医院医务工作人员缺乏外出进行专业知识学习、先进经验借鉴和专业技能培训等机会，再加上资金有限，无法及时有效更新医疗设备、扩大医疗场地等原因，大多监狱医院整体医疗水平有限，无法满足服刑人员的疾病救治需求。同时，随着社会发展，服刑人员的健康意识也不断提高，自然对于监狱医院医疗水平迟迟得不到提升心存不满，进而导致不相信监狱医院的诊断、不配合监狱医院治疗等现象的发生。以上因素均对于监狱医院的进一步发展有着不利影响，亟待采取针对性措施予以解决。

L监狱医院所在省份为H省，H省共有22所监狱，均为省直监狱，各个监狱均设有监狱医院。H省没有设立全省统一的监狱中心医院，各个监狱单独设立监狱医院，负责本监狱服刑人员的疾病预防、诊断、救治工作，不存在类似其他省、自治区、直辖市将其区域内各个监狱有健康需求的服刑人员统一送往各省专门的监狱中心医院提供医疗健康服务的情形。H省各监狱总体发展水平相似，监狱医院发展面临的问题也相对一致。因此，对于L监狱医院发展过程中问题的分析并提出解决对策，具有一定的典型性和示范性，在全省监狱医院未来的发展中都会起到相应的参考、示范作用。故本文将采用个案分析法，选取L监狱医院进行个案研究，更具体、清晰地分析我国监狱医院发展所面临的共同问题，并相应地提出对策建议。

（二）研究意义

本文中L监狱医院发展面临的问题与全省监狱医院发展面临的问题相似程度很高。L监狱医院作为个案研究，具有较高的典型意义，能够为全省乃至全国监狱医院所面临的共同发展问题提供解决方案，具有较强的实践意义。

分析监狱医院发展过程中面临的种种问题，并有针对性地提出解决对策，进一步完善监狱医院的工作机制，不仅对于更好地落实监狱服刑人员人权保障原则，优化司法行政工作思路、工作方法等有着重大意义，而且对于提高监狱管理水平、管理能力，高效利用监狱医院医疗资源等具体工作都能起到启发和借鉴作用。因此，本文的研究具有理论和现实的双重意义。

1. 理论意义

人权保障原则是刑罚执行的重要原则之一。监狱作为我国刑罚执行机关，应当贯彻落实人权保障原则。监狱医院作为监狱的组成部门之一，既承担着监狱服刑人员矫正的刑罚执行任务，也担负着为监狱服刑人员提供健康医疗服务的职责。因此，具有刑罚执行机关与医疗卫生部门的双重属性。人权保障原则要求刑罚执行保持谦抑性，对于监狱服刑人员的合法权益应当予以保护。优化监狱医院管理水平意味着为监狱服刑人员提供更高水平的医疗服务，更好地保障其生命健康权利，这是刑罚执行过程中人权保障原则的体现。

分析当前我国监狱医院发展所面临的困境，并结合实际情况有针对性地提出解决对策，推动相关政策规定的落地实施，可为监狱医院持续健康向好发展提供明确的思想引领和坚实的制度保障。针对当前我国监狱医院普遍存在的医疗水平较低、民警工作热情不高和医患关系较差等问题，有的放矢地提出解决对策，可为监狱医院的未来发展奠定坚实的理论基础。

2. 现实意义

监狱作为司法行政系统中的重要部门，应当遵循依法行政原则、人权保障原则，妥善解决当今我国监狱医院存在的种种问题，并相应地提出解决对策，进一步提升监狱医院管理水平，优化监狱医院工作模式，切实保障服刑人员的合法权益。对于监狱医院工作发展面临的种种问题，实事求是地调查研究、分析查证，并精准地提出解决建议，有力地解决问题，彰显我国监狱工作的文明程度，提升我国监狱工作的现代化水平，推进我国监狱工作的法治化进程，是推动国家治理体系、治理能力现代化的应有之义。

对于当前我国监狱医院发展困境及解决对策的研究，能够有效地缓解当前监狱医院工作存在的较大压力，弥补监狱医院医疗水平较低的缺陷，较好地调解紧张的监狱医院医患关系，并在一定程度上提升监狱医院民警的工作积极性。因此，该课题的研究也具有较强的现实意义。

（三）文献综述

1. 国内研究现状

我国高度重视人权保障工作，同时不会因为监狱服刑人员的犯罪人身份而放松或懈怠对其健康权利的保障。纵观国内学界对于相关话题的研究，研究成果多集中于罪犯医疗保障制度、监狱医院民警晋升制度、监狱医院对于诸如老年犯、重症犯等特殊群体的管理等方面，专门对于监狱医院的发展困境和对策建议等研究则相对有限。

（1）监狱医院的概念及职能

河北省石家庄监狱医院院长侯国在《监狱设置监狱医院的思考》① 一文中指出，监狱是国家刑罚执行机关，监狱医院作为监狱的组成部门，自然也就应当承担一定的刑罚执行职能。因此，监狱医院在承担监狱服刑人员疾病治疗、健康体检、建立健康档案等工作之外，还应当承担一定程度的矫正工作。所以，监狱医院除了具有社会医院的普遍属性外，还具备法定性、执法性、监管性和教育性 4 种属性：一是法定性，其体现为我国法律明确规定了监狱医院的建立和发展，《中华人民共和国监狱法》第 54 条规定，监狱应当设立医疗机构和生活、卫生设施，建立罪犯生活、卫生制度，罪犯的医疗保健列入监狱所在地区的卫生、防疫计划；二是执法性，体现为监狱作为刑罚执行机关，其工作部门自然具有刑罚执行的权力；三是监管性，其体现为监狱医院医务工作者具有双重身份，既是民警，又是医务工作者，因此在承担治病救人、救死扶伤工作的同时，也要根据法律规定承担对服刑人员的矫正工作；四是教育性，体现在监狱医院医务工作者具有对服刑人员心理问题进行矫正的工作职能上。监狱医院工作不仅包括服刑人员身体疾病的救治，还要兼顾心理健康问题，为服刑人员矫正工作的顺利开展，日后尽快回归社会奠定思想基础。

苏州大学潘仁红在《A 市监狱医院的管理困境和发展策略研究》② 一文中指出，监狱医院本身依托于监狱，可以视作监狱的衍生机构，其主要工作

① 侯国．监狱设置监狱医院的思考［J］．中国监狱学刊，2020，35（6）：89-92.

② 潘仁红．A 市监狱医院的管理困境和发展策略研究［D］．苏州：苏州大学，2020：3.

内容一方面与社会医院类似，负责收治、治疗监狱服刑人员中的患者，负责其医疗卫生保障工作；另一方面，因其依托于监狱又具备一定的特殊性，也在一定程度上承担了刑罚执行的功能；同时，不能忽视的是，监狱医院也承担着记录其为服刑人员提供健康保障服务的功能。

（2）关于服刑人员医疗保障制度的相关概念

华南理工大学黄国情在《广东省G监狱中心医院服刑人员医疗保障制度执行中的困境与对策》① 一文中指出，监狱服刑人员医疗保障制度是特别针对监狱服刑人员在服刑过程中合法权利特别是健康权利缺乏足够制度保障，并与社会正常生活群体相比存在较大的生命健康风险的现状而制定的特殊医疗保障制度。我国现阶段监狱服刑人员的医疗费用由财政部门承担，并相应地建立了全额保障制度。监狱服刑人员若进入监狱医院治疗后无法改善病情，监狱负责协调将其送入社会医院进行救治，全部费用均不需要监狱服刑人员个人承担。全国部分监狱医院的医疗费用大多来源于两部分：一是各省财政拨款；二是监狱企业盈利。

大连理工大学赵广帅在《L监狱医院医疗服务现状及完善研究》② 一文中指出，所谓监狱医疗服务，是指监狱根据《中华人民共和国监狱法》及相关法律制度规定，组建专门针对监狱服刑人员的，工作内容为疾病救治、卫生防疫的医疗机构提供的医疗服务。根据《中华人民共和国监狱法》第54条规定："监狱应当设立医疗机构和生活、卫生设施，建立罪犯生活、卫生制度。罪犯的医疗保健列入监狱所在地区的卫生、防疫计划。"因此，监狱医疗服务是法律明确规定的，是有法可依的。监狱医疗服务具有普遍性和特殊性相结合的特点。监狱医疗服务是以监狱服刑人员为特定对象的，具有对象特殊性；同时，监狱医院根据《医院分级管理办法》可以分为一级、二级，又可以进一步划分为甲级、乙级、丙级。由此可见，监狱医疗服务又具有一定程度上的普遍性。

---

① 黄国情．广东省G监狱中心医院服刑人员医疗保障制度执行中的困境与对策［D］．广州：华南理工大学，2019：5.

② 赵广帅．L监狱医院医疗服务现状及完善研究［D］．大连：大连理工大学，2020：3-4.

东南大学刘子龙在《罪犯医疗权益保障问题研究——以江苏省L监狱为例》① 一文中指出，罪犯医疗权益是指监狱服刑人员依法享有的心理、生理健康保障的权利，既包括社会认可的常规治疗，也包括紧急治疗。对于罪犯医疗权益的保障，既是监狱医院工作的重中之重，也是监狱执行刑罚工作人权保障制度的重要体现。监狱医院作为罪犯医疗权益保障的主体，应当在经济上、制度上、资源上等多方面提供支持，做好罪犯疾病风险的预防工作、罪犯疾病发生的治疗工作和当监狱医院无法救治时及时妥善做好转运至社会医院的工作等方方面面。同时，罪犯医疗权益的保障内容涵盖面很广，包括疾病治疗和康复护理，常规体检和身体健康监测，疾病预防与身体健康的日常维护，心理健康和精神健康的维护，与病患家属的沟通和良好医患关系的维护，医疗纠纷的妥善处理等。同时，罪犯医疗权益保障范围并不是无限的，而是明确的、有据可依的。根据司法部《关于加强监狱生活卫生制度管理工作的若干规定》，监狱应当参照当地基本医疗保险或新型农村合作医疗的药品目录、诊疗项目和医疗服务设施标准，保障罪犯的基本医疗。由此可见，监狱医院对于监狱服刑人员所提供的医疗保障是基本的医疗保障，并需要结合当地政策等相关情况来确定。但是根据我国监狱医院的实际情况，大多无法准确界定基本医疗保障，缺乏统一标准，在收治范围、诊疗手段、使用药物、设备种类等方面无法做到统一，造成了地区间罪犯医疗权益保障的差别。

(3) 关于监狱医院的发展困境

江苏省无锡监狱副研究员、江南大学法学院兼职教授陶新胜在《现代监狱医院建设基本策略刍议》② 一文中指出，自20世纪90年代末期开始，我国监狱医院建设呈现乏力和走下坡路的趋势。其主要表现为监狱医院“四不清”，监狱医院医务工作人员“四不像”，监狱医院医务工作人员医技“三不能”，监狱医院服刑人员“三不信”和专门医院“一窝蜂”的现象。监狱医院“四不清”，是指大多数监狱医院存在职责不清、作用不清、体系不清、发展

① 刘子龙．罪犯医疗权益保障问题研究——以江苏省L监狱为例［D］．南京：东南大学，2020：6.

② 陶新胜．现代监狱医院建设基本策略刍议［J］．河南司法警官职业学院学报，2018（3）：3.

不清的现象。医院科室职责划分不明确，医院整体作用不清晰，医院建设体系不健全，医院发展目标不明确。监狱医院医务工作人员“四不像”，是指监狱医院医务工作人员工作内容不像医生，不像管理人员，不像教育矫正人员，不像警察。工作内容繁杂、烦琐，职责定位不明确，缺乏足够的工作技能培训。监狱医院医务工作人员医技“三不能”，是指当今监狱医院医疗工作水平、专业能力不能和历史发展较高水平相比，不能独立承担外科手术，不能完全承担为监狱刑罚执行工作提供服务的职责。监狱医院服刑人员“三不信”，是指服刑人员不信任监狱医院医务工作人员、不信任监狱医院、不信任监狱的现象，严重影响了监狱医院正常工作秩序。专门医院“一窝蜂”，是指在监狱医院发展过程中，为解决某种特定疾病或进行特定诊疗活动而单独建立的医院大量出现，如精神病医院、康复医院等。该种医院一般规模较小、选址偏僻、成本较低，但建成后往往面临医务工作人员闲置、入院服刑人员不多等问题，并未显示出特别优势。

大连理工大学赵广帅在《L监狱医院医疗服务现状及完善研究》① 一文中指出，部分监狱医院存在无法满足监狱服刑人员对于健康的需求的问题。大部分监狱医院与社会一级、二级医院相比不具有同等的医疗水平，其医疗设备甚至还停留在20世纪末的水平。由于资金的缺乏、人才的短缺等因素，大部分监狱医院无法购置相对先进的医疗设备，无法建设足够规模的医疗服务场所，导致大部分监狱医院的治疗水平无法满足服刑人员所期待的标准。

同时，监狱医院在医疗人才配备方面也存在重大问题，相当一部分的监狱医院出现“人才断档”的情况。部分监狱在人员饱和后长时间不进行纳新，导致监狱医院半数以上的工作人员年龄结构高度一致，造成一段时间过后人才极度缺乏。监狱医院工作人员的专业水平、专业构成也是一大隐患。由于监狱医院在专业发展、福利待遇等方面无法与社会面的一级、二级医院相媲美，因此对绝大部分医疗专业毕业生缺乏吸引力，近期毕业的医疗专业学生特别是研究生学历人才基本不会选择去监狱医院就业。相当一部分监狱医院

---

① 赵广帅.L监狱医院医疗服务现状及完善研究［D］.大连：大连理工大学，2020：13-19.

医务工作人员是医学专业毕业后直接考取公务员，根本不具备疾病诊断、健康养护等基本实践技能，严重降低了监狱医院的诊疗水平。

广东工业大学梁永娟在《G省监狱医院民警薪酬体系优化设计》[①] 一文中指出，监狱医院医务工作人员薪酬体系存在岗位评估不合理，薪酬导向激励作用难以有效发挥，监狱医院市场价值导向缺失，薪酬发放方式有待优化，薪酬体系与绩效体系脱节等问题。监狱医院半数以上的医务工作人员为科级以下职务，所以根据相关规定，他们的薪酬标准普遍较低，且与同样工作的社会面医院医务工作人员的工资平均水平差距较大。同时，工作发展空间也极为受限。监狱医院医务工作人员的工资与职级直接挂钩，与专业技术水平并没有太大关联，并且现在实施的考评方式不涉及医疗专业能力的考核，毫无疑问这对监狱医院医务工作人员专业素养的提升起不到促进作用。

监狱医院医务工作人员薪资待遇制度的缺陷，会逐步削减年轻医务工作人员想干事、想提高的积极性，监狱医院薪资待遇与社会面医院的差距加剧了监狱医院医务工作人员的不满情绪。根据调查数据，全国各地社会面医院医务工作人员平均收入远远高于监狱医院医务工作人员。从绩效制度角度来看，监狱医院医务工作人员工资只能够按照公务员职级工资进行管理，只要工龄、学历职务等条件符合标准，薪资待遇就会得到相应的调整，而实际工作特别是专业技能工作是否优秀并不在考核范围之列。

华中师范大学陈鸣路在《A监狱医院医患关系协调对策研究》[②] 一文中指出，监狱医院医务工作人员对于医患关系的评价较监狱服刑人员更加负面，相当一部分监狱医院医务工作人员认为，其与监狱服刑人员之间属于对立状态，并对监狱服刑人员的人身危险性、装病逃避矫正的可能性有较大的怀疑。监狱服刑人员同样对监狱医院医务工作人员之间的关系具有对抗性和不认同性的认知。因监狱医院相对社会面医院具有更为封闭的工作环境，以及监狱医院自身带有的司法行政系统属性，监狱医院医务工作人员与监狱服刑人员之间并不是单纯的服务与被服务的关系，也不能简单等同于社会面医院提供

---

① 梁永娟.G省监狱医院民警薪酬体系优化设计［D］. 广州：广东工业大学，2022：8.

② 陈鸣路.A监狱医院医患关系协调对策研究［D］. 武汉：华中师范大学，2020：11-13.

医疗卫生服务的工作，而是行政主体与行政行为相对人之间管理与被管理的关系，当然具有一定的对抗性。总而言之，监狱医院医务工作人员与监狱服刑人员之间的关系总体表现为对立，医患矛盾、纠纷爆发风险相较于社会面医院来讲更大。

监狱医院对于良好医患关系的维护做得并不到位，相关制度的制定、执行存在缺陷。监狱服刑人员在病情沟通、相关事项告知等关系中与监狱医院医务工作人员相比处于弱势地位，知情权等相关权利无法得到必要尊重与保障。监狱医院对于医疗纠纷的处置机制尚不完善，相关法律规定缺失，患者缺乏足够权利保障渠道。在监狱医院接受治疗的监狱服刑人员，大多素质较低，缺乏基本医疗卫生常识，自我保护能力较低，也缺乏对监狱医院医务工作者最基本的信任和配合。部分在监狱医院接受治疗的监狱服刑人员因监狱服刑环境的封闭性而缺乏家属的照顾，康复工作进程受阻，心理健康问题也极易发生。

华中师范大学刘朕在《我国监狱服刑人员医疗保障制度研究》① 一文中指出，监狱服刑人员医疗保障制度存在诸多问题，主要表现为法律法规有所缺陷，管理制度不够完善，运行机制存在缺陷，支撑条件供给不足。在法律法规有所缺陷方面表现为涉及监狱服刑人员医疗保障的法律规定主要集中于《中华人民共和国宪法》《中华人民共和国监狱法》，且大多法律条文规定原则性较强，缺乏具体指导和标准规范，对相关事项规定标准不明确，没有说明该为什么病情的病患提供医疗卫生服务，该以何种方式提供医疗卫生服务，以及病患家属拒绝为病患保外就医提供担保后监狱服刑人员该如何救治等基本问题。对监狱医院人员、设施配备标准不明确，相关法律条文对于监狱医院的编制人数、设备水平与监狱医院押解病患数量的关联性等问题没有明确规定。对于一些慢性疾病，法律没有明确规定监狱医院应当治疗到什么程度和治疗告一段落后如何进一步做好健康保障。《中华人民共和国监狱法》虽然明确规定了国家保障监狱服刑人员所需的各项经费，然而在监狱医院经费紧

---

① 刘朕．我国监狱服刑人员医疗保障制度研究［D］．武汉：华中师范大学，2018：14-16.

张后如何补充经费等问题却没有作出明确规定。在管理制度方面，监狱医院普遍不能较好地融合医疗卫生机构管理规范与司法行政系统管理规范，无法发挥双重职能的管理作用，反而在具体执行中时常产生矛盾纠纷。在运行机制方面，监狱医院工作人员普遍具有双重身份，一方面是监狱警察，公务员身份；另一方面是医生，医疗工作者身份；既要承担监狱民警矫正罪犯、执行刑罚的职责，也要履行医生救死扶伤的使命和职责。在支撑条件供给不足方面，大多监狱医院工作人员不具有足够的精力和时间去应对双重任务，同时还需要防止在押病患脱逃、自杀、自残等危险情形的发生，可见监狱医院医务工作人员的工作压力之重；监狱医院工作人员专业水平较低，无法满足现代化医院运行。

（4）关于监狱医院未来发展的建议

何选才、雷世章、马献芳在《监狱医疗社会化改革研究》① 一文中指出，为弥补监狱医院医疗资源的不足，可以尝试建立罪犯医疗费总包干模式，该模式能够在一定程度上减轻监狱医院发展经济压力，在保证监狱服刑人员的疾病得到有效救治的同时使监狱医院得到进一步发展。该模式是指监狱服刑人员疾病救治的费用主要由社会医疗机构承担，监狱医院只负责服刑人员慢性病的管理和普通门诊常见病的处理。相当于监狱用一定的费用购买社会面医院的医疗服务来为服刑人员提供生命健康权保障。该模式的顺利运转需要以下举措：第一，确定合适合作医院，确保服刑人员健康权利得到保障。第二，制定《服刑人员基本用药目录》《服刑人员基本检查目录》，明确医疗费用使用标准，避免浪费。第三，根据实际情况拨款，结合实际支出及物价标准，控制拨款总额。第四，建设普通门诊和专家门诊，满足服刑人员各类型疾病救治需求。第五，将合作医院的医疗活动纳入卫生部门考核范围，明确责任承担机制。

湖南大学唐高智在《我国服刑人员医疗保障改革研究》② 一文中指出，

---

① 何选才，雷世章，马献芳．监狱医疗社会化改革研究［J］．犯罪与改造研究，2016（8）：64-67.

② 唐高智．我国服刑人员医疗保障改革研究［D］．长沙：湖南大学，2019：20-22.

要完善相关法律法规，明确相关事项的细则，建议在《中华人民共和国监狱法》中明确监狱服刑人员医疗保障制度的相关规定，并确定专门职责部门。扩大医疗保障范围，将现阶段经常出现的一些病症纳入监狱医疗保障范围，避免因要求不明确、不规范等原因造成的监狱服刑人员健康问题得不到有效解决。要建立健全过错责任赔偿制度，《中华人民共和国监狱法》明确规定了监狱民警在刑罚执行过程中，因故意、过失造成罪犯健康权益等合法权益受到损害的，要依法追究责任，检察院要行使法律监督职责，依法、依程序开展相关调查。对于合法权益受到损害的监狱服刑人员，要根据《国家赔偿法》中针对监狱医院医疗事故的专门规定进行赔偿。对于监狱服刑人员因心理问题或对监狱工作不满产生的自残、自杀等情形，原则上需要监狱服刑人员自己承担责任，由监狱服刑人员家属给付费用或者从监狱服刑人员劳动报酬中扣除。要完善监狱医院服刑人员病亡处理办法和医患纠纷处理机制。在我国当前相关事项的处理是依据最高人民检察院、民政部、司法部联合印发的《监狱罪犯死亡处理规定》作出的，但是对监狱服刑人员因病死亡后赔偿的方式、额度等具体因素没有明确规定。对于出现的医患纠纷，监狱医院要高度重视，妥善处置。同时，也不能忽视社会舆论的作用。对于监狱医院的信息公开制度要进一步完善并切实履行，要将监狱服刑人员入监体检、年度体检、病情告知书、在押期间的就诊病历存根妥善保存，必要时向其家属展示并在保护罪犯隐私的情况下向社会公开，切实履行好政务公开、程序正义等原则。总而言之，监狱服刑人员的病亡处理办法和医患纠纷处理机制要科学有效、公平高效，确保监狱医院有效运行，确保监狱医院病患医疗权利得到有效保障。

新疆农业大学杨世帮在《X监狱中心医院病犯管理研究》① 一文中指出，要提高监狱医院医务工作人员的职业获得感，从而提高监狱医院管理效率；具体包括以下两种途径：首先，健全培训机制，进一步提高监狱医院医务工作人员的管理能力、管理素养，增强监狱医院医务工作人员的管理意识，进

---

① 杨世帮．X监狱中心医院病犯管理研究［D］．乌鲁木齐：新疆农业大学，2020：19-22.

一步改善监狱医院医务工作人员的工作态度。针对监狱医院医务工作人员的专业构成，制定不同的培训方案。培训方案既结合监狱工作内容体现普遍性特征，又根据工作内容的不同体现不同的专业内容。建立健全奖励机制，有效的奖励机制能够极大地提高监狱医院医务工作人员的工作热情，要从物质奖励、精神奖励、职务晋升、职业发展等多种途径，多管齐下，完善监狱医院医务工作人员的工作激励机制，实现庸者下、能者上、劣者汰的良好工作局面。其次，加强监狱医院内服刑人员的教育惩戒，部分监狱医院内服刑人员通过自身存在疾病的特殊因素，与监狱医院医务工作人员进行博弈，以达到不合理诉求目的的现象。因此，监狱医院医务工作人员要掌握其心理动态、思想动态，及时回应其诉求，对于合理诉求要妥善解决，对于不合理诉求要予以批评教育。要加强监狱服刑人员的入院教育，因为入院治疗的监狱服刑人员身体状况不同、病情不同，因此常常是“一人一策”。入院教育一方面要涵盖基本的卫生常识，在医院中应当遵守的制度规范和监狱服刑人员必须遵守的纪律制度；另一方面，还需要根据每个服刑人员的不同身体情况加强卫生知识教育，并对身体状况极差的病患采取特别监管的举措，避免交叉感染，着力提升病患配合治疗、遵规守纪的意识。

浙江省乔司监狱课题组在《监地医联体建设路径探究》① 一文中指出，监狱医院面对监狱系统医疗保障能力与监狱医院需求的矛盾，要与时俱进地推动监地融合不断深入，社会医疗医共体建设不断完善。当前监狱医院面对不断变化的工作形势，以及社会整体对于健康需求的不断提高，医疗服务工作水平不足的问题日益凸显。其主要表现为：医疗技术水平有限，医疗经费不足，医患关系复杂，监狱医疗水平提升困难，专业技术人员和设备的配置不合理，监狱服刑人员及其家属与社会民众对医疗保障的预期存在巨大反差，以及医疗安全日益成为监狱安全的组成部分。

因此，面对上述问题，监地医联体建设要从以下方面开展：首先，由社会医疗机构设立驻监医疗点。监狱医院所在地的社会面医院发挥自身具备的

---

① 浙江省乔司监狱课题组．监地医联体建设路径探究［J］．犯罪与改造研究，2022（2）：20-25.

人才、设备等资源优势，定期派驻专业人员对定点驻监狱医院进行指导交流。面对监狱医院医疗服务水平难以解决的疑难病症，社会面医院则应当派驻专门医疗工作人员组成专门医疗工作组，以会诊形式进行诊疗，尽最大可能地提出合理解决方案，减少监狱医院因医疗服务水平有限而造成的病患诊治时间耽误、成本增加等问题。其次，试行大病统筹制度。所谓大病统筹，是指省政府财政每年专门划拨部分资金用于监狱医院疾病诊治工作的制度。然后各监狱分配资源使用，对监狱服刑人员所患大病给予医疗保障。针对监狱服刑人员超出大病统筹的范围，则按照就诊医院的等级确定不同的报销比例。最后，参加城镇居民医保或新型农村合作医疗。监狱医院可以将监狱服刑人员入院诊疗所需费用纳入城镇居民医保或新型农村合作医疗，这一协作机制将监狱系统内的医疗机构纳入了各级卫生行政部门经费及设备的统筹计划，极大地解决了当前监狱医院面临的资金短缺问题，促进了监狱医院医疗人才队伍的培养和医疗设备的更新换代。同时，通过足够的资金支持，监狱医院也可以实现人才培养的“走出去”“引进来”相结合，通过与社会面医院的交流沟通提升整体诊疗水平。

华中师范大学陈鸣路在《A监狱医患关系协调对策研究》① 一文中指出，要通过提升监狱医院管理水平的方式改善监狱医院医患关系现状，建立良好医患关系。具体包括以下3个途径：首先，强化对监狱服刑人员的教育与沟通。监狱医院因其工作内容、工作对象、工作任务的特殊性，兼具治病医疗和监狱服刑人员矫正等双重属性。因此，在做好常规的服刑人员矫正工作，完成好刑罚执行任务的同时，应当注重监狱服刑人员的疾病诊疗工作，平衡好医疗救助与矫正工作，双管齐下，高效率地实现治病救人的目的。监狱医院要做好监狱服刑人员的日常健康保障工作，定期开展健康教育，教会病患健康保障常识、基本医疗器械的使用方式，并将日常讲座的学习情况纳入积分考核，督促其自觉学习卫生健康知识，促进其配合监狱医院相关救治工作。其次，加强与监狱服刑人员家属的沟通。监狱医院在进行疾病救治工作时，

---

① 陈鸣路．A监狱医院医患关系协调对策研究［D］．武汉：华中师范大学，2020：23-24．

不能忽视服刑人员家属在康复进程中的作用。及时、充足的家属关怀，不仅有利于服刑人员康复进程的推进，也有利于矫正工作的开展。因此，监狱医院可以建立“智能会见室”，通过互联网手段连接服刑人员与家属之间的视频通话，及时、准确地传递家属对其身体健康的担心及是否顺利矫正的挂念，双管齐下地做好矫正工作和身体健康治疗工作。同时，监狱医院也应当在不违反工作纪律的前提下，及时准确地向服刑人员家属反映病情，减少担心焦虑，也有利于病患的康复工作。最后，强化监狱医院水平建设。要通过更新医疗设备、优化医疗人才结构、更新医院服务理念、完善医院救治流程和加强智慧监狱医院建设等手段来实现这一目标。更新监狱医院医疗设备，一方面，要加强资金支持，提高医疗设备的先进程度；另一方面，要完善监狱医院基础设施建设，改善监狱服刑人员救治环境。通过针对监狱医院医务工作人员的专门培训，更新专业服务理念，与时俱进提升医疗工作水平。加强与社会面医院交流合作，拓宽工作平台，吸纳先进技术经验，提高工作效率。利用互联网手段，推进智慧监狱建设，通过网络问诊等手段实现对服刑人员紧迫病情的专业咨询，避免因救治时间不及时的原因出现服刑人员病情加重甚至死亡情况的发生。

综上所述，国内相关研究注重服刑人员医疗保障制度、监狱民警晋升制度等方面的研究，在保障监狱服刑人员合法权益、提升监狱医院民警工作积极性等方面有着重要意义。但是，在监狱医院的具体发展困境、原因分析，以及对策研究方面讨论较少。面对监狱医院发展资源短缺，服刑人员基本健康需求难以满足，监狱工作人员管理体制不完善等现实问题，难以提出行之有效的解决对策。因此，本文有较强的针对性和实践性。

2. 国外研究现状

纵观国外学界对于监狱医院发展等相关问题的研究，可以看到其研究成果更为丰富、具体，形成了较为完整的理论学说，大多学术成果集中于监狱医院医患关系良好模式的构建、监狱医院工作人员职业发展与职业倦怠研究和监狱医院良性发展的管理经验等，其中部分先进经验值得我国实务界、理论界学习借鉴。

（1）监狱医院医患关系模式研究方面

国外研究侧重于对监狱医院独特医患关系的概念进行准确辨析，以及对特殊的医患关系、医患交流模式进行深化研究。国外专家将主要精力放在监狱医院独特工作环境下医患关系模型的构建，基于西方社会多元社会结构、社会制度进行总结、归纳，得出以下 3 种监狱医院独特医患关系模式：第一种是传统医患关系下的人道主义模式。所谓人道主义模式，是以病患在接受治疗中是否有权知道监狱医院医务工作者给出的治疗方案为核心的一种监狱医院医患模式。在病患因自身专业知识缺陷或素质较低等情况无法接受或知晓监狱医院提供的治疗方案后，拒不配合监狱医院诊治，导致无法顺利进行治疗的情况下，监狱医院工作人员应当使用通俗易懂的语言和能够为一般社会公众所接受的语言方式对治疗模式进行解释，使病患能够顺利地配合治疗，从而达到救治效果。第二种是不同于传统医患关系的人道主义模式。该模式由美国医疗专家布朗斯坦于 1983 年提出。与传统的人道主义模式相比，该模式更加注重病患作为“人”的感受与被尊重的权利，以病患能够内心愉悦、快乐地接受监狱医院救治为目的。因此，需要监狱医院工作人员针对病情利用专业手段提供准确有效的诊疗方案后，还要注重病患的心理需求，引导病患自觉自愿接受治疗，达到生理健康与心理健康的双重目的。第三种是基本行为模式。这一概念由瑞士专家维奇于 1996 年提出。他认为，在给予监狱医院服刑人员生理救助和心理救助的同时，还要增加以护理为基础的非技术手段。也就是说，要将监狱医院所提供的医疗服务与社会面医院看齐，提供诊疗与护理齐全的服务。

（2）监狱医院工作人员职业倦怠研究方面

国外学者对于监狱医院工作人员职业倦怠的研究总共分为 3 个阶段：第一个阶段，监狱医院工作人员的职业倦怠并没有明确的标准与统一的概念，同样缺乏统一的测量工具。第二个阶段，监狱医院工作人员职业倦怠的概念标准逐渐清晰，包括情绪消耗、去人格化、低成就感 3 个维度与集中体现。在日复一日相对枯燥乏味的工作中，部分监狱工作人员丧失工作热情，缺乏情绪宣泄的渠道，并无法通过专业技能和手段获得足够的成就感和体验感。

第三个阶段，对于监狱医院工作人员职业倦怠的影响变量逐渐增多且呈现多元化趋势，产生职业倦怠的相关因素不断增加，研究难度因个体所处情况不同而不断加大，虽然存在部分对于变量的干预预防，但整体上能够控制职业倦怠情绪发展并进行抑制的对策较为匮乏。

（3）监狱医院良性发展方面

西方发达资本主义国家具有相对丰富的经验以及相对成熟的模式。作为世界最发达的资本主义国家，美国的监狱系统对于监狱服刑人员的生命健康保障极其重视，这与美国长期以来形成的自由、人权意识和民族思维习惯有着紧密的联系。虽然美国宪法中并未明文规定监狱服刑人员有权利享受医疗健康保障服务，也没有明确规定监狱要建立专门的服刑人员的医疗保障工作机构，但是 1976 年美国最高法院对于相关案件的判决结果为监狱服刑人员健康保障制度的形成提供了重要依据。众所周知，美国为英美法系国家，判例法具有重要的法律地位，对于相似案件具有重要的指导作用，因此，上述案例可以证明美国有相关的制度为监狱服刑人员提供健康保障，并提供充足的医疗健康服务。

英国监狱对于监狱服刑人员医疗保障工作制度的发展大概有 3 个阶段，不同阶段工作的重点和工作调整发展得出的经验教训值得我国吸取、借鉴。第一阶段为英国内政部负责阶段（2003 年以前）。在这一阶段，英格兰和威尔士的监狱直接管理部门为英国监狱医疗保健局，该局为监狱服刑人员提供基本的医疗权利保障。第二阶段为初级信托基金管理阶段（2004 年至 2013 年）。在这一阶段，英国国务卫生大臣将监狱卫生服务系统相关工作委托给初级信托基金管理，并在委托中明确规定要给予监狱服刑人员与社会面医院提供完全相同的医疗服务。第三阶段为英格兰国民医疗服务体系负责阶段（2013 年至今）。本阶段在第二阶段的基础上，组建英格兰国民医疗服务体系，体系中各部门各司其职，协调配合，为监狱和其他强制拘留场所人员提供医疗卫生保障服务，确保为监狱服刑人员的生命健康提供保障。

日本学者提出，在监狱建设中要明确设立专门的医院，并制定专门的规章制度保障监狱医院的顺利运行。只有完善的监狱医院建设和与之配套的管理规章制度才能够为监狱服刑人员提供足够的医疗保障服务；也能够缓解监狱服刑人员外出就诊给社会面医院增加的压力；同时还专门提出监狱医院在进行服刑人员卫生保健工作时，要重视调整监狱服刑人员的饮食习惯，引导其建立健康的饮食习惯，以增强监狱服刑人员自身免疫力，避免患病，间接减轻监狱医院的工作压力，节约医疗资源。

德国学界对监狱暴力事件研究较多，因此更重视监狱医院内暴力事件的预防与避免。德国学者普遍认为监狱医院工作人员在具备基本医疗素养后还要有足够的安全防范意识，增强监狱内防止暴动和预防暴动的能力，并且监狱医院相关负责人员要重视安全工作检查，防患于未然，加强安全隐患的检察监督，制定规范统一标准的监狱医院就诊程序，规范监狱医院救治工作流程，在加强监狱医院内病患健康保障工作的同时，也要提高监狱医院工作环境的安全程度。

国际组织也十分注重监狱服刑人员的健康卫生权利保障、监狱医院建设管理等问题的研究与实践工作的完善。世界卫生组织（WHO）在《莫斯科宣言》中指出，监狱卫生部门与公共卫生部门要建立密切的合作关系。可见，国际卫生组织也意识到监狱卫生部门与社会面更为先进、高水平的卫生组织形成合作机制的重要性。世界各国监狱卫生部门普遍存在着医疗水平较低、工作环境较为封闭以及工作人员水平较低的问题。因此，各国监狱部门应当重视与社会面医院的交流合作，并采用远程视频等方式进行及时问诊、咨询，一方面，及时、充足地为有需求的监狱服刑人员提供救治；另一方面，也能够较好地提升监狱卫生部门的整体医疗水平。

世界卫生组织与联合国药物管制与预防犯罪办公室在2013年联合发布的《监狱卫生管理框架》，明确要求监狱服刑人员与社会面普通人同样具有并应当享有健康权、生命权。因此，各国监狱部门应当按照规定加强对监狱服刑人员的健康权、生命权的保障。除此之外，《监狱卫生管理框架》重视监狱内传染病的防治工作，因为罪犯大多来自贫困艰苦地区，本身疾病防范意识较差，健康卫生意识不够强，同时封闭集中的监狱矫正环境更容易造成传染病的传播。因此，各国监狱部门应当重视监狱医院内传染病的救治、防护，做好基本的防范工作，并且要做得比社会面医院更好。

综上所述，国外相关问题研究成果更加丰富，侧重于监狱医院良好医患关系的构建、监狱医院工作人员职业发展，妥善解决监狱医院发展过程中面临的种种问题等方面。其中，注重对监狱医院患者的心理教育，完善监狱医院工作人员职业发展路径，以及预防监狱医院安全事件发生的具体措施，对于我国监狱医院进一步发展有着重要的借鉴意义。

（四）研究思路

本文将采用文献研究法、访谈法、个案分析法、问卷调查法等研究方法，采取“发现问题—分析问题—解决问题”的思路，以监狱医院为研究对象，通过实地调研走访、分析相关资料等方式，剖析当今监狱医院普遍存在的发展困境，并从发展资源、服刑人员需求、内部管理体制等方面分析问题产生的原因。之后结合实际情况，针对问题出现的原因，从理论层面、制度层面和实践层面为监狱医院的健康良性发展提供思路，从整合医疗资源、提升医疗水平、健全工作人员管理体制机制和加强对服刑人员的管理等方面有针对性地提出解决对策。“发现问题—分析问题—解决问题”研究思路的具体内容，如下图 1 至 3 所示。

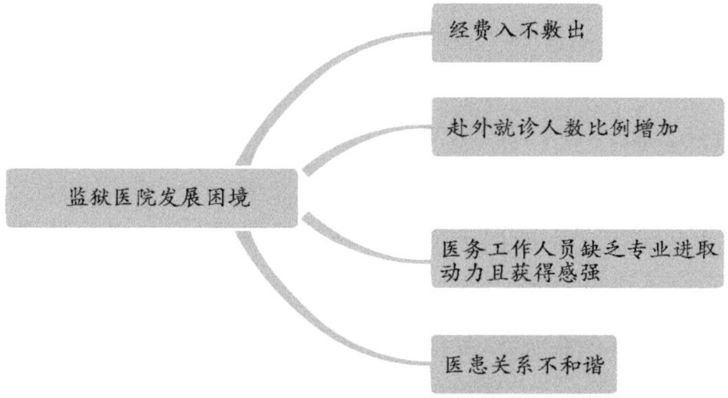

图 1　监狱医院的发展困境

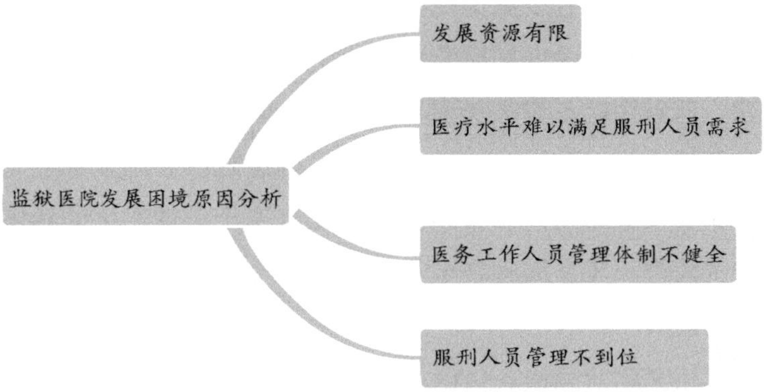

图 2　监狱医院发展困境原因分析

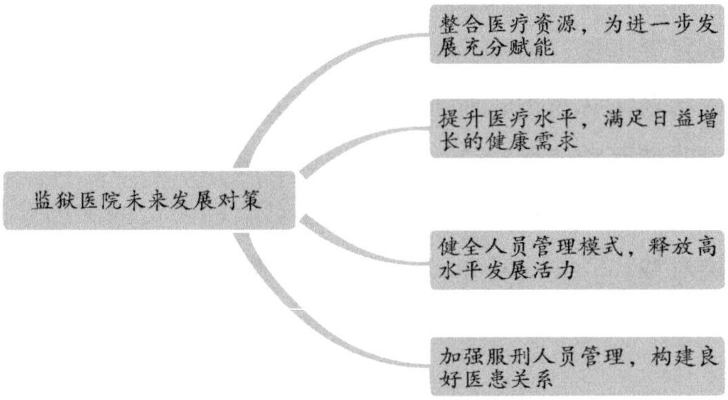

图 3　监狱医院未来发展对策

（五）研究方法

1. 文献研究法

本文通过大量阅读分析相关文献，研究国内外已有的学术成果，分析监狱医院管理普遍存在的问题，并总结各地已经采取的应对监狱医院管理中问题的措施，借鉴国外监狱医院管理的先进经验，为本文提供充实的理论基础。

2. 个案分析法

本文以 H 省 L 监狱医院作为个案分析对象。L 监狱医院所面临的发展困境具有较高的典型意义和代表性，基本能够代表全省乃至全国监狱医院普遍存在的问题。本文通过具体案例，以小见大、见微知著，具体、详细地分析了问题，并有针对性地提出一系列解决对策。

3. 访谈法

本文通过对 L 监狱医院民警进行访谈，设身处地了解 L 监狱医院实际管理情况，并切实分析 L 监狱医院发展现状，剖析出典型的发展困境，与监狱医院一线工作民警探讨困境产生的种种原因，并以监狱医院一线工作人员访谈资料为基础，科学地提出解决对策。

4. 问卷调查法

本文在与监狱医院一线民警谈话过程中，会在遵守工作纪律的前提下针对一线监狱医院民警发放问卷，匿名调查，真实了解监狱医院一线民警对于监狱医院工作的态度和对于监狱医院未来发展的建议，从而有针对性地提出监狱医院未来发展的对策建议。

二、相关概念及制度依据

（一）相关概念

1. 监狱医院

医院是按照法律法规和行业规范，为接受治疗的患者提供并开展相关的医学检查、治疗措施、护理技术、康复设备、救治运输等服务，以救死扶伤为主要目的的医疗机构。

监狱医院是指设立在监狱内部的，以为监狱服刑人员提供医疗服务、进行监狱内疫情防治等卫生工作为主要内容的医疗机构，同时还承担着提供监狱为服刑人员进行医疗服务并保障其合法生命健康权益的证据的职能。

监狱医院工作具有普遍性与特殊性相结合的特点。普遍性体现在，监狱医院作为医疗机构，以救死扶伤为工作宗旨，以收治、诊断病患为主要工作内容，并在一定程度上承担着监狱内公共卫生工作的职能，因此具有医疗机构的普遍性特征。特殊性体现在，监狱医院作为监狱内的部门，承担司法行政工作的基本职能，应当履行必要的刑罚执行职能，承担监狱服刑人员的矫正工作。因此，监狱医院工作的双重性体现了其普遍性与特殊性相结合的特点。

本文中个案分析的L监狱医院，并不是H省监狱中心医院。监狱中心医院，是指省监狱管理局下属的与监狱平级的医疗机构，工作职能是为全省监狱罪犯及全省监狱民警提供医疗保障服务。本文中提到的L监狱医院，是监狱的内设部门，与监区平级，面向的病患是本监狱服刑人员。

医院发展表现为医院从小到大、由简单到复杂、由低级到高级、由旧质到新质的变化过程，也是医院与外部各种因素动态相互作用的过程。医院的主要发展途径包括加强职工教育、加强服务建设、加强特色门诊建设三方面。监狱医院发展是指按照医院工作的客观规律，结合医院工作实际，对医院内人才、设备、信息等医疗资源，进行统筹计划、规划、处置的活动，旨在发挥医院所有资源的最大效能，取得医院整体工作的最高效率的最佳工作效果的发展过程。①

监狱医院的发展与社会面一般医院发展的历程类似，都是由不完善到完善、落后到先进的过程。同时，监狱医院的发展也离不开外部因素的促进，包括社会面先进医院的技术帮扶、人才培养，以及加大监狱医疗财政拨款等措施。监狱医院发展的途径主要包括监狱医院民警的专业技能培训、完善监狱医院就诊流程、注重医患关系维护等。

同时，监狱医院发展也具有普遍性和特殊性相结合的特点，既要遵守医疗卫生机构管理的相关规定，也要遵循司法行政工作部门的相关管理规定。就发展过程而言，监狱医院一方面要注重对监狱服刑人员疾病诊断治疗工作水平的提高，另一方面还要不断提升针对服刑人员日常监督管理矫正工作水平。针对前来就诊的监狱服刑人员，除了基本的诊治外还需要负责安全防范、心理疏导等工作，避免其利用诊治工作的疏漏脱逃或伤害监狱医院民警等危险事件的发生，也要有效防止因服刑人员对监狱医院工作不信任而抵触、不配合治疗情况的出现。就人员管理而言，监狱医院发展要遵循司法行政系统工作规范规定，与社会面医院管理遵循《中华人民共和国医疗机构管理条例》《中华人民共和国医师法》等法律文件不同，监狱医院民警为公务员编制，因

① 马硕．Q医院发展战略研究［D］．济南：山东大学，2022：11.

此应当遵循《中华人民共和国公务员法》等相关规定进行管理。

2. 监狱医院医务工作人员

监狱医院医务工作人员是指在监狱从事医疗卫生工作，并经过考核和卫生行政部门批准和承认，取得相应资格及执业证书的各级各类卫生技术人员，其工作对象为监狱服刑人员。① 监狱医院医务工作人员包括三种，分别是执业医师，注册护士，检验、影像等卫生技术人员。不能将监狱医院医务工作人员简单地等同于监狱医院民警，因为监狱医院的工作人员均为监狱民警身份，属于公务员序列。但是监狱医院医务工作人员作为监狱民警的一部分，所承担的职能不是像其他监狱民警一样对服刑人员进行矫正，而是救治服刑人员疾病，进行监狱内医疗卫生保健工作。

本文所指的 L 监狱医院的工作人员，既包括单纯承担服刑人员矫正工作的监狱民警，也包括承担保障监狱服刑人员生命健康及监狱内公共医疗卫生工作的监狱医院医务工作人员，后者也属于监狱民警，属于公务员序列。L 监狱医院医务工作人员在日常工作中能够按照法律法规要求完成相关任务，较好地保护 L 监狱服刑人员生命健康权利，较稳定地维护 L 监狱公共医疗卫生秩序。

（二）制度依据

1. 监狱法中的规定

根据 2012 年修订后的《中华人民共和国监狱法》第 54 条规定，监狱应当设立医疗机构和生活、卫生设施，建立罪犯生活、卫生制度。罪犯的医疗保健列入监狱所在地区的卫生防疫计划。由此可见，在监狱内建立监狱医院，并建立健全相应的卫生工作制度有明确的法律依据。因此，监狱医院应当按照《监狱法》要求，一方面做好监狱服刑人员的疾病救治工作，另一方面也要承担监狱内公共医疗卫生工作职责。监狱医院发展应当与时俱进，根据不断发展变化的社会形势调整、完善工作方式方法，不断增强疾病救治能力，提升医疗工作水平，使自身的工作能力符合相关法律制度要求。

---

① 钟良 . A 省新康医院医务人员专业化问题研究［D］. 南昌：南昌大学，2021：9.

2. 监狱医疗制度

(1) 监狱医院科室设置标准

司法部办公厅 2013 年 10 月 29 日印发的《监狱医疗机构设置和基本标准》规定，监狱应当根据工作实际需要，设立与押犯规模相适应的医疗机构，并在当地卫生计生行政部门登记。监狱医疗机构的设置按照国务院 1994 年颁布的《医疗机构管理条例》执行。监狱医院一般设普通住院床位不少于 20 张，可设一定数量的以护理康复为主要功能的病床，每床建筑面积不少于 45 平方米，房屋布局合理。

监狱医院科室设置有 3 个要求：第一，临床科室，至少设有急诊室、内科、外科、传染科、五官科（含眼、耳、鼻、喉、口腔）。第二，医技及其他科室，设有手术室、检验科、B 超室、心电图室、放射科、药剂科、处置室、消毒供应室、急救室、康复治疗室等。第三，根据工作需要对以上科室进行适当调整。

(2) 监狱医院医务工作人员配置标准

司法部办公厅 2013 年 10 月 29 日印发的《监狱医疗机构设置和基本标准》规定，监狱应当根据有关法律法规及标准，结合押犯规模及医疗工作需要，确定医务人员配置数量。监狱医院医务工作人员配置应当以全科类临床专业为主。监狱的卫生技术人员，除应具备合法的执业资格、资质外，还需要具有相应的临床诊疗经验、对危急重症患者进行急救处理的能力，其继续教育应纳入当地卫生专业技术人员继续医学教育管理体系。

监狱医院平均每床配备 0.7 名卫生技术人员，至少有 6 名执业医师、3 名注册护士和相应的药剂、检验、影像等卫生技术人员，至少有 1 名具有主治医师职称的医师。

(3) 监狱医院医疗设备标准

司法部办公厅 2013 年 10 月 29 日印发的《监狱医疗机构设置和基本标准》规定，监狱应当按相应的医疗机构基本标准，配齐狱内医疗卫生工作必备的基础医疗设备和急救器材。监狱医疗机构配置的医疗器械、设备的品种和数量，应与监管场所规模及实际工作需要相匹配。监狱应当在当地质量技术监督部门的指导下，对医疗设备、器材进行定期检测、调校、保养、维修，保证设备仪器的精准性。

监狱医院医疗设备应符合以下规定：①诊疗设备：诊断床、听诊器、血压计、体温计、观片灯、牙科治疗仪、出诊箱、治疗推车、电动吸引器、洗胃器、呼吸球囊、冲洗车、气管插管、万能手术床、无影灯、除颤监护仪、必要的手术器械、手推式抢救车及抢救设备；②辅助检查及其他基本设备：心电图机、B超、X光机、显微镜、离心机、血球计数仪、尿常规分析仪、生化分析仪、电解质分析仪、血糖仪、恒温培养箱、电冰箱、洗衣机、紫外线灯、高压灭菌设备，常水、热水、蒸馏水、净化过滤系统、救护车；③预防保健设备：身长（高）和体重测查设备、听（视）力测查工具、冷藏包、运动治疗和功能测评类等基本康复训练和理疗设备；④健康教育及其他设备：健康教育影像设备、计算机及打印设备、电话等通讯设备，健康档案管理有关设备，设病床的，配备与之相应的病床单元设施。

（4）监狱服刑人员医疗保障制度

根据2012年修订后的《中华人民共和国监狱法》第54条规定，监狱应当设立医疗机构和生活、卫生设施，建立罪犯生活、卫生制度。罪犯的医疗保健列入监狱所在地区的卫生防疫计划。因此，为监狱服刑人员提供医疗保障，保护监狱服刑人员生命健康权利有着明确的法律依据。监狱服刑人员所享受的医疗保障制度的标准，也要参照监狱所在区域内公众所享受的平均医疗保障服务水平。① 该项制度的经费来源主要是财政拨款结合监狱自身补差额的方式。②

监狱服刑人员的医疗保障制度主要包括进入监狱服刑前的体检工作、传染病犯的身体检查工作、基本病症的治疗等；监狱服刑人员的疾病超出监狱医院所能承受的救治水平后，通过相关部门批准，可以保外就医；对患有精神疾病的服刑人员的心理健康治疗、引导工作；监狱服刑人员在服刑期间意

---

① 李豫黔．中国监狱改革发展40周年回顾与思考（下）［J］．犯罪与改造研究，2019（7）：13.

② 刘朕．我国监狱服刑人员医疗保障制度研究［D］．武汉：华中师范大学，2018：9.

外死亡的司法鉴定工作；监狱服刑人员定期的健康体检、卫生常识宣传等工作。①

三、L 监狱医院概况及发展困境

（一）L 监狱医院概况

1. L 监狱医院内部组织构成

L 监狱医院内部组织构成与《监狱医疗机构设置和基本标准》要求一致，整体规模与 L 监狱押犯规模相适宜，并在 H 省卫生计生部门进行了登记。L 监狱医院共设置 20 张病床，每床面积 45 平方米，房屋布局合理，符合相关规定要求。

L 监狱医院严格按照《监狱医疗机构设置和基本标准》的规定设置内部专业科室。L 监狱医院包括两类科室，分别为临床科室和医技科室。临床科室包括急诊室、内科、外科、传染科、五官科，设置在医院一楼；医技科室包括手术室、检验科、B 超室、心电图室、放射科、药剂科、处置室、消毒供应室、急救室、康复治疗室，设置在医院二楼。L 监狱医院内部科室的设置完全符合相应规定要求，并通过长期的工作运转积累了大量经验，会根据监狱在押犯的整体病情和医疗设备情况对监狱医院科室及时进行调整。总之，L 监狱医院能够较好地反映普遍情况下监狱医院发展过程中存在的种种问题，具有较强的典型性和普遍性。

2. L 监狱医院医务工作人员配置情况

L 监狱医院医务工作人员的配置数量和种类均符合相关规定要求。L 监狱医院医务人员包括执业医师，注册护士，检验、影像等卫生技术人员 3 类。其中执业医师 6 名，注册护士 3 名，其他卫生技术人员 14 名；执业医师中包括 2 名主治医师，均符合《监狱医疗机构设置和基本标准》的要求。

L 监狱医院医务人员以全科类临床专业为主，卫生技术人员不仅具备合法的职业资格和资质，而且具有相应的临床诊疗经验，具备对危急重症患者

---

① 李云峰．郑州监狱服刑人员医疗保障问题研究［D］．武汉：华中师范大学，2021：10.

进行急救处理的能力。同时，L监狱医院会定期组织医务人员的专业技能培训工作，包括联系专家进行业务交流、派遣人员赴社会面高级别医院学习等。

3. L监狱医院医疗设备情况

L监狱医院的内部医疗设备完全符合《监狱医疗机构设置和基本标准》的规定。L监狱医院医疗设备包含4种，分别为诊疗设备、辅助检查设备、预防保健设备和健康教育设备。

L监狱医院的医疗设备数量、种类均符合相关规定，并与L监狱在押犯规模相适应，能够满足基本医疗救治需求。同时，L监狱医院及相关部门会定期对医疗设备进行检验、检查，确保其正常运行。

4. L监狱医院接诊、会诊制度

L监狱医院接诊分为两种情况：第一种，L监狱服刑人员主动向监狱民警汇报身体存在不适，并提出前往监狱医院救治的需求，由监狱民警判断是否为真实情况并决定是否有前往L监狱医院救治的必要。监狱民警认为有必要后，则将其送往L监狱医院救治。第二种，L监狱民警在进行监狱服刑人员日常生活、劳动管理过程中，发现身体情况出现问题，不适宜继续进行日常劳动的服刑人员，主动将其送往L监狱医院治疗。

L监狱医院会诊制度分为4部分，分别为急会诊、科间会诊、院内会诊、院外会诊。L监狱医院会诊须由监狱民警提出申请，向监狱医院院长汇报。监狱医院院长确定需要会诊并同意后，填写会诊申请表。急会诊制度适用情形为：就诊服刑人员病情危急，监狱医院接诊后应立刻通知相关科室，会诊医师应在10分钟内前往会诊。科间会诊制度适用情形为：监狱民警将服刑人员会诊单送至会诊科室，会诊科室安排医师会诊，24小时内到达会诊地点。院内会诊制度适用情形为：监狱民警将服刑人员会诊单报送医务科，医务科协调相关科室并安排会诊时间。院外会诊制度适用情形为：监狱民警将服刑人员会诊单报送医务科，由监狱医院院长决定进行院外会诊后，医务科联系相关医院，确定会诊时间。

（二）L 监狱医院发展困境

为深入了解 L 监狱医院发展过程中存在的问题和面临的困境，笔者进入监区与 L 监狱医院领导、一线民警、医务工作人员进行了面对面访谈，并发放问卷，将 L 监狱医院发展面临的普遍性和典型性困境总结为以下 4 个方面。

1. 经费入不敷出

L 监狱医院每年的经费由 H 省监狱管理局下拨，但远远不能满足实际需求。根据访谈得知，L 监狱医院每年专项拨款 90 万元，可是平均每年的实际需要达到 120 万元至 150 万元。L 监狱医院每年的医疗开支费用项目众多，包括服刑人员的常规体检、基础疾病的筛查，患有慢性疾病的服刑人员的日常治疗，因监狱生产劳动导致疾病外诊、药品采购和疫情防控等公共医疗卫生事业等。同时，服刑人员人数的增加及其日益增长的健康生活需求都对监狱医院发展水平提出更高的要求。监狱医院要完成日常工作，通过人员专业技能培训、更新专业设备等方式提高自身发展水平，同时还要兼顾安全、稳定，防止监狱内服刑人员因不满引起的骚乱，这些无疑都加剧了监狱医院经费的巨大压力。

2. 赴外就诊人数比例不断增加

服刑人员赴外就诊是指监狱医院无法缓解服刑人员病情而将其送往社会面医院进行救治的情形。L 监狱医院外诊人数比例是每年赴外就诊人数与前往监狱医院救治人数的比值，能够直接反映外诊人数的多少及变化趋势。根据 L 监狱医院相关工作人员提供的近 5 年数据，L 监狱医院赴外就诊人数比例不断增大，特别是在 2020 年之后，赴外就诊人数比例超过 2%，具体见下图。

为规范监狱服刑人员赴外就诊的程序，最高人民法院、最高人民检察院、公安部、司法部、国家卫生健康委员会在 2014 年制定了《暂予监外执行规定》。规定要求对被判处有期徒刑、拘役或者已经减为有期徒刑的服刑人员，有下列情形之一的，可以暂予监外执行：①患有本规定所附《保外就医严重疾病范围》的严重疾病，需要保外就医的；②怀孕或者正在哺乳自己婴儿的妇女；③生活不能自理的。同时，规定还对自残自伤、社会危害性较大、职务犯罪、金融类犯罪等条件对暂予监外执行进行了限制。

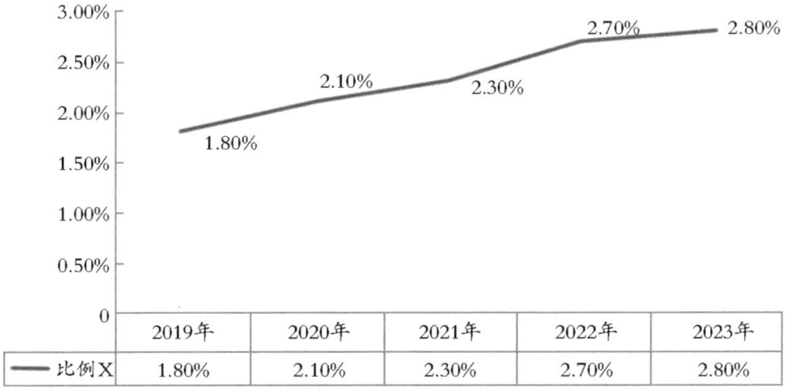

图 1 L监狱医院 2019 至 2023 年外诊人数数据变化

随着监狱服刑人员权利意识、健康意识的增强，申请赴外就诊、暂予监外执行的人数不断增加，监狱医院相关部门、人员对申请暂予监外执行服刑人员的审核工作量也随之增加，本就相对紧张的医疗资源更加捉襟见肘。同时，随着司法责任制的不断落实，在押病患在暂予监外执行过程中再次犯罪或被发现存在诈病等现象会使审核成员承担更大的责任，无疑又加大了监狱医院工作人员的压力。

3. 医务工作人员缺乏专业进取动力且获得感不强

监狱医院医务工作人员属于公务员序列，工资待遇标准按照《公务员法》相关规定制定，随着职务、级别的晋升而相应地增加。社会面医院医务工作人员工资待遇与职称挂钩，他们对于提升专业技术水平更有热情和动力，甚至很多年龄较大的医务工作人员仍然坚持学习医疗知识，精进医疗技术。在监狱医院中，虽然工资待遇和医疗专业职称有一定关联，但职称高低对于待遇的影响程度没有社会面医院那么大。因此，监狱医院医务工作人员缺乏对于医疗专业知识不断学习的动力，从而也没有足够的能力和动力提升医务工作能力。

根据对L监狱医院 23 名医务工作人员平均每日进行医疗专业知识学习时

间的调查，如下图所示，8 名医务工作人员达到每日学习 3 小时以上，占比 34.7%；5 名医务工作人员达到每日 2 至 3 小时，占比 21.7%；7 名医务工作人员达到每日 1 至 2 小时，占比 30.4%；3 名医务工作人员每日不到 1 小时，占比 13.2%。由此可见，L 监狱医院医务工作人员整体上进行医疗专业知识学习的时间较短。

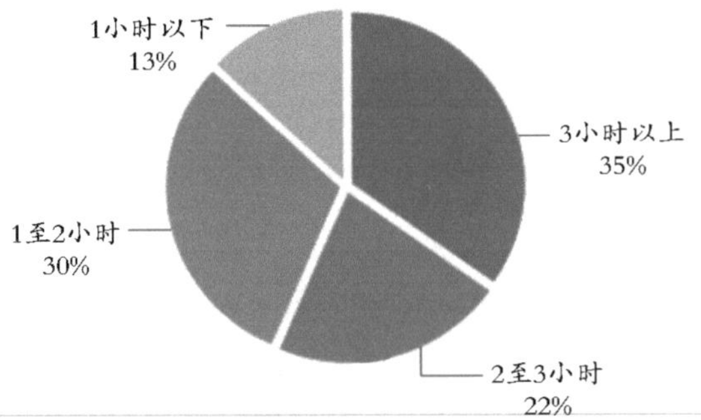

图 2　L 监狱医院 23 名医务工作人员平均每日学习时长

相较于社会面医院医务工作人员与患者的关系，监狱医院医务工作人员与接受其救治的服刑人员之间的关系十分简单，就是单纯的治疗与被治疗的关系，二者之间交流仅限于病情的沟通与救治方案的告知。社会面医院医务工作人员与患者双方均为社会正常群体，有各自的关系网，双方的关系网常常相交叉，进而产生非因治疗原因的交集。因此，在治疗过程中患者与医务工作人员甚至会进一步交往，成为朋友。社会面医院医务工作人员在进行完成功的救治工作后，患者往往会以各种方式表达自身的感谢、感激之情，自然会使医务工作人员产生工作获得感和荣誉感，更加热爱医疗工作。

与社会面医院不同的是，服刑人员在接受治疗后，很少像社会面医院的普通患者那样通过送锦旗、寄感谢信等方式表达对医务工作人员及时救治的感谢，甚至部分服刑人员将监狱医院提供救治视作理所当然，不仅不表达感谢反而进一步提出不合理要求。监狱医院医务工作人员面对此类现象的困境，与社会医院同行相比，他们既难以获得同等程度的职业崇高感（如救死扶伤的成就感），也较难收获来自服务对象的尊重与认同，这种双重价值认同的缺失，直接影响了其工作积极性和职业发展动力。

4. 医患关系不和谐

在与L监狱医院民警访谈过程中得知，相当一部分服刑人员本就对监狱民警的矫正工作心存抵触和不满，再加上身患疾病，加剧了反抗情绪。监狱医院医务工作人员诊疗之前，会先对服刑人员所描述的病情进行判断，分析其是否真正符合就医条件，是否存在“没病装病”“小病装大病”等情形，这一必要环节又在一定程度上加剧了二者之间的不信任。

根据对L监狱医院医务工作人员调查问卷的结果，如表1所示，5名医务工作人员认为医患关系“非常紧张”，占比21.7%；10名医务工作人员认为医患关系“比较紧张”，占比43.4%；6名医务工作人员认为医患关系“一般紧张”，占比26%；2名医务工作人员认为医患关系“不紧张”，占比8.7%。由此可见，监狱医院医务工作人员大多数医患关系紧张，这一定程度上影响了监狱医院的良性发展。

表1 L监狱医院医务工作人员对于医患关系的调查结果

问题	类别	人数	百分比
您认为医患关系的紧张程度如何?	非常紧张	5	21.7%
	比较紧张	10	43.5%
	一般紧张	6	26%
	不紧张	2	8.8%

同时，由于监狱医院的医疗设备更新换代较慢，与社会面医院整体水平存在差距，在入狱前经历过社会面医院诊治的服刑人员会加剧对监狱医院医疗水平的不信任，产生监狱医院不重视其生命健康权保护的想法，更加不配合监狱医院医务工作人员的工作，加剧医患关系的不和谐。

四、L 监狱医院发展困境原因分析

（一）发展资源有限

我国监狱服刑人员在监狱医院的医疗诊治活动由国家财政保障，监狱医院发展的资金来自国家财政的专门经费。根据与 L 监狱医院民警的访谈可知，L 监狱医院发展经费有限主要表现为监狱医院购置先进设备经费不足和服刑人员医疗救治经费不足两个方面。在医院建设方面，虽然 L 监狱医院医疗设备配置符合相关规定要求，但仅仅能够满足基本的医疗需求。与社会面发展水平相对较高的医院相比，在血液检查、透视检查等方面存在较大差距，导致一些疑难杂症无法在监狱医院诊治，不能满足服刑人员的生命健康需求。L 监狱医院在购置好基本的医疗设备后，就没有多余的经费去购置更加先进的医疗设备，自然导致了监狱医院发展受阻。

在服刑人员救治方面，L 监狱医院根据《H 省监狱管理局关于提高罪犯医疗经费支出标准的通知》要求，将服刑人员医疗经费支出标准调整为每人每年 192 元。在与 L 监狱医院民警访谈中得知，每年 L 监狱的罪犯医疗专项拨款为 90 万元左右，但实际每年在服刑人员医疗上的支出需要 120 万元至 150 万元。因此，财政拨款显然不能满足服刑人员医疗救治的实际需求。一些患有严重心脑血管病的服刑人员，虽然符合赴外就诊条件，但由于家属不接受等原因不能外出救治，只能在监狱医院进行治疗。监狱医院在治疗的同时还需要承担日常护理、康复和用药等职责，更增加了一笔巨大的支出，使原本就有限的监狱医疗资金更加捉襟见肘。同时，部分监狱服刑人员本没有疾病却为了逃避劳动矫正、过于主张生命健康权，通过“没病装病”“小病装大病”等方式享受监狱医疗资源，造成监狱医疗资源的浪费，加剧了监狱医院经费的紧张程度。

当前社会存在一种趋势，就是一些生活拮据的社会群体，因在社会面医院接受医疗救治经济压力较大，在听说监狱医院医疗保障较好后主动犯罪，进入监狱。他们以享受监狱医疗为目的进入监狱，这加重了监狱医院经费的负担。

（二）医疗水平难以满足服刑人员需求

L 监狱医院的医疗水平在医疗设备、医疗资源等方面与社会面医院存在较大差距，这导致了相当一部分 L 监狱服刑人员对监狱医院产生不信任的心理，抵触 L 监狱医院的救治，一有机会就会寻求外诊。就医疗设备而言，L 监狱医院同 H 省绝大多数监狱医院一样，仅按照《监狱医疗机构设置和基本标准》的规定，配备了包括诊疗设备、辅助检查设备、预防保健设备和健康教育设备四方面基本医疗设备，仅能够满足诊断、治疗简单疾病的需求。因此，当遇到急病、重病、罕见病等情形，L 监狱医院仅有的医疗设备无法立即满足服刑人员诊断需求，不得不申请外诊，浪费了宝贵的救治时间，不利于其生命健康权利的保护。

同样，L 监狱医院在医疗资源利用方面与社会面医院存在较大差距。L 监狱医院的医疗工作人员配置与 H 省绝大多数监狱医院相同，仅符合《监狱医疗机构设置和基本标准》的基本规定，即包括执业医师，注册护士，检验、影像等卫生技术人员 3 类，其中执业医师 6 名，注册护士 3 名，卫生技术人员 14 名。执业医师中包括 2 名主治医师。与 L 监狱医院所在 X 市专业水平最高的三甲医院 X 市人民医院人员配置相比，L 监狱医院差距极大。X 市人民医院现有职工 2868 人，专业技术人员 2764 名；正高职称 180 名，副高职称 317 名；博士研究生 52 名，硕士研究生 683 名，硕士生导师 21 名；享受国务院政府特殊津贴专家 7 人。由此可见，在医疗人力资源方面，监狱医院与本地的社会面医院相距甚远。

L 监狱服刑人员患高血压、高血糖、心脏病、癌症等疾病比重不断增加，甚至出现多种急病、重病并存的现象，因此本身水平有限且发展滞缓的监狱医院医疗水平显然无法满足服刑人员的健康需求。由于社会公众整体健康意识的提高，服刑人员的生命健康权利意识、维权意识也不断增强。当出现可能外诊情形后，监狱医院会履行相应程序，难免会消耗一定时间，这会给服刑人员造成拖延、消极治疗的印象，进一步加剧其对监狱医院医疗水平的不满程度。

（三）医务工作人员的管理体制不健全

L监狱医院医务工作人员在招录、晋升管理、薪资待遇、业务培训等方面均与社会面医院存在较大差距，L监狱医院所在H省的监狱医院普遍存在类似问题，因此具有较大的典型性。就人才招录来讲，监狱医院医务工作人员的招录为四级联考公务员批次，入职后属于公务员序列。虽然招录专业大多要求为医学专业、本科学历，存在一定的门槛，与其他不要求专业的公务员岗位相比难度较大，存在一定专业壁垒。但是，具有同样资格的医学专业毕业生进入社会面各级医院工作难度更小、待遇更好，故相当一部分医学专业毕业生都选择进入社会面医院工作而不是进入监狱医院。

就晋升管理而言，社会面医院对于医务工作人员的晋升会着重考虑其职称的高低，专业能力水平很大程度上决定是否获得晋升。因此，社会面医院医务工作人员可以通过不断提高专业水平的方式来提高职称，利用职称高低与提拔相挂钩的制度获得晋升，从而不断提高专业水平，具有较强的专业进取动力。社会面医院的晋升制度在激励医务工作人员提高自身专业水平的同时，也带动了医院整体水平提高。监狱医院医务工作人员警衔标准随着工作年限增加而相应提升，是否晋升并进入领导岗位则根据工作成绩、学历高低、工作年限等因素综合评价。监狱医院与社会面医院相比，职称的高低对于决定是否晋升领导岗位所占比重较小，医务工作人员则相对缺乏专业进取动力，监狱医院整体专业水平进步发展也就相对缓慢。

就薪资待遇而言，监狱医院医务工作人员属于公务员序列，工资待遇标准按照《公务员法》相关规定制定；社会面公立医院属于事业单位，医务工作者收入包括工资、奖金等，奖金与单位业绩、科室水平息息相关。因此，社会面医院医务工作人员待遇水平高于监狱医院医务工作人员。同时，社会面医院相关专业领域的专家主任，可以利用假期时间前往下级医院进行授课、讲座，这又是一笔收入，而监狱医院的专家主任则不具有此类机会。社会面医务工作人员职称高低对于待遇好坏的影响程度大于监狱医院医务工作人员。社会面医院医疗工作人员有动力不断精进专业，提高职称水平，进而提升自身收入。相比之下，监狱医院医务工作人员为提高自身待遇水平而不断精进专业、获得更高职称的动力则不如社会面医院的工作人员。

就业务培训来讲，社会面医院医务工作人员有很多机会前往更高级别的医院进行实习、培训，单位也对相关培训活动予以很大支持。同时，社会面医院在不同医学类专业均存在相关学会，定期通过开年会、研讨会等方式交流专业理论、工作实践、科室管理等经验。因此，社会面医院的整体专业水平会在交流、合作中不断进步。但是监狱医院不同，由于工作环境的封闭性、特殊性等原因，监狱医院医务工作人员在工作中本身就面临较大的压力和危险，在进行疾病诊疗的同时还要保持足够的警觉性以避免意外情况发生，自然主要精力放在了服刑人员疾病救治上，没有额外的精力和时间去进行业务的深度学习和拓展，更不要说去其他医院交流学习了。同时，由于监狱工作环境的封闭性，监狱医院医务工作人员本身就缺乏足够的机会与外界社会面医院进行交流学习。L 监狱医院与社会面医院交流的机会大多为请社会面医院专家前来会诊疑难杂症，从未单独设置过以提高医疗工作专业水平的学术交流活动。

（四）服刑人员管理不到位

监狱医院对服刑人员管理不到位是导致医患关系不和谐的重要因素。服刑人员在接受治疗过程中产生的心理问题得不到及时解决会引发医患关系恶化。心理问题根据产生原因可以分为两类，分别是情境性心理问题和功能性心理问题。情境性心理问题是指服刑人员在监狱服刑过程中因不能适应监狱矫正环境而产生的焦虑、急躁、敌对、偏执等不健康的精神心理障碍。功能性心理问题是指服刑人员在进入监狱服刑前在社会上形成的心理障碍，包括冲动型人格障碍、暴力型人格障碍等。根据与一线监狱医院民警访谈得知，前来监狱医院就诊的病患相当一部分存在或重或轻的心理问题，大多表现为对诊疗过程不耐烦，对监狱医院医务工作人员的不信任、不配合，甚至会演化为认为监狱医院故意隐瞒病情、故意将重病诊断为轻症不给予赴外就诊机会的情形。L 监狱医院民警面对不配合诊疗的服刑人员会一对一地进行谈话，切实了解病患心理，有针对性地制订矫正方案，实事求是地了解病患心理，高效地制订个案矫正计划。

绝大部分不配合的服刑人员并不是存在进监狱服刑前就形成的功能性心理问题，而是由于不适应监狱环境、思念家人、担忧自身身体健康等因素而产生的情景性心理问题。面对此类情形，L 监狱专门设置了思想政治教育科等相关部门负责服刑人员的思想矫正工作，采取一定措施防止心理问题的产生。L 监狱医院也会要求监狱民警定期与服刑人员进行个别教育，了解其思想动态，力所能及地满足服刑人员的合理需求，争取减少情景性心理问题的出现。但是，由于监狱医院本身人力资源有限，并且医务工作人员均为内科、外科、医技、护理等专业出身，没有精神心理专业背景的医生，因此不能为服刑人员提供专业、有效的心理辅导，不能针对情境性心理问题提供行之有效的解决方案。监狱虽然设置有专门的思想教育部门，但是主要精力放在了日常矫正工作过程中出现心理问题的服刑人员身上。在监狱医院收治的服刑人员存在的心理问题则难免被忽视。监狱医院内收治的服刑人员出现的心理问题，即使引起了相关部门重视，相关部门派工作人员前往监狱医院了解情况、制订计划、进行心理辅导也会消耗一定时间成本，做不到及时、精准解决问题，无法第一时间面对有心理问题的服刑人员，将问题在萌芽状态解决，并且由于相关部门的工作人员并没有在问题发生的现场，而是在问题发生后通过与监狱民警谈话、阅读相关材料的方式了解情况，难免会对有心理问题的服刑人员产生刻板的第一印象，进而影响了问题的解决。

五、L 监狱医院未来发展对策

（一）整合医疗资源，为医院进一步发展充分赋能

1. 加快 H 省监狱中心医院建设，提升整体收治能力

监狱中心医院作为省监狱管理局下属的与监狱平级的司法行政机关，承担着为全省服刑人员及全省监狱民警提供医疗保障服务的工作任务，其疾病救治水平、病人收治能力等各方面均强于各个监狱医院。[①] 但因为 L 监狱所在 H 省尚未建立 H 省监狱中心医院，所以 L 监狱服刑人员的疾病救治工作

---

① 杨世帮. X 监狱中心医院病犯管理研究 [D]. 乌鲁木齐：新疆农业大学，2020：13.

的责任就完全落在了 L 监狱医院身上。由于 L 监狱医院自身发展水平有限，同时不具备进一步高水平发展的区位条件、经济条件、人才吸引能力等要素，难以完全满足服刑人员日益增长的健康需求。再加上没有 H 省监狱中心医院提供高水平的医疗协助和对危重症服刑人员的收治，自然面临着发展困境，H 省其他监狱也面临着同样的问题。因此，加强 H 省监狱医疗资源整合，加快 H 省监狱中心医院建设，提升 H 省监狱服刑人员整体收治能力，对于 H 省各个监狱医院的发展都有着重要意义，应采取以下措施。

第一，严格落实相关法律法规规定。《中华人民共和国监狱法》第 54 条规定，监狱应当设立医疗机构和生活、卫生设施，建立罪犯生活、卫生制度。罪犯的医疗保健列入监狱所在地区的卫生、防疫计划。司法部印发的《关于加强监狱生活卫生管理工作的若干规定》第 23 条规定，监狱医疗机构应当依法申领《医疗机构执业许可证》，依法执业。省（区、市）监狱管理局中心医院（区域性中心医院）应当至少按照二级综合医院基本标准设置。监狱医院、卫生所（医务室）应当按照《监狱医疗机构设置和基本标准》设置。第 24 条规定，监狱应当对患病罪犯及时诊治。监狱医疗机构应当根据罪犯身体健康情况，实行罪犯疾病分级管理。应当做好常见病、多发病的诊治和急诊抢救和转诊工作，建立巡诊制度，开展主动医疗。罪犯患病应首先在监狱医疗机构诊治，监狱医疗机构难以诊治的，可请社会医院专家入监会诊或送省（区、市）监狱管理局中心医院、社会医院诊治。罪犯离监就医应严格按照有关规定执行。因此，H 省监狱管理局应当按照相关规定，建立 H 省监狱中心医院，切实将监狱服刑人员的医疗保健工作纳入卫生工作计划。H 省监狱中心医院建设标准应符合相关规定，按照二级综合医院标准设置。同时，H 省监狱中心医院应当收治各个监狱医院因医疗水平有限无法有效诊断、救治的疑难杂症、危重症服刑人员，履行好相关职责。

第二，重视人才引进与培养。人才是医院发展最活跃的因素，医务工作人员专业水平在很大程度上决定了医院发展水平的高低。H 省监狱医院作为全省医疗水平最高、工作能力最强的监狱医院，其医务工作人员的水平也应当最高。因此，在建设过程中要对人才引进、培养工作尤为重视。在人才引进方面，要秉持“德才兼备，以德为先；五湖四海，任人唯贤”的原则。要建立社会人才引进机制，快速解决医院建设初期人才紧缺的问题。可以有计划地吸收和引进医疗人才，通过行政手段、经济手段等鼓励和组织社会面医疗机构的高、中级卫生技术人员、退休人员到H省中心医院提供技术指导和服务。[①] 在人才培养方面，要完善体制机制，充分释放医务工作人员的专业进取动力，通过开展学术会、研讨会等形式促进理论交流、实践交流，提升整体工作水平。通过组织与社会面医院的交流等形式，学习先进医疗专业理念，进一步提升自身工作水平。通过形成职称与晋升挂钩的机制，激发医务工作人员精进专业、提升水平的动力。

第三，明确职能定位，完善体制机制。H省监狱中心医院的建设要明确自身工作的普遍性与特殊性，并建立健全相关体制机制，形成制度保障。作为医院，要切实承担起救死扶伤的职能，维护好病人的生命健康权利，用制度管理、约束、激发医务工作人员的活力，提高工作水平。但作为监狱医院，更应当承担起刑罚执行机关的职责，履行好司法行政机关的工作任务，落实相关制度，扎实推进法律法规政策安排。一方面，要做好监狱服刑人员矫正工作，严格监管服刑人员的行为举止，对于思想懈怠、行为违反法律法规的服刑人员要严肃批评教育，并予以惩罚；另一方面，要始终绷紧安全这根弦，维护监狱工作稳定，筑牢安全工作的基础，坚决杜绝破坏安全稳定秩序现象的发生。

2. 健全完善服刑人员医疗保障制度，减轻政府发展经济的压力

L监狱医院发展经费不足的主要表现之一就是服刑人员疾病救治费用的紧缺。因此，要有效解决这一问题，为服刑人员疾病救治提供充足的资金保证，就要健全完善监狱服刑人员的医疗保障制度，从而减轻监狱医院发展资金不足的压力，推动监狱医院进一步整合、利用资源，实现进一步发展。结合L监狱医院工作实际情况，当前监狱服刑人员医疗保障制度存在的问题主要表现为：相关法律虽然规定了监狱应承担服刑人员医疗保障的责任，但没

---

① 张羿．关于加快发展监狱总医院医疗卫生服务工作的调研报告［D］．合肥：安徽大学，2012：11.

有规定医疗保障的标准，相关工作的监督管理也不到位。这就导致监狱医务工作人员在对服刑人员进行救治过程中，无法确定疾病需要匹配何种医疗资源，如服刑人员该去何种等级的监狱医院问诊，使用何种医疗器械，使用何种药材等。同时，由于标准不明确，对于慢性病服刑人员或长期无法联系亲属的服刑人员，是否需要进行持续性治疗，需要治疗到何种程度都没有明确的要求。L监狱医院面临上述问题，大多数情况下秉持人道主义原则，最大程度地进行治疗，维护服刑人员生命健康权利，也就挤占了监狱医院用于发展的经费空间，加剧了经济上的紧张局面。因此，要健全监狱服刑人员医疗保障制度，应采取以下措施。

第一，明确监狱服刑人员医疗保障制度适用标准。当前我国监狱服刑人员医疗保障制度中，缺乏相关文件对有关工作实际中遇到的问题进行全面的规定、详细的分析、具体的指导。因此，要将所有疾病进行分类，并采取与疾病严重程度相适应的保障措施。同时，要考虑到服刑人员患病后可能出现的各类情况，有针对性地制定应对措施。例如，部分严重影响身心健康的恶性疾病，监狱医院要积极给予治疗，并视情况及时转诊至监狱中心医院或办理保外就医。对服刑人员身心健康影响程度较小的慢性疾病，可以通过监狱医院的治疗进行控制；若部分服刑人员以慢性疾病治疗权利作为要挟条件，提出无理要求，就要采取相关处理措施。

第二，健全监狱服刑人员医疗费用保障制度。当前监狱服刑人员的医疗保障费用为国家全额拨付，造成了保障范围过大、保障标准过高的问题。①因此，要有针对性地完善相应制度，建立监狱服刑人员专门医疗保障账户。将服刑人员医疗保障纳入社会医疗保障体系，把服刑人员在进入监狱服刑前已经缴纳的社会医疗保险金转移至其专门医疗保障账户，作为其在服刑期间医疗保障的基础资金。同时，专门医疗保障账户可以将监狱服刑人员在监狱矫正期间的劳动报酬部分纳入其中，一方面，可以保证账户数额不断增加，持续保障其生命健康权利；另一方面，可以进一步激发其劳动热情，使其明

① 刘子龙．罪犯医疗权益保障问题研究［D］．南京：东南大学，2020：17.

白“勤劳致富”的道理，在服刑人员群体中形成“热爱劳动，崇尚劳动”的积极氛围，推动服刑人员矫正工作的更好开展。在服刑人员出狱后，其专门医疗保障账户内的剩余资金会转入社会医保体系，可以继续在社会面医院使用，也为日后其生活提供了较为坚实的保障。

第三，建立监狱服刑人员重大疾病专项基金制度。与 L 监狱医院民警访谈可知，L 监狱医院在服刑人员各类疾病上开销最大的是诸如恶性肿瘤、急性心肌梗死、脑卒中后遗症等重大疾病。重大疾病往往突然出现，且情况危急，监狱医院往往难以应对，所以大多保外就医，前往社会面医院救治。在保外就医之后，监狱医院会联系服刑人员家属，告知其健康情况，并要求其支付就诊费用。但是，有时会出现无法与监狱服刑人员家属取得联系，或家属拒绝支付保外就医费用的情况，L 监狱医院虽然面临极大的财政压力，但仍然会坚守人权保障原则，先行垫付费用。病情稳定后，接回监狱医院进行保守治疗。这无疑会增加救治成本，加重财政压力。因此，有必要建立重大疾病专项基金制度，妥善解决上述问题。一方面，切实保障监狱服刑人员的生命健康权利；另一方面，减轻监狱医院的财政压力，为进一步发展汇聚动能。

建立重大疾病专项基金制度要拓宽资金来源渠道。这可以分为省财政专项拨款、服刑人员个人缴纳和监狱企业利润补贴组成。① 重大疾病专项基金设立后，应建立专用账户，由 H 省监狱管理局委托专业金融机构统一管理。建立流畅、简便的基金下拨、使用制度，H 省各监狱医院服刑人员患重大疾病并面临医疗资金紧张的问题后，基金账户应迅速拨款，确保服刑人员第一时间接受救治，减少医疗救治的时间成本，避免生命健康权利受到损害。

3. 加强与 H 省其他监狱医院合作，发挥医疗资源集聚优势

L 监狱医院所在 H 省尚未建设能够承接全省监狱服刑人员救治工作的 H 省监狱中心医院，因此 L 监狱医院与其他监狱医院同样面临医疗资源有限，无法妥善安置患病服刑人员，无法集中优势资源获得进一步高水平发展的问

① 刘子龙．罪犯医疗权益保障问题研究 [D]．南京：东南大学，2020：12.

题。故 H 省各个监狱医院之间应加强合作，互通有无，在不违反相关法律法规、不影响服刑人员矫正的前提下，形成监狱医院之间的合作机制，实现医疗人才的流通，医疗技术的互补，医疗设备的共享，最大限度地提高监狱医院医疗资源利用率，实现监狱医院医疗资源的集聚，释放整体发展活力，从而带动 L 监狱医院的进一步发展，具体应采取以下措施。

第一，建立医疗人才流通机制。在 H 省各个监狱医院之间形成医疗人才流通机制后，会为年轻医务工作者提供丰富的实践机会，为有一定工作经验的医务工作者提供足够的经验交流、技术提升的机会，为专业领域内技术高超、有一定权威的医务工作者充分发挥能力提供广阔舞台。针对初入职、临床经验相对不足的医务工作者，其所在监狱医院工作量饱和度较低阶段，可经规范化程序调配至收治量大、病例复杂的监狱医院进行阶段性实践锻炼。通过暂时工作调整，在实践中迅速提升困难应对能力。一方面，这提高了监狱医院医务工作人员的工作能力，丰富了实践经验；另一方面，这也一定程度地缓解了监狱医院医务工作人员的紧缺程度，汇聚了人力资源，提高了监狱医院整体工作水平。工作一定年限、有一定工作经验的医务工作者可以通过人才流动机制前往更高水平医院进修，设身处地感受高水平医疗工作的各个环节，与高水平医疗专家交流学习，感受高水平医院工作的运转。通过学习先进经验、先进技术，指导自身工作，学以致用，实现自身医疗专业水平的提高，进而带动监狱医院整体的发展。在专业领域内技术高超、有一定权威的医务工作者，可以通过人才流通机制前往遇到疑难杂症等工作困难的监狱医院会诊，人尽其才，避免其他监狱医院因医疗工作水平有限耽误服刑人员的救治。因此，L 监狱医院应重视并推动监狱医院医疗人才流通机制的形成、推广，实现人才汇聚，增强监狱医院医务工作者整体工作能力，提升监狱医院整体医疗工作专业化水平，推动医院进一步发展。

第二，定期开展专业技术交流会。H 省各个监狱医院应避免“各自为政”情况的出现，在医疗技术上应当加强交流合作，互通有无，取长补短。在与 L 监狱医院民警访谈过程中得知，各个监狱医院医务工作人员通常有其擅长的不同学科，如有的监狱医院有内科专家，擅长疾病的诊断；有的监狱医院有外科专家，手术水平较高；有的监狱医院有精神心理学专家，擅长剖析前来就诊的服刑人员的所思所想，进而有针对性地提出救治方案。因此，监狱医院应当形成内部王牌专业，并评选出学科带头人，形成专门适用于监狱医院、适用于服刑人员救治的工作方法，形成成熟的工作经验，并在全省监狱系统内部推广。通过定期开展专业技术交流会的方式，各个监狱医院可以向其他监狱医院分享擅长医疗专业领域的工作经验。监狱医院在工作过程中遇到的难以解决的专业性问题，也可以在专业技术交流会上充分交流、集思广益，形成既具有专业属性，又适应监狱医院特殊性的解决方法。因此，L监狱医院应当重视并推动专业技术交流会的开展，积极学习，虚心求教，提高整体专业水平，形成发展优势。

第三，形成医疗设备的共享机制。根据相关规定，监狱医院医疗设备需具有诊疗设备、辅助检查设备、预防保健设备和健康教育设备4种，要对各个医疗设备定期进行精准性、有效性等相关方面的检查。在满足相关规定要求的前提下，各个监狱医院对医疗设备种类、水平高低的选择有所不同。根据与L监狱医院民警访谈可知，部分监狱医院在购置医疗设备时经费较为充足，在购置规定要求的基本设备后还购置了一批更先进的医疗设备，以提升监狱医院的工作能力。同时，由于服刑人员身体健康程度的差异，各个监狱医院医疗设备使用情况也存在较大的不同。有时会出现一个监狱医院内某种医疗设备使用频率很高，患病服刑人员需要排队等待，而在其他监狱医院内该种医疗设备无人使用的情形。因此，在各个监狱医院之间形成医疗设备共享机制至关重要。监狱医院若出现上述情形，且患病服刑人员病情严重，可及时通过医疗设备共享机制得知其所需设备空闲的距离最近的监狱医院，并及时前往。由此可知，医疗设备共享机制一方面极大地缩减了时间成本，维护了服刑人员的生命健康权；另一方面，提高了监狱医院的医疗设备使用率，避免了资源的浪费，提高了医疗资源使用效率。因此，L监狱医院要大力促成医疗设备共享机制的形成，提高医院专业化水平，为进一步发展赋能。

（二）提升医疗水平，满足日益增长的健康需求

1. 加强合作交流，融入“医联体”一体化建设

医联体又称医疗联合体，是指在一定地域范围内，一所三级医院联合地域内的二级医院和社区卫生服务机构组成医疗联合体，医联体内各合作单位双向转诊。医联体作为我国医疗制度实施的重要载体，对于提升我国医院整体工作水平，保障人民群众生命健康权利，促进医疗资源均衡分配具有重要意义。医联体的建设，一方面，有利于高水平公立医院更好地服务患者；另一方面，也推动了高质量医疗资源的下沉，带动基层医疗机构服务能力和管理水平的提升。在与 L 监狱医院医务工作人员访谈过程中得知，由于缺乏与本区域内高水平医院的医联体合作机制，在服刑人员疾病救治遇到专业性难题时，往往需要花费大量时间寻求社会面医院专家协助。如果服刑人员需要保外就医，还需要在联络社会面医院的同时告知接受救治患者的服刑人员身份，并安排特定的病房、特定的医务工作者进行救治，以防出现安全问题。毫无疑问，缺乏医联体建设给 L 监狱医院的工作带来了极大的时间成本、人力成本和经济成本。因此，L 监狱医院若要破解发展难题，走出发展困境，就需要积极主动作为，融入所在区域医联体建设，加强与高水平医院合作交流，落实转诊制度，提高医院专业化水平，利用先进专业技术助力自身高质量发展。要融入医联体建设，L 监狱医院应采取以下措施。

第一，健全组织架构，明确责任分工。L 监狱医院需健全相关职能科室组织架构，明确规定各部门职责，确保各项工作专人负责。在融入医联体过程中，要形成“监狱医院为龙头，医务工作人员为主体”的内部组织架构，与各社会面医院工作衔接过程中，加强信息沟通，促进人才交流，明确各方责任，打造医院合作新模式，创新医疗资源共享新机制，实现资源互通、人员流通、信息畅通的医联体运转方式。L 监狱医院要明确各部门及工作人员的责任分工。要有专人负责联络社会面医院，并准确告知服刑人员病情，确保社会面医院精准施策，降低医疗事故风险。同时，监狱医院要派专人监管保外就医服刑人员，确保社会面医院提供医疗协助时的安全。在医联体建设过程中，L 监狱医院应坚持问题导向，从工作实际出发，着力解决发展中遇

到的难点、痛点，在关键问题上加强机制建设，夯实人员责任，避免在医联体运转过程中出现纰漏，阻碍整体发展进程。

第二，加强信息化建设，畅通沟通渠道。为进一步加强与社会面高水平医院的合作，提高医疗资源使用效率，更高效地融入医联体建设，L 监狱医院应当聚焦信息化建设，运用互联网技术，实现服刑人员病例、影像等信息的“云端传送”，既降低了病情沟通的时间成本，又增强了信息的精准性，使社会面高水平医院专家更便利地进行诊断工作。L 监狱医院应与医联体中高水平医院进行视频远程指导合作，专家可以通过视频会议的手段进行病情告知和技术指导。通过视频远程指导的方式，监狱医院医务工作人员可以随时随地进行专业培训，方便了专业水平的提高。同时，视频远程指导避免了一大批服刑人员的保外就医，节省了监狱的人工成本，更有利于监狱医院集中人力资源，增强发展动力。

第三，重视人才培养，提升专业水平。L 监狱医院融入医联体建设要高度重视医务工作人员的专业技能培训，创新机制，拓宽渠道，激励、引导医务工作人员专注于专业领域学习，倾心于专业技能提升，从而带动监狱医院整体专业水平的提高。L 监狱医院应抓住融入医联体建设的发展机遇，主动作为，积极求变，寻求发展突破口，获得发展新动能。在医联体建设过程中，L 监狱医院应当积极参与学术交流机制构建，搭建平台，创造条件，主动提供各项帮助，并委派相关专业医务工作人员参加。监狱医院医务工作人员应当积极参与学术交流活动，主动学习专业知识，虚心请教专业领域问题。同时应当注重实践，抓住在高水平医院实习的机会，在实践中增长经验，深化对专业知识的理解。

2. 综合施策，提升医疗软、硬实力

医疗水平的高低是衡量医院专业水平、工作能力、发展前景等诸多方面的重要指标之一。只有加强医疗水平建设，从设备、人员、管理等方面综合全面施策，多方面、多层次、多渠道提高医院软、硬实力，从各个发展要素上均衡发力，才能促进医院高效能发展，在病患收治、专业精进等方面实现跨越式进步，实现医院整体水平的“更上一层楼”，使医院进入高层次发展阶段，不断激发自身发展动力，步入持续发展轨道。L 监狱医院发展受限的一方面原因就是医疗水平不够高，在医疗设备、基础设施等方面与社会面医院存在差距，在医务工作人员专业培养上存在不足，在服刑人员身体健康信息管理智能化方面做得不够。因此，L 监狱医院在发展过程中，应当直面医疗水平较低、医院各方面实力较弱的问题，精准发力，因事制宜，以加强医疗水平建设为发力点，结合监狱医院自身工作特殊性，在不违反相关法律规定、工作纪律的前提下，从多方面着手加强医疗水平建设，采取以下措施。

第一，提高医疗设备水平，完善基础设施。医院硬实力主要体现为医疗设备先进性和专业化程度及医院基础设施的完善程度。L 监狱医院应当高度重视医院医疗硬实力的提升，加大资金投入，瞄准各个专业领域发展前沿，加速更高水平医疗设备的购置，并对相关医务工作人员进行设备使用培训，提升设备使用效率，提高医疗资源利用率。L 监狱医院应当完善医院内基础设施建设，着眼患病服刑人员的康复需求，开辟更多区域用于服刑人员救治、休养，增设并完善服刑人员康复、休养的相关设施，推进服刑人员疾病康复进程，有利于服刑人员进一步恢复到正常矫正状态，方便监狱日常工作开展。同时，应当严密注意医疗设备及基础设施的安全问题，监狱医院作为监狱的一部分也应当承担刑罚执行功能，因此监狱医院设施应当提高安全程度，避免安全漏洞，以防别有用心的服刑人员利用监狱医院医疗设备或基础设施的安全管理漏洞引起安全事件，破坏安全稳定的矫正秩序。在完善监狱医院基础设施过程中，应当利用建筑设计、物品摆放等渠道便于监狱医院民警对服刑人员进行监管，使监狱医院民警能够利用基础设施形成天然工作便利，在提升监狱医院设备先进性和完善基础设施的同时，有利于服刑人员的矫正工作。

第二，重视人员技能培养，提高整体专业水平。医务工作人员整体专业技能水平是医院医疗水平的重要体现，也是医院软实力的组成部分。L 监狱医院医务工作人员虽然平时工作繁忙，既要为服刑人员提供疾病救治，又要在一定程度上承担服刑人员监管、矫正工作，大多无法抽出足够时间进行专业学习。同时，虽然监狱医院承担工作量较多，但是与社会面高水平医院相比，工作面临的情况较少、较简单，工作对象所期待的要求不同，单位所提出的标准也不相同，因此，专业水平在实践中得到提升的机会不多。同时，由于工作环境的特殊性，L 监狱医院医务工作人员几乎没有机会参加社会面医院专家、学者组织的学术交流活动。因此，L 监狱医院应当高度重视医务工作人员的专业技能培养，定期开展进修、调研活动，组织相关科室工作人员前往高水平社会面医院学习实践技能。同时，还应采取讲座、交流会等形式，组织医疗专业领域专家学者前来讲座，将最先进、最前沿的专业知识向监狱医院内医务工作人员讲解，为医务工作人员专业水平提升营造良好环境，拓宽渠道，增加机会，引导、鼓励医务工作人员的专业学习，进而提升监狱医院整体专业水平。

第三，完善信息系统建设，提高智能化管理水平。监狱医院工作的正常运转离不开信息系统的运行，实现相关信息的流通。智能化管理在监狱医院信息系统中主要体现为互联网技术、人工智能、大数据运算等的应用。监狱医院信息系统主要包括 3 部分，分别是监狱医院狱政信息系统、远程医疗信息传输系统和重大疾病管理系统。① 完善监狱医院狱政系统信息建设需要监狱医院将智能化手段应用于狱政管理的方方面面。例如，通过特定系统自动导入服刑人员健康信息，形成无纸化诊断报告，并将诊断报告关联服刑人员健康信息，自动智能生成服刑人员身体状况评估报告。完善远程医疗信息传输系统，便于与社会面医院接洽、沟通。利用互联网视频会议技术，定期召开“云端”专业交流会，极大便利专业技能的提升。面对服刑人员罹患疑难杂症的情况，监狱医院医务工作人员可以直接通过视频会议与社会面专家学者沟通，并通过互联网传送服刑人员身体情况、健康信息，降低时间成本。完善重大疾病管理系统，利用互联网信息存储技术，准确、完整记录服刑人员所患重大疾病，并及时更新相关信息，做到对服刑人员身体状况的掌握程度达到百分之百，并且利用重大疾病管理系统，可以随时跟踪监测服刑人员身体健康程度，及时调整矫正方案，高效率开展相关工作，节约人力、物力

---

① 潘仁红 . L 市监狱医院的管理困境和发展策略研究 [D]. 苏州：苏州大学，2020：22.

成本，进一步促进监狱医院发展。

3. 加强文化建设，营造良好工作环境

医院文化是由企业文化衍生而来的概念，是指医院作为承担一定职能的社会组织，在其工作实践、职工生活等方面的发展过程中不断形成的，具有一定特色并被组织内部成员普遍认同的行业文化。[①] 医院文化涵盖诸多方面，如价值取向、工作风格、外部形象、管理模式等。随着社会不断发展进步，医院文化也日益成为医院核心竞争力的重要因素之一。形成良好的医院文化，对于工作人员队伍建设、单位内部管理、医院整体发展都有着重要意义。监狱医院作为医院的一种，自然也需要重视自身医院文化建设，充分发挥医院文化在监狱医院高水平发展中的重要作用。

L 监狱医院工作任务量大、工作压力大，监狱医院医务工作人员在承担服刑人员疾病救治工作的同时还要兼顾好安全、稳定的矫正工作秩序维护。面对复杂、繁重的工作，L 监狱医院民警不仅不退缩、犹豫，反而迎难而上、自加压力，高标准要求自己，高水平地完成了一系列工作。但是不可否认的是，在保质保量完成工作后，部分服刑人员不仅不对监狱医院医务工作人员的辛勤付出表示感谢，反而将这视为理所当然，甚至会提出过分要求，为工作增添额外负担。面对此类现象，监狱医院医务工作人员难免感到心寒。因此，要避免上述情况发生，就需要根本性转变思路、改变想法，从监狱医院文化建设入手，营造良好工作环境，做到以下 3 点。

第一，明确医院定位，突出工作本色。作为监狱的一部分，监狱医院理应承担好刑罚执行职能。同理，监狱医院文化建设，应当将刑罚执行功能作为基本着力点，突出对服刑人员的矫正工作这一根本职责。在监狱医院文化建设中，应当严格遵循相关法律规定，突出监狱医院作为监狱一部分所应当承担的罪犯矫正功能，彰显监狱医院作为司法行政工作部门的单位本色。同时，监狱医院作为医院的一种，也应当在文化建设过程中强化救死扶伤的工作职责，医务工作人员也应当彰显出医者仁心的职业光辉。罪犯矫正职责与

---

① 隋瑞雪. 医院文化建设对公立医院发展的影响 [D]. 大连：东北财经大学，2021：19.

救死扶伤工作，作为监狱医院文化建设的两部分，二者对立统一，如车之双轮、鸟之两翼，二者缺一不可，不可偏废。因此，在监狱医院文化建设中应辩证处理二者关系，做到彼此契合、互相成就、并行不悖、相得益彰。唯有如此，才能够建设完整、准确的监狱医院文化，充分发挥监狱医院文化在监狱医院发展过程中凝聚共识、鼓舞人心的重要作用。

第二，优化工作模式，提升沟通效果。在监狱医院文化建设中，针对监狱医院医务工作者工作模式、沟通方法的改良至关重要。部分医务工作人员在诊断疾病过程中，将主要精力放在了服刑人员的身体健康情况方面，而一定程度上忽视了服刑人员的心理健康。同时，部分服刑人员文化程度较低，医疗知识匮乏，往往听不懂医务工作人员对病情的分析。再加上在接受矫正过程中已经产生了心理敏感、脆弱等情况，多种因素交织，加剧了身体状况和心理情况的双重恶化，可能本身能够治疗并康复的疾病因为心理问题变得难以治疗和康复。因此，在监狱医院文化建设中，应当注重监狱医院医务工作人员与服刑人员沟通模式的转变，对于心理敏感、脆弱的服刑人员，尽量使用通俗易懂的方式解释病情，并在不违反法律法规、相关纪律的情况下对服刑人员予以适当鼓励，在进行身体疾病救治的同时注重心理健康维护，这有助于服刑人员身体健康的恢复，使其以更好的精神状态投入矫正过程。

第三，加强宣传教育，注重沟通引导。在监狱医院文化建设过程中，注重对服刑人员的宣传教育、沟通引导至关重要。服刑人员对于医务工作人员的不信任、不配合是影响相关工作开展、制约监狱医院进一步发展的重要原因。部分服刑人员因对监狱医院的不信任，拒绝按要求进行服药、理疗等康复活动，往往使监狱医院医务工作人员的诊断工作白白进行，浪费了监狱医院的医疗资源。要妥善解决以上问题，需要加强对服刑人员的宣传教育，通过向其讲授监狱医院医务工作人员的先进事迹的方式，使其明白并感受监狱医院医务工作人员的辛勤付出、无私奉献。以沟通、教育的方式，化解服刑人员内心的疑虑，消减内心的恐惧，让其明白监狱医院医务工作人员是全心全意投入服刑人员矫正工作和生命健康权利保障当中的。在与服刑人员沟通交流过程中，要准确定位服刑人员内心疑虑的问题所在，切忌大而化之，要因人施策，精准解决问题，制定方案，做到“人人一对策，事事一方法”，切实提升与服刑人员的沟通效果，使其充分感受监狱文化的温暖和人性化，从而自觉配合矫正工作，减轻监狱医院工作压力，更好地集中优势资源投入监狱医院的进一步发展中去。

（三）健全医务工作人员管理模式，释放高水平发展活力

1. 加强就业宣传教育，拓宽医务工作人员的招录渠道

人才是单位发展的关键因素，医院的高质量发展离不开专业素质过硬的医务工作人员。对于监狱医院来讲，也要高度重视人才工作，在工作人员招录、医疗人才引进上把好关、发好力。监狱医院每年医务工作人员的招录主要通过H省公务员考试的方式，大多岗位限制应届毕业生，对专业的要求基本为医学专业、护理学专业，且绝大多数要求男性。每年监狱医院所需要的岗位均会出现无人报名或者报名人数达不到开考比例的情况，这无疑使得监狱医院医务工作人员队伍得不到足够的新鲜血液补充，监狱医院医务工作人员规模无法较好地满足实际工作需求，对监狱医院整体工作开展产生较大的不利影响。同时，再加上岗位要求应届毕业生的条件，新招录的医务工作人员大多不具备足够的实践经验，掌握专业知识仅仅停留在理论层面，不能迅速适应工作环境，妥善解决专业问题，这更加剧了整体工作的压力和难度，不利于监狱医院的整体发展。因此，要解决上述问题，改善“报考人数少”“水平达不到”等问题，在医务工作人员招录上应采取以下措施。

第一，加强与高校对接，提高宣传水平。为解决报名人数少、社会了解程度低等问题，监狱医院在每年的公务员考试之前，应当加强对应届毕业生群体的宣传工作，引导部分应届毕业生主动参与监狱医院医务工作人员的招录考试。监狱医院应当以本省高校为重点，放眼省外高校，形成专门针对医学专业、护理学专业等应届毕业生的就业工作宣讲制度。能够通过相关制度，以宣讲会、座谈会等形式向符合专业条件的应届毕业生宣讲监狱医院的岗位需求，鼓励相关专业应届毕业生积极参加招考，并准确宣传工作相关信息，诸如编制类型、薪资待遇、发展前景等，让应届毕业生能够对监狱医院医务工作人员的工作有准确充分的理解，从而结合自身实际情况做出选择。同时，

宣讲在立足实际的同时要增强工作价值、意义的指引，向广大相关专业应届毕业生说明监狱工作、监狱医院工作责任在肩、意义重大，肩负着服刑人员矫正的光荣使命，承担着刑罚执行的法律职责，是中国特色社会主义法治建设不可或缺的组成部分。通过价值指引，能够让更多的相关专业应届毕业生了解监狱工作的使命、监狱医院工作的职责，更加充满建设中国特色社会主义法治的热忱，从而义无反顾地投身于监狱医院工作。

第二，完善招录标准，拓宽人才来源。根据近几年H省公务员考试招录标准，H省各监狱医院对于报考考生的专业要求限制较大，仅要求临床医学类、心理学类专业考生报考。医学学科门类很多，例如基础医学类、口腔医学类、中医学类、中西医结合学类、药学类、护理学类等。各个专业学科所培养的人才方向不同，在医疗实践中负责的工作也各不相同，但都是完整、有效的医疗实践所必需的。因此，要实现医疗水平的提高和医院的发展，医务工作人员种类必须齐全。监狱医院在医务工作人员招录专业要求上，应当做到完整齐全，各学科专业人员应当基本具备。在与L监狱医院医务工作人员访谈中得知，监狱医院目前普遍重视服刑人员疾病诊断治疗、心理问题防治等工作，因而在人员招录上偏重临床医学类和心理学类专业。但是应当注意的是，服刑人员疾病的诊断、治疗是一个多环节的过程，需要不同专业的医务工作人员共同参与，应当以全面的眼光看待疾病救治，各个环节缺一不可。因此，在人员招聘的专业设置上应当更加全面。同时，监狱医院在招聘医务工作人员时普遍要求应届毕业生，这无疑为往届相关专业毕业且有报考意愿的考生设置了障碍。根据“德才兼备，以德为先。五湖四海，任人唯贤”的用人标准，可以适当放宽对报考人员应届、往届的要求。更何况，倘若往届毕业生已有医疗工作经历，进入监狱医院工作后自然会更快地适应医疗工作，提高工作效率。

第三，创新聘用机制，加强人才引进。监狱医院医务工作人员的招录在以公务员考试为主的前提下，可以适当面向社会面医院的专家、医学高校的教授，以签订合同的聘用方式，引进专业领域的人才。监狱医院在面对复杂疾病诊断、治疗难题的情况下，可能会因为自身能力有限无法及时、有效地提供救治。但是，如果有社会面专家和教授的帮助，监狱医院对于疑难杂症的诊断、救治能力会有质的提升。同时，由于人才培养的周期性，监狱医院靠自身努力培养、提高医务工作人员专业能力、专业素养会耗费大量时间成本。但是，如果有社会面专家、教授的加入，在解决专业问题的同时，还能够促进监狱医院整体水平的提高。除此之外，引进社会面专家和教授，还可以加强监狱医院医务工作人员的专业技能培养。一方面，可以定期开展专业理论交流会，讲授专业知识，传授工作经验；另一方面，在医疗实践过程中，让监狱医院医务工作人员有实地观察专家、教授进行诊断、治疗的机会，更加深刻领会理论知识的应用，提升医疗活动实践水平。

2. 注重专业技能培养，形成激励专业学习的体制机制

医务工作人员的专业素养、专业工作能力，是衡量医院发展水平、发展前景的重要指标。医院的持续发展离不开一支专业素养过硬、专业技能与时俱进、专业理论紧跟时代潮流的医务工作人员队伍。要解决监狱医院发展过程中出现的医务工作人员专业进取动力较小的问题，必须要建立健全相应激励、鼓励医务工作人员进行专业理论学习、专业技能提升的体制机制，从体制机制层面发力，加强顶层设计，聚焦制度优化，形成规则保障，争取形成医务工作人员“乐于进行专业学习、勇于进行专业学习、善于进行专业学习”的良好局面，营造“勤学、愿学、苦学”的良好专业技能学习氛围，培养出“学到老，活到老”的学习习惯，为监狱医院整体专业水平提供强大支持，为监狱医院进一步发展注入不竭动力。

L监狱医院医务工作人员在专业学习方面遇到的问题与大多数监狱医院工作人员相似，每天的常规工作要面临服刑人员监管、矫正，疾病诊断治疗，患者康复、保健等多重压力，在完成日常工作任务后就没有足够的时间和精力进行额外的专业学习。下班后的休息时间，还要被子女抚育、老人赡养等家庭事务牵扯精力，更不会有利用休闲时间进行专业学习的机会。同时，在监狱医院对医务工作人员专业学习管理上，并没有明确的制度要求或保障医务工作人员进行相应理论学习，也没有类似社会面医院对医务工作人员职称评定的要求。因此，要改善监狱医院医务工作人员专业学习动力不足的现状，

监狱医院应采取以下措施。

第一，创设专业培养方式，拓宽理论学习渠道。监狱医院应高度重视医务工作人员的专业培养，创设多种专业培养方式，拓宽医务工作人员上班期间或休息时间进行专业学习的渠道。监狱医院可以借鉴社会面医院，牵头组织学术交流会，或鼓励医务工作人员积极参加社会面医院组织的学术交流会，主动为医务工作人员提供、开创专业知识交流的机会，加快在专业能力方面与社会面医院接轨。监狱医院在人才培养方面要形成“引进来，走出去”相结合的机制，一方面，激励内部医务工作人员前往社会面高水平医院进修学习，提升自身专业水平；另一方面，可以主动邀请社会面医院专家前来传授先进理论，指导专业工作。同时，可以以视频会议、网课等方式提供在线学习机会，方便医务工作人员利用休息时间进行专业学习，降低学习成本。

第二，设立荣誉称号，激发专业学习热情。事物发展变化的决定因素是内因。监狱医院在激励医务工作人员专业学习时，应当注重激发其内生动力，实现“要我学”到“我要学”的转变，达到医务工作人员主动学习、自主学习的效果。因此，可以考虑增设荣誉称号，如专业学习标兵、专业学习先进个人等称号，通过颁发的方式，使主动进行专业学习并取得良好效果的医务工作人员获得荣誉感和自豪感。增设荣誉称号的方式，一方面，会让荣誉称号获得者在今后的工作学习中更加努力，更加刻苦、认真地精进专业，提高水平；另一方面，也会在其他同事当中产生示范效应，发挥榜样作用，从而带动、鼓舞更多的人主动提升专业水平。荣誉称号的评比则应当以专业技能水平为指标，以考核的方式量化，以网课学习平台学习时长为标准，综合考量，确保荣誉获得者的公信力。

第三，创新管理方法，培养业务骨干。监狱医院专业人才管理、培养可以参考社会面医院学科带头人的方式，实现以点带面，充分发挥专家在专业领域的指导、帮扶作用，提高整体专业水平。当前监狱医院各个专业科室主任主要负责科室日常工作安排、内部人员管理等工作，对于年轻医务工作人员专业上的指导局限于具体病情诊断，缺乏足够的制度安排，专业能力上“以老带新”作用发挥较小。因此，监狱医院可以创新医务工作人员管理方式，将经验丰富、专业水平较高的医务工作人员打造成为业务骨干，形成业务骨干对年轻工作人员开展专业指导、培训的相关制度，进一步发挥人力资源优势。各专业业务骨干可以组成本专业的技能培训小组，以定期召开组会的方式讲授专业知识，为年轻医务工作者提供足够的学习机会。同时，这一制度也间接促进了业务骨干的进一步学习，只有不断提升自身的专业水平，才能带动好、指导好小组内年轻工作人员，从而实现管理方法的创新。

3. 提高职称水平在职级晋升因素中的比重，完善人才发展的制度规范

监狱医院医务工作人员属于人民警察序列，因此职级的晋升要适用《中华人民共和国人民警察警衔条例》。根据《中华人民共和国人民警察警衔条例》第 7 条规定，担任专业技术职务的人民警察的警衔，在警衔前冠以“专业技术”。监狱医院医务工作者属于专业技术职务人民警察，因此在警衔前一般冠以“专业技术”。根据《中华人民共和国人民警察警衔条例》第 9 条规定，担任专业技术职务的人民警察实行下列职务等级编制警衔：①高级专业技术职务：一级警监至二级警督；②中级专业技术职务：一级警督至二级警司；③初级专业技术职务：三级警督至一级警员。根据《中华人民共和国人民警察警衔条例》第 14 条规定，二级警督以下的人民警察，在其职务等级编制警衔幅度内，根据本条规定的期限和条件晋级。晋级的期限为二级警员至一级警司，每晋升一级为三年；一级警司至一级警督，每晋升一级为四年。在职的人民警察在院校培训的时间，计算在警衔晋级的期限内。晋级的条件为：①执行国家的法律、法规和政策，遵纪守法；②胜任本职工作；③联系群众，廉洁奉公，作风正派。晋级期限届满，经考核具备晋级条件的，应当逐级晋升；不具备晋级条件的，应当延期晋升。在工作中有突出功绩的，可以提前晋升。

根据相关规定，监狱医院医务工作人员职级的晋升首先需满足一定的时间条件。在工作表现的要求上，大致为是否遵守法律、纪律的规定，是否完成相关工作任务，是否与群众密切联系，工作作风是否正派等。但是对于专业理论水平、实践能力等个人专业水平发展提高方面则没有太多要求。社会面医院医务工作人员的职称评定则与个人专业水平发展息息相关。社会面医

院医务工作人员职称分为医士、医师、主治医师、副主任医师、主任医师5种。评定标准为专业领域理论水平与实践能力的高低。医务工作人员的级别会随着职称的提高而提高，待遇也会随之改善。因此，相比于社会面医院医务工作人员，大多监狱医院医务工作人员也就没有了进一步学习专业知识的动力，而是将主要精力放在了日常工作的处理上。

要解决上述问题，优化监狱医院医务工作人员职级晋升标准，就需要将职称水平与职级晋升挂钩，将专业水平纳入职级晋升的考量因素。因此，监狱医院应当适当借鉴社会面医院的经验，将医务工作人员职称水平作为职级晋升的重要条件之一，并根据工作特殊性与其他因素综合考虑，建立健全相关职级晋升标准，并广泛应用。

根据相关规定，人民警察在工作中有突出功绩的，警衔可以提前晋升。因此，如果监狱医院医务工作人员在专业领域确实取得卓越成绩，得到社会广泛认可，其专业成果在医疗实践领域应用前景广阔，并已经在监狱医院工作中取得较大成绩，极大地提高了工作效率，降低了工作成本，更加完善地保障了服刑人员的生命健康权利，整体上提高了监狱医院专业水平，可以认定为取得了突出功绩，可以获得警衔提前晋升。

完善监狱医院医务工作人员发展的相关制度规范，将职称与级别挂钩，将有效地解决当前部分监狱医院医务工作人员专业进取动力不足、专业提升积极性较差的问题，并在制度层面对医务工作人员进行专业学习提供了积极性保障，对于监狱医院整体专业水平的提高、整体发展活力的增强都有着重要意义。

（四）加强服刑人员管理，构建良好医患关系

1. 强化内部舆论引导，形成良好的工作环境

医患关系是影响医院进一步发展的重要因素之一，健康的医患关系能够带来良好的工作环境和稳定的工作秩序，进而能够促进医务工作人员全身心地投入医疗工作和专业技能培训当中去，从而带动医院整体的发展。监狱医院工作环境的优劣极大程度上受医患关系的影响，在服刑人员中进行舆论引导工作就显得至关重要，积极、正确的舆论导向能够营造良好的工作环境、

工作氛围。在监狱医院内，相关部门进行内部舆论的正确引导，及时纠正不正确的思想，弘扬积极健康的思想，形成健康向上的内部环境，是引导服刑人员树立正确思想观念，督促其配合医务工作人员工作，改善医患关系的重要举措。在与L监狱医院医务工作人员访谈中得知，监狱医院的内部氛围极大影响服刑人员的思想动态，错误的行为一旦得不到纠正、惩罚，就会造成错误的思想蔓延，诸如“没病装病”“小病装大病”，逃避劳动矫正的情况就会较多地出现。因此，要避免上述情形发生，要做到以下3点。

第一，创新教育形式，重视工作实效。前来就诊的服刑人员作为舆论引导的工作对象，其思想动态、行为选择无疑是监狱医院医务工作人员要关注的重点，如何做到对其思想的正确、有效引导，对其错误行为的有力、适度惩戒，对其正确行为的积极、合理奖赏，是舆论引导工作的重中之重。当今监狱医院内对于服刑人员的思想教育方式较为常规，大多为个别矫正、统一讲课等方式，效果一般，对于工作过程中出现的新问题很难做到及时发现并有效解决。因此，面对相关工作开展的实际情况，要创新教育形式，将对于服刑人员的思想教育融入监狱医院日常工作的方方面面。例如，在病房走廊悬挂、张贴正能量标识、健康知识、就诊行为规范等标识牌，潜移默化影响、改善服刑人员思想；还可以在服刑人员康复、休养过程中，以播放广播的方式宣传监狱医院的工作方针政策，让其了解监狱医院保障服刑人员生命健康权利的重要职责，消除其固有偏见，促进其积极配合工作。在工作实效考量方面，要及时跟踪相关工作形式开展后的实施效果，根据情况采取后续措施。若效果较好，则在总结经验的基础上进一步推广，整体应用；若效果不好，则分析原因，及时总结，弥补不足，进一步优化、改良，力争妥善解决服刑人员中存在的消极思想问题，加强正确舆论导向作用。

第二，落实奖惩制度，形成示范效应。加强对监狱医院就诊的服刑人员管理，就需要根据其在就诊过程中的表现，制定一套标准分明、科学严谨的奖惩制度。对于积极配合医务工作人员工作，严格执行医务工作人员要求，认真学习监狱医院宣传教育内容的服刑人员，要通过积分制度等方式给予奖励。对于存在不配合医务工作人员工作、拒不执行医务工作人员要求、学习监狱医院宣传教育知识懈怠等行为的服刑人员，则通过相关制度予以惩罚。倘若服刑人员行为极其恶劣，甚至出现打骂医务工作人员、暴力抗拒刑罚执行等行为，则按照有关规定予以更严厉处罚。但需要注意的是，在奖惩制度落实过程中，要严格以事实为依据，以法律为准绳，不得出现为奖励或惩罚服刑人员而违反法律规定，给予超越法律的特权或超过界限的惩罚等行为。通过奖惩制度的落实，能够在服刑人员中形成有效的示范作用。表现好的服刑人员获得奖励，能够激励更多的服刑人员效仿其行为，积极配合工作、接受学习，从而减轻监狱医院医务工作人员的工作压力，节约工作成本，更好凝聚力量，促进发展。表现较差的服刑人员受到惩罚，大部分服刑人员会避免自身行为也遭到类似不利影响，从而更加严格遵守相关规定，自觉接受教育，法律权威性在得到彰显的同时，还推进了服刑人员矫正工作的顺利开展。

第三，压实主体责任，转变工作方式。加强监狱医院舆论引导，形成良好工作环境，关键在人。L监狱医院医务工作人员将主要精力放在了病情诊断和安全问题预防方面，专门对服刑人员进行思想教育，引导其树立正确思想观念的工作则相对较少。同时，监狱医院也没有相关专门负责人员对服刑人员的思想动态进行监测，这类工作大多由医务工作人员承担。因此，明确监狱医院内服刑人员思想动态监测和舆论引导等方面工作的负责人员尤为重要。监狱医院医务工作人员本身工作压力较大、工作内容繁杂，再专门承担这项工作难免力不从心，也无法达到理想效果。因此，监狱可以从其他监区或机关科室选拔一批经验丰富、善于与服刑人员沟通，并能够准确判断服刑人员思想动态的监狱民警，将其调入监狱医院专门负责相关工作。同时，监狱医院医务工作人员的工作方式可做出调整、转变，在不违背法律规定的前提下，可以适当以相对温和、亲切的方式与服刑人员沟通，以易于理解的方式告知其病情和救治方案。适当的工作调整能够缓和服刑人员的敌对情绪，有利于其接受治疗，根本目的是便于工作开展。总之，明确相关工作的责任主体，转变、优化工作方式，能够有效掌握监狱医院内服刑人员的思想动态，便于舆论引导工作高效开展，促进良好工作环境的形成，对于监狱医院的进一步发展至关重要。

2. 重视伪装疾病的鉴别工作，明确处理程序及后果

重视服刑人员伪装疾病的鉴别工作，并相应完善处理程序及后果，是加强服刑人员管理、改善医患关系的重要手段。对于伪装疾病服刑人员的严肃处理，体现了监狱医院工作的公正，彰显了刑罚执行的权威，增强了服刑人员矫正工作的公信力，对于在服刑人员群体中形成配合矫正工作、规范自身言行等良好风气有重大意义，对于服刑人员自觉遵守监狱医院规定，配合医务工作人员工作也起到重要作用。

伪装疾病是服刑人员存在的突出问题，通过伪装疾病可以获得前来监狱医院就诊的机会，逃避劳动矫正。服刑人员伪装疾病的主要表现形式为没病装病、小病装大病。服刑人员伪装疾病前来就诊，严重浪费了本就有限的监狱医疗资源，影响了监狱正常工作秩序。同时，让本该接受矫正的服刑人员逃避矫正，破坏了法律权威，损害了刑罚执行公信力，在服刑人员群体中产生了恶劣的示范效应，不利于良好矫正工作秩序的构建。要解决上述问题，需做到以下两点。

第一，提升鉴别伪装疾病工作专业化程度。监狱医院医务工作人员在诊断疾病前需鉴别服刑人员是否伪装疾病。但由于是否患有疾病、疾病严重程度和疾病就诊意义的衡量是一项专业要求较高、实践难度较大的工作，由专业人员、专业部门进行更能准确判断病情，决定是否需要救治。因此，监狱医院一方面可以在医务工作人员之间开展相关技能培训，邀请社会面医院专家进行相关知识传授、讲解，提高监狱医院医务工作人员自身相关工作的专业化水平；另一方面，在不违反法律法规的前提下，引进社会面专业团队，成立专门部门，对服刑人员是否为伪装疾病情形进行判断，以提高医院整体的专业水平。同时，监狱医院应当明确伪装疾病的认定标准，通过出台规范文件等方式，规定服刑人员身体处于何种情况下应当停止接受矫正并前来就诊或接受康复治疗。相关标准制定后，应当及时向服刑人员公开，并组织相关学习，教育、引导其在身体不适时，按照规定进行自查，严格遵守规定，规范就诊行为，减轻监狱医院相关负责人员的工作压力。除此之外，各监狱医院应当结合个别患有严重疾病或身体基础较差的服刑人员的健康情况，灵

活掌握标准，坚持原则性、灵活性相结合，及时向其提供应有的医疗保障，避免因相关规定的“一刀切”执行损害其合法生命健康权益。

第二，明确伪装疾病的处理程序及后果。对于伪装疾病、逃避矫正的服刑人员，应当明确处理程序和处理后果，合理合规处罚，避免类似情况发生，起到对所有服刑人员的警示教育作用。目前对于伪装疾病的服刑人员，发现后采取的处理方式大多为批评教育，情节严重、屡教不改或顶撞监狱民警的，会采取更严格的处罚方式。但由于没有相关具体制度规定，处理程序、后果的灵活性较大，同种情节往往会因为监狱民警的个人因素产生差异较大的处理结果，并不能从根源上避免类似情况的发生。对于伪装疾病的服刑人员的处理要“因人而异”，如对初次伪装疾病的服刑人员，要以批评教育的口头警告方式为主，警告其不要再进行类似行为，并明确告知其后果；要详细将相关法律法规、政策规定向其讲解，使其从思想上引起重视，根除类似想法，杜绝类似行为。较轻的处理方式，给予了其改过自新的机会，一定程度上会使其自觉避免再次出现类似行为。对于屡教不改的服刑人员，应当采取严格处罚方式，与服刑人员矫正表现积分制度挂钩，屡次出现伪装疾病行为会使其积分减少，影响减刑，在制度层面给予其严重惩罚。在思想层面，要严肃批评、严肃警告，使其深刻认识到自身错误，产生深刻警醒。在进行完相关处理后，要进行心理教育、疏导，询问其伪装疾病的想法，探究其深层次心理原因。对于确实存在困难，例如存在基础病、心理疾病等问题，严重影响矫正工作开展的情况，应当联合相关部门采取行动，妥善解决存在的问题。

3. 健全沟通机制，完善管理模式

加强对监狱医院内服刑人员的管理工作，离不开监狱医院医务工作人员与服刑人员的有效沟通。监狱医院医务工作人员与服刑人员进行有效沟通，能够准确地了解病情、病史等健康信息，从而正确地对疾病诊断、治疗进行判断，提高工作效果。同时，有效沟通能够找准服刑人员内心的问题或担忧，并提供行之有效的解决对策，化解服刑人员对监狱医院和医务工作人员的不信任甚至抵触情绪，从而促进其配合工作，进一步优化诊断效果，避免医患关系恶化。

良好的沟通不仅要针对服刑人员，还要针对服刑人员的家属。家属作为社会面最关注服刑人员矫正情况、身体健康情况等信息的群体，对于服刑人员是否能够配合监狱医院治疗、是否接受监狱医院医务工作人员提供的救治服务影响很大。倘若监狱医院及相关部门不能及时、准确地将服刑人员健康信息告知家属，一方面，会加大监狱医院及相关部门承担的责任和风险；另一方面，会使患病服刑人员无法及时得到家属的关心，感受不到家庭、亲情的温暖，不利于其康复。与此同时，如果没有及时对家属进行告知，并通报监狱医院履行了法律规定的救治义务，一旦出现医疗事故，会造成服刑人员家属的误会，并对监狱医院和监狱产生不利的舆论影响。因此，健全与服刑人员的沟通机制，完善相关管理模式，对于构建良好的医患关系，推进监狱医院进一步发展至关重要，应当采取以下措施。

第一，及时、准确地将病情告知服刑人员。服刑人员前往监狱医院就诊后，大多担心自身身体状况，会产生较重的焦虑、恐惧心理。同时，由于监狱特殊的工作环境和与监狱医院医务工作人员之间特定的身份关系，服刑人员无法像在社会面医院就诊那样行动方便、自由、不设限，自然无法轻松地得知自己的病情。在多种因素的作用下，服刑人员得知自身健康状况的成本增加、难度加大，焦虑、恐慌心理愈加严重，难免出现不配合救治工作的情况，造成医患关系恶化。因此，监狱医院应当明确规定医务工作人员告知服刑人员病情和救治方案的时间点，并将规定在服刑人员前往监狱医院就诊前明确告知。这样可以避免服刑人员因病情的未知而产生恐慌心理，能够做到安心配合治疗，服从医务工作人员的安排。由于大多数服刑人员知识水平较低，不具备医学基本常识，所以不能准确理解医务工作人员告知的信息。因此，监狱医院医务工作人员应当尽量以通俗易懂的语言进行讲解，并及时询问服刑人员是否明白病情、听懂救治方案，确保服刑人员自身能够准确执行救治方案、康复计划等。这样，一方面，保障了救治的顺利进行和服刑人员身体的快速康复；另一方面，让服刑人员感受到了监狱医院的人性化和医务工作人员的温暖，消减其消极心理因素，从一定程度上避免了医患关系的恶化。

第二，畅通与服刑人员家属的沟通渠道。服刑人员家属在服刑人员矫正工作中扮演着重要的角色，在一定程度上影响矫正工作能否顺利开展，监狱医院同样如此。服刑人员患病后，生理上的痛苦需要心理安慰来弥补，家属能够为服刑人员提供亲情的感化，让其感受到家庭的温暖，从一定程度上减轻其疾病的痛苦，甚至能够对病情康复起到积极作用。因此，在服刑人员接受治疗后，应当及时将相关情况向家属通告，并将家属对服刑人员的宽慰、教导转达给服刑人员，在对其进行心理安慰的同时，让其知道亲人还在家中等待着他们矫正归来，融入社会，促进其在康复后更好地配合矫正工作。监狱医院在告知家属服刑人员病情的同时，应当同样告知其自身开展的一系列救治工作，明确自身按照法律规定履行了相关职责，使其知晓监狱医院医务工作人员的付出和努力，为服刑人员的康复做出了突出贡献。一方面，避免因家属误会而产生责任风险；另一方面，也向社会面彰显了监狱民警、监狱医院工作人员甘于奉献、秉公执法、爱岗敬业的光辉形象，塑造了监狱、监狱医院良好的公众形象，为进一步发展营造了良好的社会氛围。

综上所述，本文根据监狱医院普遍面临的发展困境，从多方面分析其产生的原因，有针对性地提出了以上对策，这将有助于解决监狱医院当前发展所面临的困境，进一步释放发展活力，满足服刑人员日益增长的健康需求，为监狱整体工作的高水平开展做出相应贡献。

本文中的L监狱医院所面临的发展困境与全省乃至全国监狱医院相似程度很高，针对其发展困境分析原因并提出解决对策，能够为全国监狱医院的健康良性发展提供具有较强实践性的思路。我国监狱医院普遍面临经费入不敷出、赴外就诊人数比例不断增加、医务工作人员缺乏专业进取动力和获得感及医患关系不和谐等发展困境，严重阻碍了监狱医院整体医疗水平的提升和监狱整体工作能力的增强，发展过程中的种种问题亟待解决。通过实地调研、综合分析，笔者得出困境产生的原因分别为发展资源有限、服刑人员健康需求水平不断提高、医务工作人员管理体制不健全和针对服刑人员的管理不到位等，这些问题造成了监狱医院发展困境，阻碍了监狱医院的进一步发展。

因此，为妥善解决上述问题，本文结合实际情况，并参考相关文献，提出采取整合医疗资源、提升医疗水平、健全医务工作人员管理模式和加强服刑人员管理等方面的措施，有针对性地施策。唯如此，方能激发监狱医院医务工作人员的工作热情和专业学习的内生动力，并极大地整合医疗资源，带动监狱医院整体医疗水平的提高，为监狱治理体系、治理能力现代化做出应有贡献。

附：参考文献

一、著作类

［1］中国监狱工作协会监狱法学专业委员会．监狱法学论丛［M］．北京：中国政法大学出版社，2022.

［2］刘崇亮．制度性需求下《监狱法》修改研究［M］．北京：中国法制出版社，2018.

［3］马金虎．惩罚和改造的哲学思考［M］．南京：江苏人民出版社，2021.

［4］吕成荣，那爱国，陶旭东，等．监狱精神病学［M］．南京：东南大学出版社，2018.

［5］阙钰．女子监狱制度研究［M］．北京：中国政法大学出版社，2021.

［6］张晶．深读矫正［M］．南京：江苏人民出版社，2013.

［7］郭晶英，傅华军，付钊生．狱内暴力防控手册［M］．北京：中国政法大学出版社，2022.

［8］韦铁民．现代医院内部管理制度［M］．杭州：浙江大学出版社，2020.

［9］王小合，钱宇，曹承建．公立医院社会评价路径与治理策略研究［M］．杭州：浙江大学出版社，2016.

［10］舒钧，王雄彬，陈昊昱．医疗服务质量改善的信息化探索与实践导论［M］．北京：世界图书出版公司，2020.

二、期刊类

［1］沈祥皓．降低狱内罪犯因病死亡率的原因及对策［J］．犯罪与改造研究，2023（12）：81.

［2］杨木高．关于罪犯医疗制度改革的初步研究［J］．犯罪与改造研究，2023（9）：18-26.

［3］王伟，刘富斌．国家治理现代化视野下监狱医疗保障模式研究［J］．中国监狱学刊，2023，38（4）：13-18．

［4］邱寅虎．罪犯的医疗权利及其完善思考［J］．犯罪与改造研究，2023（7）：59-66．

［5］沈运峰．权利语境下监狱医疗制度的多层次构建［J］．中国监狱学刊，2023，38（2）：80-91．

［6］苏新建，沈运峰．论罪犯医疗权：以《监狱法》完善为视角［J］．西南政法大学学报，2022，24（3）：142-153．

［7］浙江省乔司监狱课题组．监地医联体建设路径探究［J］．犯罪与改造研究，2022（2）：20-25．

［8］侯国．监狱设置监狱医院的思考［J］．中国监狱学刊，2020（2），35（6）：89-92．

［9］程立航．监狱新医疗模式的实践与探索［J］．犯罪与改造研究，2020（7）：25-33．

［10］乔敬一．防范和化解监狱医患矛盾的思考［J］．犯罪与改造研究，2020（9）：58-61．

［11］姜勇，龚昌伟．新时代监狱建设智慧医院的实践与思考［J］．河南司法警官职业学院学报，2019，17（4）：29-32．

［12］陶新胜．现代监狱医院建设基本策略刍议［J］．河南司法警官职业学院学报，2018，16（3）：12-16．

［13］戴艳玲．关于医管监狱/监区功能定位及管理方式的几点思考［J］．中国司法，2019（10）：83-88．

［14］袁标．监狱服刑人员医疗保障存在的问题及对策探析［J］．法制博览，2017（15）：274．

［15］何选才，雷世章，马献芳．监狱医疗社会化改革研究［J］．犯罪与改造研究，2016（8）：64-67．

［16］陶新胜．论现代监狱医疗资源配置与运营［J］．安徽警官职业学院学报，2016，15（2）：78－82＋110．

[17] 李豫黔. 中国监狱改革发展40周年回顾与思考（下）[J]. 犯罪与改造研究，2019，15（3）：2-12.

三、学位论文类

[1] 马硕. Q医院发展战略研究［D］. 济南：山东大学，2022.

[2] 钟良. A省新康医院医务人员专业化问题研究［D］. 南昌：南昌大学，2021.

[3] 刘朕. 我国监狱服刑人员医疗保障制度研究［D］. 武汉：华中师范大学，2018.

[4] 李云峰. 郑州监狱服刑人员医疗保障问题研究［D］. 武汉：华中师范大学，2021.

[5] 赵广帅. L监狱医院医疗服务现状及完善研究［D］. 大连：大连理工大学，2020.

[6] 杨世帮. X监狱中心医院病犯管理研究［D］. 乌鲁木齐：新疆农业大学，2020.

[7] 张羿. 关于加快发展监狱总医院医疗卫生服务工作的调研报告［D］. 合肥：安徽大学，2012.

[8] 隋瑞雪. 医院文化建设对公立医院发展的影响［D］. 大连：东北财经大学，2021.

[9] 刘子龙. 罪犯医疗权益保障问题研究［D］. 南京：东南大学，2020.

[10] 潘仁红. L市监狱医院的管理困境和发展策略研究［D］. 苏州：苏州大学，2020.

[11] 何涵. 江苏省C监狱老病残罪犯管理的优化研究［D］. 徐州：中国矿业大学，2022.

[12] 张世栋. 山东省L监狱服刑人员医疗保障研究［D］. 济南：山东大学，2022.

[13] 舒昆. 贵州省监狱服刑人员医疗保障制度调查研究［D］. 贵阳：

贵州大学，2021.

［14］贾亦真．我国监狱罪犯身体健康权保障问题研究［D］．长沙：湖南师范大学，2014.

［15］唐一尹．监狱医疗制度研究［D］．昆明：云南财经大学，2018.

［16］徐伟．试论我国服刑人员的医疗权保障［D］．苏州：苏州大学，2013.

［17］沈娟．我国监狱服刑人员医疗权利保障研究［D］．武汉：华中师范大学，2017.

［18］刘永康．我国罪犯的伤病医疗问题研究［D］．南京：南京师范大学，2015.

［19］黄国情．广东省G监狱中心医院服刑人员医疗保障制度执行中的困境与对策［D］．广州：华南理工大学，2019.

［20］梁永娟．G监狱医院民警薪酬体系优化设计［D］．广州：广东工业大学，2022.

［21］陈鸣路．A监狱医院医患关系协调对策研究［D］．武汉：华中师范大学，2020.

［22］唐高智．我国服刑人员医疗保障改革研究［D］．长沙：湖南大学，2019.

附　录

附录 A　L 监狱医院基本情况调查问卷

您好：

L 监狱医院发展困境及对策研究是我现在进行研究的课题。通过本次问卷希望更多地了解您对 L 监狱医院当前发展面临的困境和未来发展对策方面的看法，以便我能了解监狱医院发展的实际情况。本次问卷调查情况仅用于课题研究，您填写的内容将做到完全保密，请实事求是，如实填写。在填写中请根据要求选择最符合您意愿的答案，谢谢配合。

请根据实际情况如实填写下面的调查题目。

1. 您的年龄为：

（1）30 岁以下　（2）31 到 40 岁　（3）41 到 50 岁

（4）51 到 60 岁

2. 您的学历为：

（1）大专及以下　（2）本科及以上

3. 您所在的科室类型为：

（1）临床科室　（2）医技科室

4. 您的工作类型为：

（1）执业医师　（2）注册护士　（3）检验、影像等卫生技术人员

5. 您每日进行专业知识学习时间为：

（1）1 小时以下　（2）1—2 小时　（3）2—3 小时　（4）3 小时以上

6. 您认为医患关系的紧张程度为：

（1）非常紧张　（2）比较紧张　（3）一般紧张　（4）不紧张

附录 B　L 监狱医院访谈提纲

您好：

我的研究内容是 L 监狱医院发展困境和对策研究，以贵监狱为个案研究对象，探究当前监狱医院发展所面临的问题，旨在运用专业知识找出解决问题的对策。本文需要借助您丰富的知识背景和深厚的工作经验，来谈谈对相关工作的认识、理解和建议，万分感谢您的帮助。

问题一：请问 L 监狱医院接诊、会诊的流程分别是什么？

问题二：请问 L 监狱医院每年专项拨款、实际需求分别是多少？

问题三：请问 L 监狱医院的医疗支出项目主要集中在哪些方面？

问题四：请问当前 L 监狱医院服刑人员管理存在哪些突出问题？

问题五：请问当前 L 监狱医院医务工作人员队伍管理存在哪些问题？

问题六：请问在与监狱医院服刑人员沟通的过程中存在哪些问题？

短刑犯监管问题研究

毛羿人[①]

一、序言

（一）研究背景及意义

1. 研究背景

国家安全是国家生存发展的基本前提，是经济平稳发展、人民安居乐业的重要保障。维护国家安全，是全党全国各族人民的共同任务。2014 年 4 月 15 日，习近平总书记在中央国家安全委员会第一次会议上首次提出了“总体国家安全观”。2017 年 10 月，习近平总书记在党的十九大报告中进一步完善和充实了总体国家安全观，将“坚持总体国家安全观”纳入新时代坚持和发展中国特色社会主义的基本方略，并写入党章，成为习近平新时代中国特色社会主义思想的重要内容，也成为调整监狱工作重心的重要引领。监狱作为国家刑罚执行机关，担负着惩罚与改造罪犯的重要职责，是维护国家安全稳定的最后一道防线，而短刑犯的监管则是其中的重要一环。

2013 年 1 月 1 日修订实施的《中华人民共和国刑事诉讼法》规定，被判处有期徒刑的罪犯，余刑在 3 个月以上的必须送往监狱执行刑罚。该条规定将监狱的收押范围由原来的余刑 1 年以上的罪犯扩大到余刑 3 个月以上，这就导致监狱押犯结构中短刑犯的比例显著提高，也就出现了所谓的短刑犯监管问题，给监狱现行的管理模式带来了不小的冲击，也给监狱维持原本稳固

---

① 毛羿人，毕业于中央司法警官学院，现就职于黑龙江省密山市人民法院。

的秩序增添了困难，甚至威胁到最基本的监狱安全。这就需要我们重点关注短期自由刑的实际执行效果，从监管安全、教育矫正、制度运行等方面剖析短期自由刑对监狱工作的影响。随着2013年《中华人民共和国刑事诉讼法》的正式实施，监狱工作中的短刑犯监管问题进一步突出，成为监狱工作中新的热点问题。据了解，短刑犯的增加给监狱民警的工作带来了严峻的挑战。探析短刑犯监管问题，就是将监狱工作的重点放在如何辩证认识和改良现有的监管方式，在较短时间里对短刑犯进行有效监管，提升对短刑犯的改造成效。此外，从2016年9月19日最高人民法院审判委员会第1693次会议通过的《最高人民法院关于办理减刑、假释案件具体应用法律的规定》和2020年最高人民法院审判委员会第1820次会议通过的《最高人民法院关于适用〈中华人民共和国刑事诉讼法〉的解释》等文件中不难看出，虽然对于罪犯的减刑激励逐渐规范化、精细化，但对于监狱内逐渐增多的短刑犯这一群体的减刑措施并不明确，加之减刑起始时间和间隔期的延长，短刑犯获得减刑的难度不断加大，导致过去传统的以减刑为导向的罪犯管理制度很难适应新时期短刑犯的管理要求。现实环境的挑战和国家政策的变化使得监狱必须调整策略，从主观和客观两方面着手，将先进的监管理论与以往的成功经验相结合，实现对短刑犯的有效监管。

2. 研究意义

在理论层面，本文的调查研究立足于监狱民警的工作实践和经验总结，以期补充完善监管理论。通过对2013年《中华人民共和国刑事诉讼法》实施后我国监狱面临的短刑犯监管问题进行系统的梳理分析，对监管理论去芜存菁，有助于提高监管理论水平，健全完善刑罚执行体系。通过研究短刑犯的监管，可以为刑罚执行提供理论支持。这有助于重新审视短刑判决的效能，促进刑罚政策朝着更加科学有效的方向发展。此外，通过研究短刑犯的监管，可以深入探究这一罪犯群体在法律权益享有和维护方面相较其他罪犯存在的差异，提出改进措施以确保刑事司法程序的公正性。

在实践层面，针对短刑犯监管问题提出的对策有助于进一步实现刑罚的目的与效果。研究短刑犯监管问题，就是研究短刑判决在罪犯监管改造中的实际执行效果问题，不仅可以促进刑罚目的实现与实际监管效果之间的动态平衡，帮助完善刑罚执行制度和刑事司法程序。通过深入研究短刑犯监管中存在的问题和缺陷，可以帮助改进刑罚执行措施，提高其效率和公正性，有助于降低短刑犯再犯率。此外，研究短刑犯监管有助于开发更有效的再犯预防策略，降低短刑犯释放后再次犯罪的风险，从而维护社会安全与稳定。

（二）国内外研究现状

1. 国内研究现状

我国对于短刑犯的系统化研究是在改革开放之后才开始的，具体而言是始于 1983 年的“严打”。这是我国短刑犯数量激增的一个时期，也是短刑犯研究开始正式进入人们视野的时期。随后的历次“严打”，都使得短刑犯在监狱内占比不断扩大，不仅加大了监狱日常监管的负担，而且对罪犯改造质量提出了挑战。这一时期对短刑犯的研究，主要是各地方监狱在对短刑犯的日常监管中总结得出的经验。

2010 年 2 月 22 日，最高人民法院印发《关于贯彻宽严相济刑事政策的若干意见》。这一意见是惩办与宽大相结合政策在新时期的继承、发展和完善，是司法机关打击犯罪、保护人民、保障人权、正确实施国家法律的指南。贯彻宽严相济刑事政策，要求监狱、看守所根据罪犯具体情况，实行区别对待，做到该宽则宽，当严则严，宽严相济，罚当其罪，孤立极少数，教育、感化和挽救大多数，最大限度地减少社会对立面，促进社会和谐稳定，维护国家长治久安。这一政策的提出，有效遏制了我国短刑犯激增的势头。有学者提倡建立开放、多样的教育矫正机制以推进行刑的社会化，落实“一人一策”的矫正方案，在短刑犯教育矫正的个别化发展上做到有的放矢。① 有学者从监禁成本、罪犯再社会化和保护罪犯身心健康角度比较社区矫正与监狱在改造短刑犯上的优势。② 有学者分析了现行矫正措施效率不高的原因，提

① 徐万富，刘宝友，李军亮．创新短刑犯教育矫治工作研究［J］．中国司法，2011（10）：38-40.

② 杨刚．对短刑犯适用社区矫正的探讨［J］．法制博览，2012（11）：271-272.

出增加目标激励、情感激励和竞争激励等手段调动短刑犯的改造积极性。①

2013年《中华人民共和国刑事诉讼法》实施以后，监狱中短刑犯占比达到前所未有的高度，但这一押犯比率的剧增不是因为犯罪数量的增加，而是由于刑事诉讼法及其实施细则规定的余刑在1年以下、3个月以上的罪犯，一律由看守所转押监狱服刑。监狱由此面临着如何教育改造这些超短刑犯的难题。有监狱民警提出，面对短刑犯结构的巨大变化，要结合监狱实际建立矫正工作数据库，完善循证矫正方法。将短刑犯的入狱、出监教育合二为一，实现既能指导服刑改造，又能指导回归社会和预防犯罪的目的。② 有学者认为，没有一个适合短刑犯特点的计分考核规定出台，短刑犯的减刑激励没有可操作性，他提出可将短刑犯减刑时间由按月减刑变为按日减刑来适应犯人刑期短的特点。③ 有监狱民警提出，要探索设立短刑犯监区，采用三级累进的分押分教新模式来改变混管模式的弊端。④ 还有学者认为应改进短刑犯的减刑、假释审查程序，在保证执法程序性和科学性的前提下，真正落实短刑犯获得减刑假释的权利。⑤ 此外，有学者提出学习西方循证矫正的经验，运用科学评估工具获取可靠的数据，结合我国监狱、民警、罪犯的特点，通过多方联动改进教育矫正工作，提高罪犯矫正的成功率。⑥ 女子监狱中的短刑犯监管，有监狱民警强调应提高罪犯教育的“质”和“效”，优化职业技能培训内容，适当考虑罪犯出监后的就业需求，增加与职业技术培训机构的交流，为罪犯出监后提供多样化的职业选择。⑦ 在短刑犯的心理问题上，有监狱民警提出，当前短刑犯的心理危机是影响罪犯改造情绪的重要因素之一，也是造成犯人难以改造的重要原因，其建议通过四个阶段的心理介入来帮助罪犯

① 张锡站，王蕊．短刑犯矫正激励机制浅析［J］．犯罪与改造研究，2012（10）：29-31.

② 姜勇，谢银清．短刑犯教育改造思考［J］．犯罪与改造研究，2013（10）：64-68.

③ 王平，王帅．关于短刑犯教育改造工作的思考［J］．河南警察学院学报，2014，23（1）：120-123.

④ 孙建书．短刑犯管教新模式研究［J］．中国司法，2014（6）：61-64.

⑤ 周健．关于完善短刑犯减刑、假释制度的研究［D］．上海：上海交通大学，2016：12-14.

⑥ 孟丽莎，陈妍．短刑犯改造低效的反思及西方循证矫正的启示［J］．广州大学学报，2017，16（5）：60-65.

⑦ 王梓红，顾卫勇．短刑犯现状分析及矫正对策［J］．犯罪与改造研究，2019（2）：63-68.

解决心理危机，为教育矫正扫平障碍。①

2. 国外研究现状

国外对短刑犯的研究可以追溯到20世纪初。然而，这一领域的深入研究和系统化研究在20世纪中期才真正取得显著进展。20世纪末，罪犯人权保护意识的兴起，使得这一时期西方社会重点研究监狱改革、短刑犯监管、社会学习、康复和再融入社会等方面的问题。美国斯坦福法律学院法学博士米歇尔·亚历山大（Michelle Alexander）在其著作中提到，短期监禁刑的一个不足之处在于它引起了大规模监禁体系的设立，而这个体系在维持不平等和社会排斥方面起到了作用。② 呼吁重新审视刑罚政策，减少对短刑判决的依赖。美国罗格斯大学犯罪学教授托德·克莱尔（Todd Clear）通过社会稳定性理论，强调了短期监禁对罪犯社会稳定性的破坏作用。其认为短期监禁可能使罪犯断开了与家庭、社区和就业的联系，从而增加了再犯的风险。因此，其主张减少短期监禁的使用，特别是对于非暴力犯罪。③ 英国贝尔法斯特女王大学社会学教授沙德·马鲁纳（Shadd Maruna）认为，短刑犯有机会在刑罚结束后改变他们的生活，但这需要社会支持和资源倾斜。其强调社会对短刑犯重新融入的态度和支持的重要性，更加关注罪犯康复和重新融入社会。④ 哥伦比亚大学社会学教授布鲁斯·韦斯特（Bruce Western）提出，短期监禁刑可能导致家庭分裂、失业和社会排斥，这会加剧罪犯再犯罪的风险，应减少对短期监禁判决的依赖。⑤

从以上学者对短刑犯的研究来看，西方社会对于短刑犯的处置更倾向于

---

① 汪益．论认罪认罚从宽制度下短刑犯改造的几个问题［J］．宁波大学学报，2023，36（1）：126-132.

② MICHELLE ALEXANDER. The New Jim Crow: Mass Incarceration in the Age of Colorblindness[M]. The New Press, 2012:310-312.

③ TOOD CLEAR. Reentry and the Dynamics of Desistance: A Life-Course Perspective[M]. The New York Press, 2014:36-37.

④ SHADD MARUNA. Making Good: How Ex-Convicts Reform and Rebuild Their Lives[M]. American Psychological Association, 2000:123-124.

⑤ BRUCE WESTERN. Punishment and Inequality in America[M]. Russell Sage Foundation, 2006:46-47.

实行社区矫正，而不采用监禁刑的方式，这有两方面的原因，一是西方对于罪犯权益的保护更加完善；二是其研究角度往往从个体出发，通过社区和家庭实现对短刑犯的监督。我国则注重宏观的一体化监督管理，由政府替代社会和家庭来实行统一教育矫正。我们应该看到，在帮助短刑犯认罪服法、重新做人和回归社会方面，西方的经验是值得我们学习借鉴的，但从国家制度和社会情况等角度来说并不合适，所以在借鉴参考相关经验时也需要慎重考虑。

（三）研究思路和方法

1. 研究思路

总体上，本文按照“概念阐述—发现问题—原因分析—解决对策”的思路进行论述。首先，阐述短刑犯的概念，并分析监狱中短刑犯的现状；其次，通过案例分析，总结目前短刑犯在监管中的现状，剖析短刑犯监管中的诸多“疑难杂症”，之后从主、客观两方面分析问题的成因；最后，通过将罪犯监管理论与实际相结合探索适合短刑犯的监管模式，针对性地提出合理有效的对策。

2. 研究方法

第一，文献研究法。通过文献搜索、专著阅读等方法，在中国知网、万方数据、维普网、校图书馆等资源库中，大量搜集相关资料，全面了解所研究内容的历史背景、现状和前景。

第二，案例分析法。通过对监狱短刑犯的案例进行分析，提炼出关键信息，了解监狱目前短刑犯监管的现状，剖析其不足之处，为论述提供有力依据。

第三，访谈法。通过与监狱民警进行访谈交流，从多角度分析近年来短刑犯监管问题在狱内发展的趋势，总结规律，寻找问题的突破口。

第四，实证分析法。通过对监狱短刑犯的年龄、数量、监管改造情况进行实地调研，分析实务中短刑犯的监管的特点，总结短刑犯监管的一般规律，为论述提供依据。

（四）重难点和创新点

1. 重难点

首先，研究概念的界定具有一定难度。目前我国对于短刑犯的概念界定没有统一标准，本文对短刑犯的概念界定是从监狱监管的实际操作角度出发，与全国其他监狱对短刑犯的界定会有所差别，监管方式也各有差异，这对总结提炼针对短刑犯的监管理论造成了阻碍。

其次，可供参考的资料相对不足，获取监狱一手资料及数据有限。通过对中国知网、监狱知识服务平台等数据库的搜索可知，对于罪犯整体监管的研究较多，而对于短刑犯这一类罪犯监管的研究较少，加大了搜集资料撰写论文的难度。

最后，对短刑犯监管对策的普适性和特殊性较难把握。由于影响短刑犯监管问题的深层次原因较多且因“监”而异，加之监狱保密性要求较高，罪犯资料一般牵涉的因素较多，不得外传，且因封闭执勤的原因，调研访谈难度较大。

2. 创新点

首先是研究视角的创新。从监狱民警视角考察监狱的制度缺陷，探讨如何改进监狱短刑犯监管方式方法，以便为监管体系的完善建言献策。

其次是研究方法的创新。通过介绍数个短刑犯的监管案例，从监管环境、个人素质、家庭环境等方面剖析短刑犯难以监管的内外因。从理论角度分析现实案例，在监管工作中总结经验，丰富监管理论，以期提出更直接、高效的监管策略。

最后是解决对策上的创新。在深入分析当前短刑犯监管对策的基础上，指出目前短刑犯在减刑激励政策上存在的不足并提出建议。针对监管实际情况提出通过法律法规的细化以明确罪犯维权范围和重视对监狱民警的保护、激励，贴合目前监狱普遍存在的短刑犯监管问题的现状，一方面，能够丰富相关的监管理论；另一方面，也能够为监狱针对短刑犯的监管实践提供参考。

二、短刑犯的概念界定及现状分析

（一）短刑犯的概念界定

在我国现有的法律体系中，短刑犯的概念还没有得到明确的法律界定，法理学界在短刑犯的概念描述上也是语焉不详。“短刑犯”一词更多是应用于司法实践活动。面对被判处多长刑期的罪犯应被认定为短刑犯这一问题，各派学者各执一词，迄今未能达成共识。在学术界，有的观点认为，被判处 3 年以下有期徒刑或余刑在 3 年以下的罪犯可被归类为短刑犯；有的认为短刑犯是指判决生效后剩余刑期在 1 年以上 3 年以下的罪犯。① 在实务界，基层监狱民警更倾向于直接将判处 5 年以下有期徒刑的所有罪犯定义为短刑犯。以上观点主要将分类依据聚焦在刑期长短的层面。

根据研究需要，结合笔者在基层监狱的实习经历，为了凸显目前监狱在罪犯管理过程中遇到的实际困难，本文将剩余刑期在 3 年以内的罪犯界定为短刑犯。如此界定短刑犯，是因为这一部分罪犯在进入监狱服刑之后几乎没有获得减刑的可能，容易放纵自身行为，普遍缺乏改造目标，监狱的威慑力在他们眼中只是摆设，他们才是监狱一线民警眼中真正的短刑犯，是监狱日常监管中真正的难题。

在《中华人民共和国刑事诉讼法》未修改之前，监狱的押犯对象为余刑在 1 年以上的罪犯，其中短刑犯群体已经占据相当大的比例，给监狱管理工作带来了较大的困扰。随着 2013 年《中华人民共和国刑事诉讼法》和《中华人民共和国监狱法》的修订实施，余刑在 1 年以下 3 个月以上的短刑犯也被押送监狱执行刑罚，监狱内的短刑犯数量激增，使得如何对短刑犯进行有效监管成为监狱实践工作中新的热点和难点。

（二）短刑犯的现状分析

改革开放以来，科技、金融等新兴行业的兴起促使经济快速发展，各种犯罪活动也逐渐增多。在普通刑事案件发案率明显升高的节点，国家开始推

---

① 周健．关于完善短刑犯减刑、假释制度的研究［D］．上海：上海交通大学，2016：4-5.

行刑事案件轻刑化政策，短刑犯的监管改造成为一个不容忽视的新问题。随着我国进入新时代，经济目标由高速发展转变为高质量发展，社会不断进步，各种以互联网为基础的新兴行业逐渐兴起，各类危害并不那么巨大的犯罪活动随之增加，高墙之内短刑犯的增加也直接威胁到监狱的监管安全和秩序稳定。笔者在实习期间对B监狱短刑犯群体的现状进行了调查研究，将获取的数据资料进行分析，归纳出近年来短刑犯群体具有以下特点。

1. 短刑犯占比逐年上升

以B监狱为例，2013至2023年间监狱收押的短刑犯占全部在押犯的比例从9.4%上升到32.1%。该监狱为大型监狱，押犯常年保持在3300人以上，据此推算，近1/3的短刑犯人数占据了监狱罪犯群体的很大一部分。此外，该监狱地处偏远、苦寒之地，在近十年之前一直是关押重刑犯的监狱。然而，随着人民生活水平和法治素养的提高，国家刑事犯罪轻刑化政策的不断深入，以暴力型犯罪为主的中长刑罪犯逐渐减少，取而代之的是以财产型犯罪为主的短刑犯逐年增加。该监狱的罪犯关押类型也慢慢改变。这也从侧面反映出全国监狱内短刑犯群体规模逐渐扩大的趋势，短刑犯在监狱内所占的比重越来越大。若对短刑犯在日常的监管教育中稍有不慎，就可能对整个监狱的生产生活秩序带来严重的冲击，甚至直接威胁监管的安全稳定。因此，对短刑犯群体进行有效监管事关监狱整体的监管改造成效，确保短刑犯在监管中的安全稳定已经成为监狱工作不容忽视的任务。

2. 短刑犯中青壮年逐渐增加

以B监狱为例，2013年该监狱302名短刑犯中，18岁以上25岁以下的短刑犯为10人，26岁以上35岁以下的短刑犯为110人，两项合计共占短刑犯总数的39.7%。2018年该监狱509名短刑犯中，18岁以上25岁以下的短刑犯为124人，26岁以上35岁以下的短刑犯为183人，两项合计共占短刑犯总数的60.3%。2021年该监狱751名短刑犯中，18岁以上25岁以下的短刑犯为138人，26岁以上35岁以下的短刑犯为265人，两项合计共占短刑犯总数的53.5%。截至2023年11月30日，该监狱1064名短刑犯中，18岁以上25岁以下的短刑犯为200人，26岁以上35岁以下的短刑犯为368人，两项合计共占短刑犯总数的 53.2%（见图 1)。随着网络贷款、移动支付等互联网金融业务的兴起，一些青年人因被利益冲昏了头脑而成为实施电子诈骗、开设网络赌场等违法犯罪活动的主力，使得监狱内短刑犯的年龄结构发生明显变化，短刑犯群体中的青壮年逐渐增加。

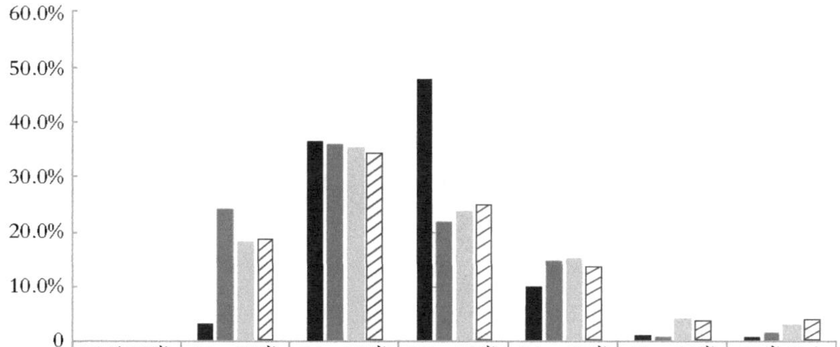

	不满18岁	18—25岁	26—35岁	36—50岁	51—60岁	61—64岁	65岁以上
■ 2013年	0	3.3%	36.4%	47.7%	10.2%	1.3%	1.0%
■ 2018年	0	24.3%	36.0%	22.0%	14.7%	1.1%	1.7%
■ 2021年	0	18.3%	35.2%	23.8%	15.0%	4.2%	3.1%
▨ 2023年	0	18.7%	34.5%	25.0%	13.8%	3.8%	4.1%

图 1　B 监狱短刑犯年龄统计图

3. 短刑犯文化程度偏低

如图 2 所示，通过查阅 B 监狱罪犯个人基本信息资料，所有在押的短刑犯当中，初中以下学历的占比在 77%以上，该数据充分说明短刑犯普遍存在文化知识匮乏、认知理解能力相对较差、学历偏低的情况。文化水平偏低除了会影响短刑犯对事物规律的认知、理解之外，还会影响其对法律法规的认识程度。他们要么对法律法规知之甚少，对“可为”与“勿为”的认知完全取决于自身喜好；要么略微懂法，但对行为后果缺乏客观的法律判断。根据北京市某监狱对 609 名罪犯进行的调查问卷显示，11%的短刑犯因不懂法而犯罪，42%的短刑犯知道违法，但不清楚后果的严重性，21%的短刑犯清楚自身行为的违法性，但对被抓抱有侥幸心理。① 此外，由于没有接受过学校系统的知识教育和技术教育，短刑犯在社会中很难找到稳定的就业机会，有些只能从事维持基本生计的体力劳作。这使得他们长期处于社会边缘，无时无刻不面临着生存压力，增加了犯罪的诱因。

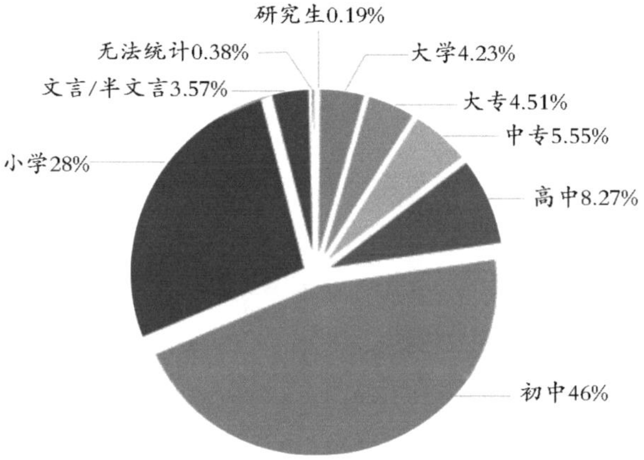

图 2　2023 年 B 监狱短刑犯文化程度统计图

4. 短刑犯中财产型犯罪逐渐增加

如图 3 所示，截至 2013 年 11 月的 302 名短刑犯中，财产型犯罪的罪犯占比为 10.2%，暴力型犯罪的罪犯占比为 81.2%，涉毒型犯罪的罪犯占比为 5.1%。截至 2018 年 11 月的 509 名短刑犯中，财产型犯罪的罪犯占比为 14%，暴力型犯罪的罪犯占比为 62%，涉毒型犯罪的罪犯占比为 21%。截至 2021 年 11 月的 751 名短刑犯中，财产型犯罪的罪犯占比为 32.4%，暴力型犯罪的罪犯占比为 47.2%，涉毒型犯罪的罪犯占比为 15.1%。截至 2023 年 11 月的 1067 名短刑犯中，财产型犯罪的罪犯占比为 35.9%，暴力型的罪犯占比为 38.8%，涉毒型的罪犯占比为 14.4%。从以上数据可以明显看出，暴力型犯罪的短刑犯数量明显下降，财产型犯罪的短刑犯数量显著上升，而在

① 苏婧．短刑犯刑罚执行模式实证研究［J］．犯罪与改造研究，2016（7）：23-30.

财产犯罪类中的短刑犯又以实施帮助信息网络犯罪活动罪、电信诈骗罪和开设网络赌场罪的居多。

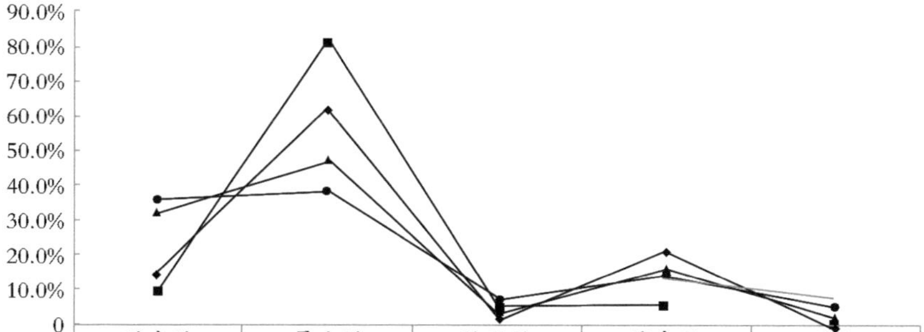

	财产型	暴力型	淫欲型	涉毒型	其他
2013年	10.2%	81.2%	5.1%	5.3%	0
2018年	14.0%	62.0%	3.0%	21.0%	0
2021年	32.4%	47.2%	3.6%	15.1%	1.3%
2023年	35.9%	38.8%	6.6%	14.4%	5.1%

图 3　B 监狱短刑犯分押类型统计图

三、当前短刑犯监管中存在的问题

B 监狱短刑犯众多，在高墙电网的威压之下，面对监规纪律的严格限制，他们很快就会将自身的“坏习惯、小毛病”暴露出来。这些“坏习惯、小毛病”在日常生活中可能并不足以引起重视，但在监狱的日常监管中却是需要慎之又慎的“大问题”。为了能够更加深入透彻地分析短刑犯监管中存在的现实问题，笔者通过查阅罪犯个人基本信息档案和与监狱民警进行交流学习，将当前短刑犯监管中存在的问题概括为主客观两方面，通过援引多个典型案例来揭示短刑犯监管中存在的问题。

（一）客观问题

1. 混刑度日

由于短刑犯的刑期较短，且几乎没有减刑的希望，因此对于狱内的物质、精神奖励持一种无所谓的态度，其普遍认为被关押的时间不长，只需熬过去就能出狱。一些短刑犯对参与任何事情都不感兴趣，特别是生产劳动方面，只想轻松度过牢狱时光。这种短刑犯在监狱中大错不犯、小错不断，基本都是浑浑噩噩地熬过刑期。例如，罪犯刘某，1990 年生，小学文化，无职业。原户籍所在地位于黑龙江省哈尔滨市。刘某曾因寻衅滋事罪被人民法院判处有期徒刑 4 年，并处罚金人民币 5000 元。后又因聚众斗殴被判处 3 年 6 个月，入狱服刑时剩余刑期 3 年。据了解，刘某 7 岁时父母离异，由爷爷奶奶抚养长大，家庭负担大。为减轻家中负担，刘某 16 岁时南下广东打工赚钱，多年以来在餐厅、洗车行、工厂等地工作过。由于受教育条件有限，一直从事劳动强度大、工资待遇低的工作，多年以来只是勉强维持个人生活。后来他到广东茂名某餐馆学习厨艺，但因总是招惹是非，被餐馆开除，至此再无正当工作。

刘某是“二进宫”的罪犯。刘某入狱以来，由于其自认为是改造“老人”，有其所谓的“服刑经验”“人际关系”“改造名声在外”，从而抗拒监管改造，不服从监狱民警管理，经常扰乱监区改造秩序。以各种理由和借口来逃避生产劳动，向其他罪犯散布抗改言论，例如，“只要我不听话，谁都拿我没办法”。刘某是不要积分也不想干活儿，主要是不想让监狱民警对其进行管理，其曾扬言，“谁要是敢管他，他就不让谁好过，大不了就鱼死网破”。这种“破罐子破摔”的抗改方式，让接手刘某的监狱民警都十分头疼，以至于刘某在短短 1 年内走遍了监狱的 15 个监区。即使在不需完成生产任务的高度戒备监区，刘某依然不知悔改，与其谈话，他也是振振有词，“你不用和我多说，说了也没用”“你也不用折腾了，我也不要分，你爱咋咋地”，甚至拒绝民警对其心理诊断，给监区生产工作和其他罪犯的监管改造造成极其恶劣的影响。有经验丰富的监狱民警分析，认为刘某从小父母离异缺少关怀，造成其“三观”扭曲，成年之后经历许多苦难仍然生活贫困，逐渐对生活、对他人失去信心，不愿受到监规纪律的约束。其曾进过一次监狱，认为自己熟悉民警的手段，了解监狱内部环境，自认为有一套“聪明”的改造方法。这种病态心理，使得其不愿改变、仇视监管进而自暴自弃，拒绝遵守监规监纪，抗改心理根深蒂固。这种消极态度和抗改行为无疑给监狱管理和教育带来了额外的挑战。现实中，短刑犯极少能够积极主动投入教育改造生活当中，他们往往缺乏能够促使其下定决心洗心革面的关键动力，又因为犯罪受到处罚，本身对限制其自由的监狱具有较强的反感甚至仇视心理，而这种心理往往就会转嫁到监狱民警的监管、教育工作中。

2. 交叉感染严重

自短期自由刑出现以来，法学界一直对其执行效果存在争议。许多法学家认为短期自由刑的时间较短，对其是否能达到良好的改造效果存在质疑。如意大利刑法学家切萨雷·龙勃罗梭（C. Lombroso）认为，判处短期自由刑只会让罪犯与其他罪犯之间“交叉感染”，并且监狱机构没有足够的时间将罪犯改造好。近年来，我国经济的快速发展，不仅催生了一大批新兴产业，也滋生了一些新型的犯罪形式，如电信诈骗、网络诈骗、开设网络赌场和多种多样的帮助信息网络犯罪活动等犯罪层出不穷。其低成本、来钱快的特点，使得一大批年轻人趋之若鹜，即使他们知道所作所为是违法犯罪的事，仍然愿意一头扎进去。法律自产生起就具有的一个局限性，就是它作为上层建筑，受到其产生社会发展规律的制约，通俗而言就是滞后于其所处时代的发展。我国在网络空间、电子信息领域的立法起步较晚，属于新兴领域的立法，无法规范网络经济的快速发展，这种滞后性也导致属于该领域的大多数犯罪所判刑罚较轻，惩戒教育性不足，这也导致这些罪犯刑满释放后的再犯罪率较高。此外，监狱作为各种犯罪的集中地，对于安心改造的人来说是迈向新生的阶梯，但对于另一些人来说却是滋养犯罪的温床，一些监狱内的“好学”分子往往在与其他罪犯的交流中学习其犯罪手段。由于短刑犯具有刑期较短、数量较多、情况复杂、改好难度大等特点，是出现“交叉感染”情况的重点关注群体。监狱在这方面自然脱不了干系，这也使得社会大众对监狱的监管改造功能产生怀疑，不仅会对短刑犯出狱后的社会再融入过程造成阻碍，而且有损监狱作为国家刑罚执行机关的形象，给国家的刑罚执行制度带来严峻挑战，甚至直接影响到国家的长治久安和建设和谐社会的大局。

3. 盲目维权

罪犯人权保障的不断健全是社会文明进步的重要方面，是法治社会建设的重要内容之一。近年来，我国监狱系统在党中央、国务院的正确领导下，坚持“惩罚与改造相结合，以改造人为宗旨”的方针，多措并举，不断完善法律法规、规范司法程序、改善监狱环境，有效保障了罪犯的基本人权和合法权益，进一步健全了适合中国国情的罪犯人权保障法律体系。

在实践中，监狱内罪犯对检举申诉、控告揭发有了充分的认识，部分罪犯也通过前述方式维护了自身的合法权益，证明了我国罪犯人权保障的不断完善确有成效。然而，监狱内有一些罪犯对运用法律维护自身权益产生了错误认识，认为可借此机会向监狱提出一些不合理的诉求，其认为监狱会因为惧怕审查而做出妥协让步，通过盲目维权、诬告滥诉等方式给监管制造麻烦的同时挑衅监狱的权威。例如，罪犯佟某，个性张扬跋扈，因抢劫罪被判处4年有期徒刑，在羁押期间不服法院判决，不断提出上诉要求。二审败诉后，其在看守所羁押期间仍提出各种理由上诉，包括诬告看守所民警虐待打骂、不给吃饭、不让睡觉等，等到检察院调查时佟某要么闭口不言，要么装疯卖傻，企图通过这种方式拖延时间逃避监狱服刑。看守所对此也苦不堪言。在佟某的无赖上诉方式下，其在入狱后实际服刑的刑期已不到两年，他也时刻谋划着如何轻松度过服刑期。很快，佟某就在日常生产操作中用工具自伤自残骗得了在医院休息的权利，而伤口逐渐养好的佟某又在监狱民警放松之时，将囚服撕成布条，系在门窗防盗网上，假装上吊自杀，要求监狱不再给他分配生产任务的同时要吃要喝，要烟抽。监狱领导假意妥协、制服佟某后，直接将佟某转押至高度戒备监区的单人监舍中，但佟某仍不思悔改，用各种方式自伤自残，同时又不断写信申诉控告监狱民警体罚虐待自己，对自己的诉求不管不问才逼得自己自伤自残。监狱领导和民警也曾与佟某多次谈话，试图找到佟某如此逆反的根源，同时劝告佟某只要老老实实就满足其合理要求，然而佟某就是不肯做出任何妥协。最后，监狱只能安排民警对其进行24小时不间断的巡逻监管。

除佟某这样少见的案例外，多数罪犯选择的方式仍是写信申诉，有些精明的罪犯会选择在巡回检察组到来之时进行诬告来威胁监狱的工作人员。个别如佟某这样的罪犯如此猖狂的原因，就是近年来罪犯人权保障的不断扩张，相关法律法规对监狱民警的监督越来越严格。《中华人民共和国监狱法》第

21 至 24 条专门对罪犯申诉、控告和检举的处理作了规定，要求监狱及时传递罪犯的申诉、控告和检举材料，不得扣押，有关部门也要及时处理这些材料。第 47 条还进一步规定，“罪犯写给监狱的上级机关和司法机关的信件，不受检察。”这些规定虽然充分地保护了罪犯申诉、控告和检举的权利，但并未有与之相对应的对监狱民警履职保护规定。这就导致被停职调查的监狱民警如同罪犯一样接受检察组质询，而诬告滥诉的罪犯达到自己报复的目的。这样既寒了监狱民警的心，又使得监狱的威严受到侵犯。

（二）主观问题

1. 认罪服法意识差

不少短刑犯都对自身的违法犯罪行为缺乏理性的反思。一些人认为自己的入狱是纯粹的不幸，认为是运气不好恰巧碰上了法律的制裁；另一些人虽然承认自己有过错，但不认同其行为是犯罪，觉得入狱服刑并不是他们应得的惩罚；还有一部分人认为虽然触犯了法律，但判刑过重，从未真正深入思考犯罪行为的根源，内心缺乏负罪感。例如，罪犯陈某，因诈骗罪被判处有期徒刑 4 年，籍贯辽宁，初中文化，入狱时年龄 25 岁，剩余刑期 3 年。陈某是家中独子，祖父母对他百般宠爱，过分照顾。这种一味顺从陈某欲望，不顾及陈某规则纪律意识培养的行为在陈某上学后愈发严重，使得陈某产生了一种特殊的优越感，对学习失去了兴趣。初中毕业后，由于父母工作忙碌，祖父母年老体弱，缺少家人束缚的陈某的身边很快聚集了一群“狐朋狗友”。因为陈某出手阔绰，在吃喝玩乐方面花钱大方，朋友们都拜陈某为大哥，陈某也很享受这种吹捧。很快，陈某的朋友越来越多，请客吃饭的开销也越来越大，陈某向家里要钱的数目也越来越大，让陈某的父母无力支撑。这时他们才知道对陈某疏于管教的后果，而父母的劝导对于此时的陈某已经无济于事。陈某性格上的缺陷也逐渐放大，变得自私自利、暴躁易怒，稍有不顺心就大吼大叫，打骂他人。最后，无法从父母那里获得钱财的陈某选择了离家出走。断掉经济来源的陈某一直未找到工作，身边的朋友见他没钱了也不再聚拢在他身边，而爱慕虚荣、贪图名利的陈某并未借此痛改前非，反而走上了违法犯罪的道路。一次偶然的机会，陈某与一帮年龄相仿的青年结识，发现他们平日无所事事，进一步熟悉之后，才知道他们平时靠着在网络平台上发布虚假的二手车、二手奢侈品的转让信息，一旦事主与其联系，即以物品价格昂贵，为确保买主能够购买而让其“缴纳定金”“交易手续费”等方式骗取买主钱财。这种无本万利的来钱方式让陈某很是心动，禁不住金钱的诱惑，陈某加入了这一诈骗团伙，但因该团伙均由无业青年组成，在骗得钱财之后往往要在聚会上互相吹嘘和交流诈骗方法，某次聚会被餐馆老板听到后举报给了当地派出所民警，警方一举抓获了包括陈某在内的全部 6 名诈骗人员。法院鉴于陈某是初犯，对自己的罪行供认不讳，认罪悔罪态度较好，在公安侦破案件过程中比较配合，最终判处其有期徒刑 4 年。

入狱集训期间，监狱民警对陈某进行谈话教育，告知其只要认真遵守监规纪律，安心改造，每月拿到一个表扬，不出意外可获得减刑机会提前出监。刚开始的半年，由于对环境和人员的不熟悉，陈某一直遵守监规纪律，努力学习生产技术，安心完成改造任务，表扬从未间断。但随着时间的推移，陈某逐渐适应了监狱的生活方式，对周围环境的熟悉使得高墙电网的威慑作用逐渐减弱，陈某原本不安分的心又躁动起来。他认为自己的诈骗行为并不严重，获得钱财不多，影响没有那么大，认为法院判罚过重，想要申诉。监狱民警在个别谈话教育过程中，告知其不能因为申诉就忽视犯罪服刑的事实。但是陈某在实际改造中，对自身犯罪行为的危害性认识不足，没有从根本上认识其罪犯的身份，消极接受教育改造，经常抱怨被故意针对。加上一些不怀好意的罪犯挑拨教唆，陈某开始装病不参加每日的生产劳动，在监狱民警安排其去医院进行身体检查确认并无异常之后，又对其进行谈话教育，拆穿其装病逃避劳动的同时劝说其安心改造，不要惹事。陈某却不以为然，在上工之后又提出降低生产任务量、调整生产岗位、调换操作台等无理要求。陈某发现自己提出的要求无人理会时，觉得自己受到了轻视，开始故意挑衅其他罪犯，制造口角争端，甚至扬言要报复监狱民警，因而多次被依照计分考核规定扣分处罚，陈某前期好不容易积攒的分数很快变成负数，后来又被送去严管集训和禁闭。没想到陈某禁闭回来之后，非但没有丝毫悔改，反倒觉得被关禁闭是因为监狱无法拿出更严厉的方式来惩罚自己，态度更加嚣张，开始在监区散布对监狱不利的谣言，企图制造更大的混乱，成为监区十分头痛的顽固危险分子。

如陈某这样对自身犯罪行为造成的后果缺乏认知，对监狱的监规纪律缺乏敬畏的罪犯并不少，他们大多年纪轻轻，却没有接受过完整的学校教育，又因父母亲人的溺爱而性格恶劣，对实施违法犯罪行为没有心理压力，即使在入狱后也听不进监狱民警的规劝。另一些人甚至在谋划出狱后不再犯同样的错误，换个行当，实施其他的违法犯罪活动。

2. 心理问题严重

由于短刑犯剩余刑期较短，加之他们过去缺乏系统规范的教育，甚至连基本的学校教育都较为欠缺，因此在监狱中面对严格规范的监管环境时表现出了极大的抗拒。他们往往缺乏自我要求和自律性，对各项规章制度不去主动理解、适应，而是采取反感排斥的态度应对，一些严重的则是表现出对整个监管制度的不信任。部分短刑犯受原生家庭影响较大，父或母一方的问题处理方式很可能对处于成长期的短刑犯产生心理阴影，甚至耳濡目染，习得不好的习惯。进入监狱这种高压的环境，可能导致一些短刑犯出现抑郁、焦虑、自卑等心理健康问题。这些问题会影响他们的情绪稳定，增加其犯罪的倾向。例如，罪犯刘某，1999 年出生，湖北利川人，初中文化。因犯盗窃罪，被判处有期徒刑 2 年 10 个月。刘某出生在一个普通农村家庭，家中经济并不富裕。父亲脾气暴躁，经常酗酒，母亲性格也不好，经常因家中缺少收入而吵架。每当父母吵架，刘某都感到非常害怕，经常提心吊胆，甚至产生了“不讲话最好，想干什么自己干就行了，这样家里会安宁一些”的想法。成长在这样的环境下，使得刘某性格内向，不爱与人交流，总是一人独处。初中毕业后刘某不再上学，每天在镇上无所事事，认识了一些社会青年，沾染了一些不良习气，从小偷小摸开始，不断游走在犯罪的边缘。因为年龄太小，并没有得到太大的处罚，他的胆子渐渐变大，最终在 20 岁的时候，因盗窃车辆被判有期徒刑 2 年 10 个月。

刘某在入狱集训期间基本能适应监狱改造生活，在队列、内务和行为规范方面都表现一般。分配到监区从事生产劳动后，刘某与其他犯人关系一般，没有什么朋友，经常因一些琐事与同监犯人发生争执，劳动积极性不高，不能够完成生产任务。在监狱民警的谈话教育中也总是无法集中精神，经常以“嗯、啊、是”来敷衍了事。新冠疫情发生时，刘某尤其关注疫情相关信息，当看到新闻中或听人提及新冠病毒时，总是显得忧心忡忡，莫名其妙地感觉到紧张、恐惧，精神状态极差，萎靡不振。日常学习时精力不集中，生产任务不能按时完成，同监狱友因而对他颇多不满。刘某经常整夜睡不着，与夜间巡逻员也多次发生矛盾。监狱民警屡次找其谈话，都未取得明显效果。监区领导也主动找他谈心，但都难以深入了解其内心的真实想法。在新冠疫情结束后，刘某的情况也并未好转，睡眠质量仍然较差，在夜间入睡之后多次惊醒大叫，同监罪犯认为他“精神异常”，搞得半个监区人心惶惶，生产进度严重受阻。最后，刘某被转移到病犯监区，此后一直未被转出。

上述案例中的刘某表现出对生活悲观失望，认为自己没有什么生存价值和意义，认知存在严重偏差的情况，正是其在长久的自我封闭状态下，找不到合适的情绪宣泄途径，导致其消极的自我认同这一心理问题不断被放大，客观上进一步促使消极抗改行为的产生。

3. 罪犯挑唆下产生抗改思想

短刑犯在入狱前多为低文化、少技能的无业人员，其本身知识体系不健全，心理承受能力较为脆弱，使得他们在面对问题时往往缺乏冷静处理的能力，较为急躁冲动，有时甚至不考虑任何后果。因此，短刑犯相较于中长刑犯更容易受到挑拨教唆，因而也容易被一些不怀好意的同监罪犯吹“枕边风”，激化与其他罪犯之间的矛盾，在遇到一些琐事时处理不当很容易滋生恶性暴力事件。某个自我约束能力差，违规违纪现象突出的对象，在他犯的刻意引导下甚至会出现破罐子破摔，对抗监狱民警管理，违规违纪的情况，前文所提到的陈某就是这样一个典型的受到挑拨教唆，从改造模范变为顽固抗改分子的例子。

以上提到的问题只是短刑犯群体所表现出的较为突出的问题，并不能涵盖所有情况。类似陈某、刘某这样的罪犯，他们并不局限于某一个监狱，而是在许多监狱中都可能出现。如何从众多的典型案例中发现问题，探析问题出现的原因，并且制定行之有效的对策去预防问题的再次出现，才是我们需要研究关注的重点。

四、短刑犯监管问题成因

通过对上述案例的分析，结合监狱民警日常管理工作当中发现的一些问题，从主客观两方面出发探究短刑犯日常监管问题的成因。客观方面具体从法律细则、监管环境、维权因素等角度入手，主观方面具体从法律意识、亲情感化、维权意识等角度入手，分析短刑犯监管问题出现的原因。

（一）客观原因

1. 减刑执行细则不完善

减刑作为一种奖励制度，旨在鼓励罪犯真诚认罪悔罪、遵守监规纪律、积极参与教育改造活动，这有助于提高他们的改造积极性和社会适应能力。然而，对于短刑犯来说，由于其本身刑期较短的特点和法律规定尚有不完善之处等原因，使得短刑犯获得减刑、早日走出监狱显得较为困难。

在我国，被告人在诉讼阶段被未决羁押的现象普遍存在，这一制度的实施在一定程度上侵犯了被告人的人身自由权利。针对这一问题，我国法院在判决时采取了相应的刑期折抵制度，即扣除未决羁押期间的刑期，以弥补被告人因未决羁押而导致的实际服刑时间过长的问题。然而，根据我国现行刑事诉讼法的运作程序，从法定诉讼期间至一审判决生效通常需要半年以上，若被告人不服判决上诉或检察院抗诉进入二审程序，或因各种原因导致诉讼延期或重新计算诉讼期间，整个诉讼周期少则半年，多则超过 1 年。[①] 而且，由于刑事诉讼程序的漫长和复杂，被告人在羁押期间往往面临着长时间的等待，这种不确定性给他们的生活和心理造成了很大的困扰。

根据现行《中华人民共和国刑事诉讼法》第 264 条第 2 款规定："对被判处有期徒刑的罪犯，在被交付执行刑罚前，剩余刑期在三个月以下的，由看守所代为执行。"现行《中华人民共和国监狱法》第 15 条第二款也规定了

---

① 魏诚．我国减刑、假释制度的实践困境与出路——兼及信用减刑制度的建构［D］．山东：山东大学，2017：8-12.

“罪犯在被交付执行刑罚前，剩余刑期在三个月以下的，由看守所代为执行。”这一修改虽然减轻了看守所的工作负担，也杜绝了一些短刑犯企图通过频繁上诉、撤诉达到留所服刑的目的，但对于原本就缺乏教育、考察时间的监狱来说却非常不利，特别是对于被判处较短刑期的罪犯而言，由于未决羁押的时间往往占据了整个刑期的相当比例，其实际服刑时间往往被大幅缩减，监狱无法有足够时间对其进行减刑考察。罪犯的减刑是根据罪犯到监狱后一定时间内的服刑表现作为考察依据，这就意味着监狱必须拥有足够的考察时间来判断罪犯是否真正认罪悔罪及评估罪犯的再犯危险性，这使得短刑犯更难获得减刑机会。

进入监狱后，罪犯为了早日出狱，回归社会和家庭，在能否获得减刑和减刑时间段的计算上甚至可以比业务精明干练的监狱民警还要强上不少。例如，B 监狱三监区的 1 名罪犯，在入狱之前是一名公司会计，因帮助他人掩饰、隐瞒犯罪所得而被判 1 年 5 个月。该犯本性不坏，只是性子比较急躁，为了能获得减刑，早日出狱，表现一直不错，生产任务也能按时完成。他也经常自己计算减刑时间，向监狱民警提出获得减刑的要求，而监狱民警在多次向其解释以他的刑期结构而言很难获得减刑之后，他仍然认为自己表现良好就应当获得减刑并持续向监狱领导提出减刑申请，而监狱民警也被他的频繁申请感到厌倦。根据《中华人民共和国刑法修正案（八）》第 78 条第二款规定，“减刑以后实际执行的刑期不能少于下列期限：（一）判处管制、拘役、有期徒刑的，不能少于原判刑期的二分之一。”2017 年 1 月 1 日起施行的《最高人民法院关于办理减刑、假释案件具体应用法律的规定》第六条规定，“被判处有期徒刑的罪犯减刑起始时间为：不满五年有期徒刑的，应当执行一年以上方可减刑”。“被判处不满十年有期徒刑的罪犯，两次减刑间隔时间不得少于一年。”根据黑龙江省监狱管理局颁布的《黑龙江省监狱计分考核罪犯实施细则（试行）》第五条规定，“计分考核自罪犯入狱之日起实施，日常计分满 600 分为一个考核周期，等级评定在一个考核周期结束次月进行”。第 17 条规定，“日常计分内容分为监管改造、教育和文化改造、劳动改造三个部分，每月基础总分为 100 分，其中：监管改造基础分 35 分、教育和文化改造基础分35分、劳动改造基础分30分。有加扣分情形的，按照标准加扣分，每月各部分日常加分分值不得超过其基础分的50%。监管改造、教育和文化改造、劳动改造的分数不得相互替补。罪犯的考核分可以记负分”。第27条规定，“罪犯受到警告、记过、禁闭处罚的，分别扣减考核分100分、200分、400分，扣减后考核积分为负分的，保留负分。受到禁闭处罚的，禁闭期间考核基础分记0分，自禁闭结束次日起继续考核”。根据以上法律规定，并结合B监狱具体操作可知，罪犯每月有100分的基础计分，若罪犯当月表现良好，没有任何扣分项，则该100分记录为一个“表扬”，同时给予物质奖励。若罪犯的一个考核周期满6个“表扬”，则可以获得一次申报减刑的机会。这看似十分完善、合理的减刑规则在实际操作中却有着许多阻碍。以B监狱为例，新入狱罪犯要在入监监区度过2个月的集训期，这2个月的集训时间是不会计入考核周期的，但表现良好的罪犯在其集训评价表中可增加监狱民警的个人评价和指导意见，这些评价可以作为罪犯获得减刑之后有关减刑多少的参考。结束入监集训，被分入各监区的罪犯在前3个月会受到各监区的严格监管，也可以说是各监区对新加入罪犯的一种“警告”，这种情况并不是只有B监狱能见到，而是全国所有监狱都默认的一种“惯例”。这也导致新入监区的罪犯在这3个月很难获得100分的考核积分，“表扬”也就无从谈起。此外，度过这一时期能够获得减刑机会的罪犯还要遵守每月监狱减刑名额、先来后到惯例、各监区减刑人数多少等多方面因素的限制。监狱狱政科收到减刑申请后会先进行审核再向法院提出减刑意见，而法院审理罪犯减刑案件通常需要3至4个月的审核期，如此计算下来，一名短刑犯在通常情况下，需要服刑1年2/3个月（即2个月＋3个月＋6个月＋3/4个月）才能获得减刑。另一方面，被判处不满十年有期徒刑的罪犯，两次减刑间隔时间不得少于一年的规定使得被判处三年以下有期徒刑和入狱服刑时剩余刑期在三年以内的罪犯最多也只能在服刑期间获得一次减刑机会。实践中，一些刑期较长的罪犯历经多次减刑比刑期短的罪犯早出狱的情形并不少见，而这也就导致部分短刑犯心理失衡，嫉妒他人获得减刑，而自己无论怎样表现也必须慢慢熬过刑期。他们的学习、生产积极性必然受到影响，在思想上放松对自己的要求，产生悲观失望和对抗情绪，甚至出现放任自流、混刑度日的情况。

现阶段，短刑犯要获得减刑仍然面临着诸多困难，其中涉及司法成本和整体制度等多方面因素，但主要还是针对短刑犯的专门考核计分规定尚未出台①。现行的刑期折抵制度对于短刑犯也并不友好，缺乏灵活性、针对性和科学性。"减刑到天"，这一西方经验虽然对于绞尽脑汁获得减刑的短刑犯是有百利而无一害，但却极大增加了监狱考察审核的负担，监狱需要时刻绷紧神经记录罪犯的一言一行，还要不间断地向法院报送减刑意见，法院也会因此忙碌不堪。

2. 混合关押下交流犯罪经验

曾有经验丰富的老民警说："监狱是所大学校，想学犯罪不用考。"不同类型罪犯之间频繁接触，交流犯罪手法，总结失手经验，累犯、惯犯对初犯"言传身教"，以及一些罪犯潜移默化的影响，犯罪意识和手段的传习，不仅导致罪犯之间交叉感染，使之从犯罪的"一面手"变成"多面手"，而且导致罪犯恶习加深，犯罪能力和社会危害性大大加强，可能产生众多的累犯、惯犯和结伙犯罪。

监狱是罪犯进行服刑改造的场所，而对罪犯进行教育的过程，实际上就是监狱的正向教育与罪犯原有恶习和外界不良影响间的正负抵消的过程。如果罪犯所处犯群秩序稳定，风气良好，就会形成一个整体良好向善的改造氛围，新入狱的短刑犯也会受到良好改造环境的熏陶和感化，以积极的心态投入教育改造当中。反之，如果短刑犯入狱之后被吸收进问题犯群，既耳濡目染旁听学习一些中长刑犯的犯罪经验，又面对不怀好意的罪犯挑拨教唆，加之监狱民警出现监管空隙，在这样的氛围之下会造成不良风气的产生，新入狱的短刑犯很可能在不久之后被感染，使其对监规纪律的敬畏之心减弱，增加其顽固抗改的风险。在实际管理中，监狱对短刑犯普遍采取与中长刑犯混合关押管理的模式。通过调查可知，短刑犯通常年龄较小，而中长刑犯则以

---

① 齐志高．短刑犯监狱管理问题研究［D］．湘潭：湘潭大学，2013：10-11.

中年为主；短刑犯中过失犯罪、财产类犯罪比例较高，而中长刑犯则更倾向于故意犯罪，涉及暴力犯罪的比例也较高；另外，短刑犯中初犯、偶犯比例较高，而中长刑犯则更多是累犯、惯犯。将这两类罪犯混合关押，存在明显的交叉感染问题。短刑犯通常主观恶性较浅、可矫正性较强，而中长刑犯主观恶性较深，抗改抗教意识较强，监管、教育难度明显大于短刑犯。而且，狱内封闭的环境也促成了不同罪犯群体的形成。由于双方群体在恶习深浅、罪行轻重、刑期长短等方面存在明显差异，很容易产生心理上的排斥，甚至因一些小事激化潜在的矛盾，引起肢体冲突，造成监管安全问题。另一特别值得关注的问题是，长期的混合关押可能导致短刑犯被中长刑犯拉拢同化，恶习加重变深，教育矫正的难度也会增加。上述案例中的陈某就是交叉感染下的一个典型，他在入狱之后虽然表现良好，但很快被周围的不良犯群影响，在他人挑拨教唆下不仅将先前积攒的减刑积分丢得一干二净，又为监狱的日常监管带来了不小的麻烦，而他却满不在乎自己违规将为自己后续的服刑改造带来多大的影响。因此，监狱管理部门在实施混合关押时需要特别注意罪犯的差异性，采取相应的管理措施，避免双方产生冲突和不良影响。同时，也应该加强对短刑犯的教育改造工作，提高他们的法律意识和社会责任感，防止他们受到不良影响，走上错误的道路。

3. 多种因素造成短刑犯滥用维权手段

罪犯的基本人权和合法权益保障制度在中国逐渐完善，反映了社会进步和法治建设的成果。然而，随着这一保障制度的不断健全，一些罪犯却利用其漏洞，滥用维权手段，扰乱监狱管理秩序或报复监狱民警。这一不寻常情况背后的成因复杂多样，值得我们进行深入探讨和分析。

首先，罪犯人权保障制度发展过快导致其范围扩张过大，出现滥用情况。随着社会法治意识的提升和国际人权标准的影响，中国的罪犯人权保障制度不断完善，旨在保障罪犯的基本人权和合法权益，提高监狱管理的法治化水平。然而，有些罪犯可能误解其权利范围，或者故意滥用维权手段，以达到个人目的，如报复民警或干扰监狱管理秩序。

其次，监狱民警履职保护规定的缺失也是导致罪犯滥用维权手段的重要原因之一。监狱民警作为维护监狱秩序和安全的关键力量，承担着重要的职责和压力。然而，在现行制度下，对监狱民警的权益保护相对薄弱，相关保护规定不够健全，导致一些罪犯觉得可以肆意侵犯民警的权益而不受制裁。因此，这种保护措施的缺失间接助长了罪犯滥用维权手段的现象，影响了监狱管理的正常运行和民警的工作积极性。

最后，社会环境的复杂性也是罪犯滥用维权手段的因素之一。随着社会经济发展和信息化进程的加快，社会各界对人权保障的关注度不断提高，舆论对于监狱管理的关注度也在逐渐提高。这种情况下，一些罪犯可能利用社会舆论的压力，滥用维权手段借此达到个人目的，如引起舆论关注、争取特殊待遇等。因此，社会环境的复杂性给罪犯滥用维权手段提供了一定的便利条件，使其更加嚣张和肆无忌惮。

我国现行监狱管理模式的实施，在维护罪犯的基本人权和提升管理水平方面确实发挥了积极作用，但同时也面临着一些挑战。首先，严禁监狱民警体罚和变相体罚罪犯的规定，确保了罪犯的生命健康不受威胁和人格尊严不受侵犯，符合人道主义原则，但监狱在监管、教育方面可能存在一定的缺失。缺乏对违规违纪罪犯的强力惩戒措施，可能导致监狱失去对罪犯的基本威慑作用，使得监狱改造手段相对弱化。这种情况的出现，可能源于对罪犯管理的过度人道主义化，导致管理手段过于温和宽松。虽然严禁体罚是必要的，但对于违规违纪行为，必须有相应的惩戒措施来维护监狱秩序和规章制度的严肃性。否则，罪犯可能会误以为监狱管理不严格，从而助长逆反心理，影响改造效果。因此，在现代化管理模式下，监狱管理者需要在保障罪犯基本人权的同时，建立科学有效的管理制度，包括对违规行为的惩戒机制，以确保监狱管理的严肃性和有效性。

综上所述，罪犯滥用维权手段的现象是多方因素共同作用的结果，需要综合施策加以解决。通过加强制度建设、完善规范管理和强化监督执纪，可以有效防止罪犯滥用维权手段，维护监狱秩序和监狱民警权益，促进社会和谐稳定。

(二) 主观原因

1. 法律意识淡薄

许多短刑犯在入狱前通常属于文化水平较低、谋生技能匮乏、处于无业状态的人群，其自我约束能力较差且心理承受能力不强。一旦进入监狱，他们中的一部分人会依赖自己刑期短暂的优势，认为自己的犯罪行为在客观上不如中长刑犯那么严重，因而拒绝认罪悔改，将自己的入狱归因于一时失手或时运不济。因此，在教育改造过程中，部分短刑犯会暴露自己内在不思进取、敷衍了事的态度，这无疑给监管工作增加了难度。

通常情况下，罪犯犯罪的原因往往与外界环境中的不良因素密切相关，有些甚至直接扭曲了他们的人生观和价值观，推动他们踏上犯罪之路。对于短刑犯而言，他们往往表现出强烈的物质欲望，渴望获取原本不属于自己的财富。在社会中，他们过着貌似自由自在但实际无所作为的生活，没有人来约束他们，表面上看起来过得潇洒快活。然而，一旦被捕入狱服刑，他们的基本自由被剥夺，不得不时刻谨记自己的罪犯身份，遵守严格的规定和制度，接受严密的监管和改造。监狱内的生活环境与外界的繁华世界截然不同，艰苦而单调。缺少规范教育和长辈看管而形成的自由散漫的性格与严格的监管制度发生冲突，其对违规违纪的后果无法形成量化的概念也使得他们对违反监规纪律无所畏惧。

自被羁押之日起，所有罪犯都要经历社会地位和生活环境的根本变化。面对这种身份地位变化的巨大落差，时时刻刻处在严格规范的监管之下，再加上内心负罪感等无形压力的多重刺激之下，心理状态难免会发生变化，一些内心脆弱的过失犯甚至可能陷入绝望和无助的消沉情绪。许多短刑犯在自身成长过程中没有接受正规的学校规章制度教育，也缺乏父母家人亲情关怀的包容引导，逐渐养成了意志薄弱、遇事逃避、自卑怯懦等性格弊端，而当他们早早辍学，步入社会后，自身少文化、低素质的缺点令其只能混迹于工厂、餐馆等体力劳动的场所，长期处于这些不良环境使他们不可避免地沾染上一些社会恶习。短刑犯面对监狱阶段性的改造目标或生产任务时，往往直接表现出畏难情绪，以各种理由逃避或直接拒绝执行相关要求，只想尽可能地逃避犯罪带来的惩罚。加之短刑犯刑期较短，几乎没有获得减刑的机会，因此他们觉得与其遵守监规纪律辛苦生产，还不如浑浑噩噩地度过刑期。例如，罪犯王某，大专毕业，因强奸被判 3 年 6 个月有期徒刑，入狱时刚好 24 岁，剩余刑期 3 年。入监集训期间，王某就表现出不寻常的一面，总是缩在角落自言自语，对于其他罪犯的靠近表现得非常抵触，在监狱民警点名报数时也经常走神，注意力不集中。后来，在对罪犯背景调查时了解到王某父亲有吸毒酗酒的前科，喝醉之后经常与妻子吵架，王某的母亲嫌弃丈夫没本事，不能赚钱养家，有时甚至会将怨气撒在王某身上，数落王某出气。在学校，瘦小的王某也因家庭的原因经常遭受欺凌和嘲笑。在这样的环境中长大，王某内心的情绪无法得到宣泄，慢慢积压在心中，使得王某的性格变得阴郁，反复无常，随时处在失控的边缘。为了摆脱那个令他痛苦的家庭，初中毕业之后，王某早早地步入社会。他因缺乏良好的教育和与人正常沟通交往的能力，经常受到排挤和欺负，无法找到一份稳定的工作，生活陷入了困境。在失业和心理压力的双重打击下，他感到绝望和无助，逐渐沉溺于酗酒和吸毒，走上了他父亲的老路。在一次酒后失控的状态下，王某犯下了强奸罪。在酒精的作用下，他失去了理智，将自己的愤怒和不满发泄在了一名无辜女性身上。这一罪行不仅严重侵犯了受害者的人身权利，也给自己带来了终生的负罪感。在监狱内，虽然他接受了一些心理治疗，但是由于内心的孤独感和家庭关系的破裂，他缺乏了解人性和尊重他人的能力，对各种活动的参与热情也不高。尽管监狱民警尝试引导他沟通交流，但是因为他内心的防备和抵触，改造工作收效甚微。最终，王某在服刑期间没有明显的改变和进步。像他这种情况，凭监狱民警一己之力基本不可能将其改造好的，重归社会后仍有再犯罪的可能。

许多短刑犯的形成是一个复杂且多方面的过程，并不能简单归因于某一个原因。需要通过综合分析，了解其成长历程，以便制定更加有效的对策，从而解决短刑犯问题。

2. 亲情关怀呈现两种极端

家庭对于每个人都有着极其重要的意义，它不仅是一个人生命的起点，更是一个人内在精神情感的发源地。游子归家，承欢膝下，对于任何漂泊在外的人来说都是内心最深的期盼。对于一名在高墙内失去自由的罪犯而言，归家的渴望更是他服刑改造的力量之源。家庭的牵挂，可以激励罪犯勇敢面对服刑改造中的挑战和困难。在家庭的影响下，罪犯能够更自信、更坚强地面对现实和精神上的压力，更好地投入监狱的学习和生产中。

亲情关怀对于一名罪犯能够安心服刑、接受教育改造是如此重要的原因在于，一个能够提供支持和鼓励的家庭，可以成为罪犯改造的力量源泉，激励罪犯积极面对改造，努力改过自新。如果家人能够给予罪犯关爱和支持，经常书信鼓励，定期探望，了解并关心罪犯的生活情况，让罪犯知道家里一切安好，罪犯会感受到家庭的支持和理解，从而更加积极地投入改造中。相反，一个缺乏支持和理解的家庭则可能成为罪犯改造的障碍，如果父母亲人对罪犯失望透顶，不闻不问，甚至断绝往来，失去情感寄托会导致罪犯彷徨失落，心灰意冷，产生对抗情绪。家庭对一名罪犯服刑改造表现的巨大影响，在监狱工作当中随处可见。例如，广东籍的罪犯辛某在犯罪前与家人关系并不融洽，而入狱后，他看到别的狱友在与家人见面后往往一扫阴霾，兴致勃勃地谈论家人和外面的世界，这种充满希望的美好氛围也感染了辛某，他也试图缓和与家人之间的关系。然而，令辛某感到沮丧的是，虽然监狱提供了定期的探视时间，但他的家人始终没有前来探望过他。家人对辛某的漠不关心让其深感孤独和失望。长时间的家庭疏远让辛某感到空虚和孤独，他逐渐失去了服刑改造的动力，对参与各种教育项目和生产培训失去了兴趣，导致他在监狱内的改造遭遇了阻碍。监狱民警对于辛某的沉沦十分可惜，也尝试了各种方法试图帮助辛某重拾服刑改造、甚至是出监后生活下去的信心，包括增加与辛某例行谈话的次数，适当减少辛某的生产任务量，甚至给辛某改善伙食，但辛某的改造积极性仍然不高，各种改变的收效并不理想。

当然，在监狱内，有令见多识广的民警扼腕叹息的罪犯，也有能够让人感慨万分的场面。在新冠疫情发生之前，B 监狱会在某些年末挑选认真遵守监规，安心接受教育改造，没有前科劣迹的罪犯与其家属在监狱内会见。罪犯和家属可以一起吃一顿饭，说一些心里话，观看罪犯准备的新年节目等。

如一名年轻罪犯李某，在列队欢迎罪犯家属入狱时看到自己父母搀扶着 70 多岁的外公外婆出现的时候，再也抑制不住自己悔恨的泪水，痛哭起来。在进入亲属接见室后，李某当即跪倒在地，忏悔自己所犯的错误，向他们保证自己绝对会好好改造，早日出去和他们团聚。这次接见之后，李某一直到出监都没有违反过监规纪律，而且在生产劳动方面一直都是在整个分监区排名前列，这就是家庭和家人帮助罪犯忏悔罪行、接纳自我，从而安心接受教育改造的正向案例。

3. 短刑犯违规成本较低

“成本—效益分析”是经济学中的一个重要概念，其基本原理是在做出决策时，需要权衡所涉及的成本与获得的效益，以便做出最具经济效益的选择。在社会生活中表现为，人们在决策时会考虑所做选择的成本与获得的效益之间的关系，以便使自身利益最大化。

在监狱情境下，“成本—效益分析”可以解释为，罪犯在考虑是否违反规章制度或采取不良行为时，会权衡行为的成本与效益。成本通常是指违规行为可能带来的惩罚、损失或后果，如批评教育、扣分、关禁闭等。效益则是指违规行为可能带来的好处、满足或收益，如个人享受的乐趣、获得的资源或地位等。短刑犯由于刑期短、罪行轻，可能会产生一种认知偏差，误以为监狱会将监管重心放在刑期更长、问题更严重或更紧急的罪犯身上，而相对忽视对他们的监管。这种偏差会导致监规纪律的威慑性降低，使其更加关注眼前的利益和满足，而忽视长远的后果。因此，当部分短刑犯觉得违纪行为所带来的后果相对较轻时，可能更容易放弃遵守规章制度，反而选择违反规定。上述案例中的陈某初入狱时表现良好，给监狱民警留下了好监管、易交流的印象，对陈某的监管教育也相对宽松、包容，而陈某却对监狱民警执法过程中的善意产生了误解，对自身罪犯这一特殊身份没有清醒的认知，对违反监规纪律产生的后果没有正确的判断，因为自己刑期短、罪行轻而心存侥幸，以为可以凭借自己前期积攒的“声誉”规避监规纪律的惩罚，其通过不断试探监狱对其诉求的满足程度来衡量自己受到惩罚的可能性，在一次次试探中不仅给监狱民警的监管工作带来困难，而且对安全稳定的监管氛围造成难以磨灭的影响。上述案例中的刘某通过消极对待一切谈话教育、生产活动和惩戒措施的方式来对抗监狱对其进行监管，这其实也是一种违反监规纪律的行为，这种违规方式的成本是很低的，因为监狱民警无法因为罪犯态度问题而认定其违规违纪，监狱也不会将监管资源倾斜给一个自身改造意愿不强的罪犯身上，而传统的批评教育和降低分级处遇标准对于无欲无求的刘某也是不痛不痒，他所求的是一种独立于监狱集体管理模式之外的个别罪犯管理模式，这在我国一体化的监狱管理模式和短刑犯持续增加的现实环境下是不可能实现的，这也是监狱民警面对刘某的监管教育束手无策的主要原因。

我国监狱系统在资源分配上可能会倾向于将更多的资源投入到长刑犯、重刑犯的监管教育上，这类罪犯通常需要关押在高度戒备监区，需要配备更多的监狱警力进行巡逻监管。相对而言，短刑犯因监管时间较短，监狱民警认为监管教育收益不高，因此可能会在资源分配上处于次要地位。这种现象可能进一步加剧短刑期罪犯对监狱管理的认知偏差，认为自己不受重视。如果监狱内的惩罚机制不够严格，不足以震慑违规违纪的罪犯，且由于资源和人力有限，监狱民警将注意力集中在更加严重或紧急的问题上，而忽视对轻微违规行为的处理。这种情况下，短刑犯可能会觉得他们的违规行为不太可能受到严厉的惩罚，从而降低了他们遵守监规纪律的动力。此外，如果在监狱中存在着一种“以逸待劳”的文化，即对违规违纪行为处罚较轻甚至视而不见，那么短刑犯可能会觉得自己可以逃避惩罚，从而更加肆无忌惮地放任其不良行为，对监狱民警阳奉阴违，大错不犯小错不断，给监管工作制造难题。

五、解决短刑犯监管问题的对策

在我国，短刑犯在监管方面反映出的问题并不比中长刑犯少，而且随着社会经济不断发展，犯罪成本的不断降低，犯罪方法、手段的获取难度也在手机、互联网的帮助下越来越小，这就导致监狱内一批年龄不大、罪行较轻的罪犯不断增加，使监狱不得不重视探究应对短刑犯监管问题的对策。在一些人口较为密集、经济比较发达的省份的监狱中，诸如广东、四川、福建等地，短刑犯甚至成为监狱监管的主要群体，这些省份监狱内的短刑犯在监管中所暴露出来的问题数量更加繁多，情况也更加复杂。如果不及时加以解决的话，将会给监狱工作的正常开展、职能作用的正常发挥带来不利影响，甚至直接影响监狱作为国家刑罚执行机关的权威性和威慑力。为解决这一难题，笔者结合前述案例、问题、分析得出的原因，通过查阅档案资料，与监狱民警进行交流，探讨在具体司法实践中的科学性和可操作性，提出以下对策。

（一）加强减刑激励，鼓励罪犯认罪服法

减刑制度作为我国刑罚目的实现的重要手段之一，依据刑法“罪刑相适应”原则，其适用依据是罪犯犯罪情节的轻重及其服刑期间的认罪、悔罪表现，进而实现刑罚的目的与价值。一般情况下，短刑犯因刑期较短、主观恶性较轻，具有较强的改造潜力，相对于中长刑犯而言，更容易符合减刑的实体条件。然而，我国目前却缺乏适合短刑犯的减刑考察政策和计分考核规则等相关制度，导致短刑犯获得减刑机会的比例较低。这也就引发了一个问题，我们一方面应肯定减刑制度的适用价值，但另一方面又不能让所有罪犯都享受减刑制度的好处。问题的根源在于减刑制度的设计及配套运作机制不够合理。减刑制度的实现，需要合理完善的制度设计和一系列运作机制的保障。只有通过合理的制度保障，短刑犯获得减刑的可能性才能转化为实际的运作效果。①

近年来，我国在加强减刑、假释实质化审理问题上取得了很大的进步，杜绝了如云南孙小果案、山西任爱军案等减刑证明材料造假情况的再度出现，为我国司法审查的严肃性和真实性增加了保障。在最高人民法院的官网上，可以查询到的由最高人民法院、最高人民检察院、公安部、司法部联合印发的有关办理减刑、假释实质化审理意见及补充规定的通知有十几条，而有关减刑、假释程序化、细则化的规定却寥寥无几，这也从一个侧面反映出我国司法体制下重实体、轻程序的问题。例如，2021 年 12 月 1 日由最高人民法院、最高人民检察院、公安部、司法部共同印发的《关于加强减刑、假释案

① 孙剑明，张建刚，钱丽娜．短刑犯减刑联合考察与检察监督［J］．法学，2010（6）：154-160.

件实质化审理的意见》中，对于办理罪犯减刑假释案件的规定仍然过于笼统、宽泛，例如，第10条规定，“正确理解法律和司法解释规定的最低服刑期限，严格控制减刑起始时间、间隔时间及减刑幅度，并根据罪犯前期减刑情况和效果，对其后续减刑予以总体掌握。”该规定是指罪犯实际服刑刑期均不得低于法律规定的最低服刑期，这是刑罚公正性与行刑功利性有机结合的制度设计。然而，各地监狱情况不同、罪犯问题不同，这就导致监狱仍然以原先的“不做不错”工作思路理解这一规定，特别是在短刑犯的减刑问题上，这也使得监狱不敢在罪犯的最低服刑期上采取灵活的个案应对方式。此外，短刑犯数量的增加也使得犯群分类逐渐多样化。对于一些罪行较轻的过失犯、从犯、财产犯来说，在认定其是否认罪悔罪、遵守监规纪律等方面，如果与一些故意犯、主犯、暴力犯采取同一标准就显得有些不近人情，而实际上，大多数监狱为了减少工作量也确实是这样做的，这也导致了短刑犯群体改造积极性的下降。因此，健全完善减刑机制，制定相应的短刑犯计分考核实施细则加以补充，对表现良好、悔改态度明显的罪犯给予应有的减刑奖励，激励其积极参与改造，同时让监狱在司法实践过程当中有法可依，避免监狱“懒政”，打击罪犯改造积极性。

我国目前刑事诉讼各阶段对被告的未决羁押期间普遍较长，而因为刑期折抵制度的存在，若被告人被判处自由刑，则该未决羁押期就会转化折抵为服刑时间。然而罪犯在看守所服刑期间的表现又很难在入狱后转化为减刑考察的分数。这种矛盾使得我们不得不思考未决羁押期对刑期折抵与罪犯减刑考察期缩减的影响。不难发现，未决羁押对刑期的折抵在给罪犯带来一定权益的同时，也会使其另一层面的权益遭受侵害。即在刑期被折抵的同时，减刑考察期也被缩减了，尤其是对于短刑犯而言。这种情况迫使我们必须重新审视未决羁押期对刑期折抵与减刑考察期缩减的关联影响，并探索减刑考察的新出路。值得注意的是，减刑考察在减刑制度中的重要性不容忽视，确保一定时间的考察期是判断罪犯是否符合减刑条件的先决条件。然而，由于未决羁押期的折抵，减刑考察期缩减，罪犯在服刑期间的改造与表现可能无法得到充分的评估，这不仅剥夺了罪犯获得减刑的机会，也影响了刑罚的惩戒效果和社会大众的安全感。

为解决短刑犯减刑权益受限的问题，可以将短刑犯的减刑考察期提前至未决羁押阶段，即将折抵刑期的未决羁押期纳入减刑考察期中。这样做有助于弥补未决羁押期对刑期折抵的影响，确保罪犯在羁押期间的表现能够充分纳入减刑考察的评估范围，还能够规范罪犯在看守所期间的言行举止，促使罪犯为日后获得减刑而提前认罪悔罪，遵守监规纪律。这样既增加了短刑犯获得减刑的机会，同时又提高了刑罚执行的公正性和有效性。

（二）强化亲情关怀和社会帮教

家庭对于所有罪犯来说都是支持其服刑改造最为重要的动力，而被社会接纳则是罪犯最直接的目标。亲情的关爱、家人的支持和社会的帮助都能够对罪犯的服刑改造产生深远的影响。尤其对于短刑犯来说，这种支持更是至关重要，因为他们脱离社会时间不长，而身上曾是罪犯的标签不仅会在精神上，还会在现实中成为阻挡社会接纳的最大障碍。这也意味着社会要对这些短刑犯有更大的包容性来接纳他们的回归，更加需要社会力量对其进行帮教，帮助他们更好地与社会接轨，更好地在社会中生存立足。

在监狱中，短刑犯可能会感到孤独、失落和绝望，但是家庭的关爱和支持能够给他们带来内心的慰藉和温暖。家人的来信、探视和鼓励，可以让短刑犯感受到自己并不孤单，有人在背后支持着他们。这种情感上的支持能够激发短刑犯的内在动力，让他们更有信心、更有勇气去面对自己的错误，努力改造自己。例如，罪犯王某，30 岁，黑龙江人，因盗窃罪被判处 3 年 6 个月有期徒刑。王某生活在不太富裕的家庭中，父母都是农民。由于家境贫困，学习成绩不太好的王某很早就辍学打工，希望能够减轻家庭的经济负担。大城市里纸醉金迷的生活方式令王某大开眼界，他逐渐变得自卑虚荣，渴望通过物质享受来满足自己空虚的内心。渐渐地，王某走上了犯罪的道路，为了满足自己的欲望，他开始偷盗他人财物，用于奢侈消费。然而，这种行为很快就使他被捕入狱。父母得知后对他非常失望，他们认为虽是平凡出身，不应行偷窃之事。家人的失望令王某十分悔恨，逐渐陷入了绝望和自暴自弃之中，在监狱里度日如年。监狱民警翻看他的档案并向其同监罪犯了解情况后，觉得他本性不坏，还有拯救的希望。因此，不仅给予王某精神上的鼓励和支持，还多次找其沟通谈话。监狱民警鼓励开导王某，无论过去犯下了什么错误，只要肯努力改过自新，就一定能够重新站起来。在民警的帮助下，王某开始重新审视自己的人生，反思自己的错误，并下定决心要改变自己。他通过积极参加狱内组织的教育和培训活动，提升自己的知识技能，重拾自信并下定了坚持改造的决心。同时，家人通过民警了解到他的改变之后，也经常来看望他，给予他支持和鼓励，让他感受到了家人的爱和温暖。经过一段时间的努力和改造，王某成了监狱里的生产改造模范，更难能可贵的是，他不仅改变了自己，也影响了身边的其他罪犯。最终，王某获得了提前出狱的机会，回到了家乡。其所在的村镇在了解到他改过自新的事迹后，也努力接纳他，而他也找到了一份普通的装卸工作，重新融入家庭和社会，安稳度日。

综上所述，家人的关怀和社会的帮助对于短刑犯的服刑改造具有重要作用。家庭的亲情关爱能够为短刑犯带来精神上的支持和激励，而社会的帮助和支持则能够为他们提供更多的机会和资源，帮助他们重新融入社会，实现自我价值。因此，监狱应当充分发挥亲情在教育感化罪犯中的独特作用，根据我国传统佳节的时间，结合监狱内短刑犯的改造表现，尽量多开展一些亲情主题帮教活动，带领罪犯亲属参观罪犯的生活区、医院、食堂、教育中心等场所，“零距离”感受罪犯的改造环境，通过召开帮教座谈会鼓励罪犯与亲属互动交流，坚定其加速改造、重获新生的决心。例如，B 监狱于五一假期由后勤监区、出监监区联合开展了以“情满高墙润人心，教育帮扶助回归”为主题的亲情帮教活动，不仅加深了罪犯亲属对监狱的认知，更在潜移默化中唤醒罪犯积极改造的内生动力，搭建起监狱与罪犯亲属沟通联系的桥梁，从而有效发挥亲情的感召作用，不断提高罪犯感恩意识、改造意识，进一步提升教育改造质量。

（三）明确罪犯维权范围，增强监狱威信

罪犯维护合法权益是司法公正和人权保障的基本要求，应当得到充分的支持和肯定。每个人，无论其社会地位如何，都应当享有基本的人权和法律权益，这也包括在监狱服刑的罪犯。监狱作为刑罚执行机关，其首要任务之一就是保障罪犯的合法权益，包括但不限于人身权、申诉权、控告权等。在罪犯维护合法权益的过程中，他们所提出的诉求和建议应当得到认真对待和妥善解决，以确保刑罚执行的公正性和合法性。然而，也要警惕罪犯可能会借机滥用维权手段，以达到报复监狱民警或其他个人的目的。滥用维权手段以达到个人目的不仅会扰乱监狱管理秩序，还会给监狱民警的工作和生活带来困扰。要明确罪犯维护其合法权益的范围，防止其滥用维权手段，以及解决社会舆论对监狱管理的关注度不断提高所带来的问题，需要综合运用多种对策，从监狱管理制度、监狱民警培训、社会舆论引导等方面入手，以确保罪犯的合法权益得到保障，同时维护监狱的管理秩序和威信。

首先，应当加强对罪犯维权范围的明确界定，确保其维权行为合乎法律规定和监狱管理制度的要求。对于罪犯正当合理的维权要求应当给予充分保障，但对于滥用维权手段、损害他人合法权益的行为，应当坚决予以制止和惩处。此外，应建立健全监狱罪犯维护合法权益的法律机制，不应只有一部《中华人民共和国监狱法》作为罪犯维权的保障，而是应该尽快出台与罪犯维权相关的各项法律细则，使得罪犯知道自己维权行为的界限和盲目维权的严重后果。监狱也可据此公正合理地应对罪犯维权可能出现的各种问题。

其次，加强对监狱民警的法律和职业道德培训，增强其法律意识和业务水平，使其能够正确处理罪犯的维权行为，有效维护监狱的管理秩序。监狱民警在处理罪犯维权问题时，应当坚持原则，公正、客观地执行法律和管理制度，不偏不倚地维护罪犯的合法权益，同时坚决制止罪犯滥用维权手段，保障监狱的正常秩序。

最后，应加强对社会舆论的引导和管理，提高社会公众的法律意识和法治观念，减少非理性的舆论炒作和偏见。通过在亲属接待日开展监狱形象宣传教育活动，向罪犯亲属和媒体展示监狱民警日常工作的一言一行，展示监狱民警的公正廉洁和亲和力，引导社会公众正确理解监狱管理工作的重要性和复杂性，减少对监狱管理的不良猜测和误解。同时，对于社会上出现的一些滥用维权手段、挑起舆论风波的行为，应当及时进行舆论引导和舆论监督，维护社会的稳定和秩序。

综上所述，要解决罪犯维权滥用和社会舆论关注度不断提高的问题，需要全面加强对监狱管理制度的完善和监狱民警的培训，同时加强对社会舆论的引导和管理，形成监狱管理与社会舆论的良性互动机制，实现罪犯合法权益的保障和监狱管理秩序的维护。

（四）加强对监狱民警的保护、激励措施

监狱民警在监管和改造罪犯方面起着至关重要的作用。他们是监狱管理的基础和核心力量，直接参与到罪犯的日常生活、教育和改造工作中，承担着重要的责任和使命。负责短刑犯日常监管的监狱民警更应该是监狱队伍里的精英人才，除了需要具备应对一般改造问题的能力素质外，他们还需针对短刑犯的特殊心理特点和行为表现，做好全面细致、极具耐心、宽严相济的管理教育工作。近年来，一批具备法律专业背景，掌握心理学、管理学等专业知识和国家现行法律法规的专业人才进入到监狱工作中，成为监管短刑犯的新生力量。

监狱民警虽然有着监管改造罪犯的职责，但在实际工作中却有着千难万险。事实上，监狱内的改造和反改造的矛盾仍十分尖锐，罪犯自伤、自残、自杀等非暴力抗改行为时有发生。有的罪犯受到法律制裁后，把怨气对准监狱民警，肆意诬告、造谣中伤、无理纠缠或正面对抗监狱民警的管理教育，辱骂民警，甚至出现暴力抗改等恶性案件。如 2009 年内蒙古某监狱 4 名囚犯杀死监狱民警后越狱的事件，手段极其残忍。前述案例中的佟某也是这样的例子，只是他的报复对象是整个监狱。此外，监狱民警的工作环境通常情况下并不理想，尤其是在生产车间，存在噪音大、灰尘多等问题。针对艾滋病、精神病等特殊罪犯的监管和改造工作，职业暴露风险较大，存在被感染、受攻击等经常性威胁。此外，防止逃脱、暴乱、重大恶性事件等任务也增加了监狱民警的工作压力。随着检察机关对监狱监管的力度不断增加，监狱民警在执法方面的要求和标准也越来越高，可能面临经济、行政甚至刑事处罚的风险，这些都是监狱民警必须承受的压力。因此，加强对监狱民警工作中的激励和保护措施是确保监狱安全稳定运行的重要举措，也是保障监狱民警权益的应有之义。监狱管理部门在对监狱民警的工作、培训中应关注以下几个方面。

第一，着重提升民警的职业素养和技能水平。监狱民警的工作需要高度的专业素养和技能，如沟通技巧、危机处理及必要的生产劳动等方面的知识和技能。因此，监狱管理部门可以加强对监狱民警的培训和学习，不断提升其职业素养和技能水平，使其能够更好地履行监管职责。

第二，提供良好的工作条件和待遇。监狱民警的工作环境相对封闭和特殊，工作压力较大。因此，监狱管理部门应该提供良好的工作条件和待遇，包括正常的办公环境、合理的工作时间和休息安排、有竞争力的薪酬福利等，以提高监狱民警的工作积极性和工作满意度。

第三，加强对监狱民警的心理健康关怀。监狱民警长期面对罪犯，工作压力较大，容易产生心理问题。因此，监狱管理部门可以建设警察心理健康中心，定期对监狱民警进行心理健康检查，开展心理咨询和辅导，帮助其形成健康积极的职业观，保持良好的心理状态。

第四，加强对监狱民警的帮扶工作。监狱民警的工作时间不固定，身心健康都面临一定风险。针对那些面临经济困难、健康问题的监狱民警，落实具体的帮助方案，包括但不限于提供经济援助、医疗救助、心理疏导等服务，以确保监狱民警在应对生活压力时能够得到必要的援助。特别是在大病保障政策方面，确保其真正落实到每个监狱民警身上。

第五，建立激励机制，激发监狱民警的工作积极性和创造力。监狱管理部门可以建立激励机制，对表现突出的监狱民警提供奖励和荣誉，对创新监管改造方式的监狱民警给予鼓励和支持，提升其工作积极性和责任感。同时，也可以鼓励监狱民警积极参与监狱管理和改革，提出参考意见，为监狱工作的改善和发展贡献力量。

例如，黑龙江省司法厅联合黑龙江省人民检察院在 2023 年 12 月印发《黑龙江省监狱人民警察依法履职保护规定》，其中第 18 条规定："监狱民警因履行职责、行使职权行为受到不实举报、诬告陷害、侮辱诽谤，以及被错误审查调查、追究责任后，相关部门予以纠正的，其所在的单位保护监狱民警依法履职尽责工作委员会办公室应当以适当方式及时澄清事实，消除不良影响，并商请有关机关依法追究诬告陷害者的责任。受到监狱系统内部处分、处理的，原处理机关应当及时撤销相关决定并恢复其原职务、职级。”更是彻底消除了前述案例中短刑犯滥用维权手段诬告监狱民警，这种既浪费司法资源，又危害监狱威信的罪犯的情况，也使得监狱民警可以放下心来，将自己的想法思路应用到罪犯监管工作中。该项规定自 2024 年 1 月 1 日起施行，为全面建立监狱民警容错免责清单制度，保障监狱民警依法履行职责，促进公正文明执法，为鼓励广大监狱民警依法履职、忠诚奉献、担当作为提供了有力的制度保障。

（五）建立短刑犯监区，减少交叉感染

近年来，短刑犯在全国范围内数量的增加使得我国的监狱管理系统有些负担过重，而大部分监狱对于数量剧增的短刑犯并未划分专门监区予以关押，而是仍然采取与中长刑犯混合关押的方式。这种长期混合关押的方式容易导致短刑犯被中长刑犯拉拢同化，恶习加重变深，增加刑满释放后对社会的潜在风险。罪犯之间交叉感染现象的产生，也就意味着建立短刑犯监区在罪犯监管、犯罪防控、社会治安等方面来看，都具有重要意义。这样的设置能够确保短刑犯得到更为集中和有效的管理，同时也为监狱工作人员提供更为明确的工作重点和方向。在环境设置上，短刑犯监区可以设计成更加开放、宽松的环境，以促进罪犯之间的交流和互动，有利于培养他们的社交能力和合作精神。在教育改造内容上，可以开设一些能够帮助他们快速融入社会、提高就业技能等方面的课程，帮助他们尽快适应出狱后的生活。这样设置的好处在于以下几个方面。

首先，建立短刑犯监区有利于犯罪防控和社会治安的维护。在监狱中，不同类型的罪犯的相互接触可能会导致犯罪经验的传递和学习，尤其是中长刑犯与短刑犯之间的交流，会使短刑犯受到不良影响，增加再犯罪的可能性。建立短刑犯监区可以有效地隔离不同类型的罪犯，防止犯罪经验和技能的传播，从而降低短刑犯的再犯罪率，有利于社会治安的稳定。

其次，短刑犯监区有利于提升罪犯改造的效果。短刑犯通常具有较浅的主观恶性，相对容易被改造。然而，在混合关押的环境中，他们极易受到中长刑犯的不良影响，导致改造效果不佳。建立短刑犯监区可以为这些罪犯提供一个相对独立的改造环境，有利于他们专注于改造工作，提升改造效果，减少再犯率，为他们重新融入社会打下良好基础。

最后，短刑犯监区还有利于罪犯监管、教育工作的有效推进。监狱监管工作烦琐复杂，不同类型的罪犯需要采取不同的监管措施。在混合监区中，监管工作的推进会更加困难，因为需要同时考虑和满足不同类型罪犯的需求和特点。而建立短刑犯监区可以简化监管工作，提高管理效率，减少管理风险，有利于监狱管理工作的顺利开展。

短刑犯监管存在的突出问题，一方面反映了社会犯罪问题的严重性和复杂性；另一方面也折射出我国社会治理体系和治理能力仍有不足之处。在经济社会高质量发展的今天，我们需要以更加开放、包容的心态来审视这一问题，并从根本上寻求解决之道。短刑犯群体的迅速增加，除了监狱监管问题外，还涉及法律、经济、教育、就业等多个方面。因此，解决短刑犯监管问题需要全社会的共同努力，需要综合施策，形成合力。

首先，我们应该从法律层面出发，完善法律法规，加强对短刑犯的刑罚执行和监管，确保刑罚的公正、合理执行。同时，应当健全对于短刑犯的减刑激励措施，增加监规纪律的威慑性和严肃性教育，从程序上预防监管难题的产生。其次，要加大对短刑犯的教育改造力度，提高其社会适应能力和生活技能。这需要监狱系统加强对短刑犯的心理辅导和职业技能培训，帮助他们重新融入社会、重新建立自信。再次，要加强对短刑犯的社会帮教和康复服务。建立起完善的社会支持体系，为短刑犯提供就业、住房、医疗等方面的帮助和支持，帮助他们重新回归社会、实现自我价值。此外，在加强监狱系统的管理和监督的同时，也要建立对监狱民警的容错机制和激励机制，既能提高监狱民警的素质和能力，又能增强监狱民警的责任心和工作信心。要加强监狱与社会各界的沟通与合作，形成监管工作的合力，共同推动短刑犯问题的解决。

由于个人理论水平与知识结构的限制，再加上监狱相关数据的敏感性和文献资料的有限性，本文对于短刑犯在监管中存在的问题的论述尚有不足之处。有些观点的分析可能不够全面，有些对策的阐述可能不够深入。今后还需要不断学习、积累经验，进行总结和反思，进一步完善自己的研究成果，以提升对于短刑犯问题的认识和解决能力。

总之，解决短刑犯问题是一个复杂而长期的过程，需要全社会的共同努力和持续关注。只有通过法律的规范、教育的引导、社会的帮助和监管的强化，才能够有效地解决短刑犯监管问题，促进社会的稳定与和谐。

附：参考文献

一、著作类

［1］许章润．犯罪学［M］．北京：法律出版社，2007．

［2］李玫瑾．犯罪心理研究［M］．北京：中国人民公安大学出版社，2010．

［3］贾洛川，王志亮．新中国监狱学研究20年综述［M］．北京：中国法制出版社，2016．

［4］蒋才洪．监狱精细化管理——基于实践的视角［M］．北京：法律出版社，2010．

［5］唐新礼，张伟．罪犯管理技术［M］．北京：法律出版社，2008．

［6］王定辉，贡太雷，赵亮．刑罚实现的机理研究［M］．北京：法律出版社，2016．

［7］孙雄．监狱学［M］．北京：商务印书馆，2011．

［8］王泰．罪犯管理概论［M］．北京：法律出版社，2001．

［9］张学超．罪犯矫正学概论［M］．北京：中国人民公安大学出版社，2011．

［10］徐家俊．提篮桥监狱［M］．北京：中国文史出版社，2011．

二、期刊类

［1］张锡站，王蕊．短刑犯矫正激励机制浅析［J］．犯罪与改造研究，2012（10）：29-31．

［2］包杨川．短刑犯改造难的原因分析与对策［J］．法制博览，2014（9）：126-127．

［3］周光聚，刘君．短刑期罪犯管理现状与思考［J］．犯罪与改造研究，2012（11）：42-44．

［4］杨刚．对短刑犯适用社区矫正的探讨［J］．法制博览，2012（11）：271-272．

［5］姜勇，谢银清．短刑犯教育改造思考［J］．犯罪与改造研究，2013（10）：64-68．

［6］孙建书．短刑犯管教新模式研究［J］．中国司法，2014（6）：61-64．

［7］孙剑明，张建刚，钱丽娜．短刑犯减刑联合考察与检察监督［J］．法学，2010（6）：154-160．

［8］徐万富，柏猛．短刑犯行为特点分新及矫治对策研究［J］．犯罪与改造研究，2012（8）：47-51．

［9］周娅．关于短期自由刑服刑罪犯的调查报告［J］．中国刑事法杂志，2006（6）：83-87．

［10］徐暾，马立骥．短刑期罪犯劳动报酬现状的调查与分析［J］．犯罪与改造研究，2016（9）：47-53．

［11］王梓红，顾卫勇．短刑犯现状分析及矫正对策［J］．犯罪与改造研究，2019（2）：63-68．

［12］徐万富，刘宝友，李军亮．创新短刑犯教育矫治工作研究［J］．中国司法，2011（10）：38-40．

［13］苏婧．短刑犯刑罚执行模式实证研究［J］．犯罪与改造研究，2016（7）：23-30．

［14］宫照军．狱政实务视野下的短刑犯问题［J］．河北公安警察职业学院学报，2013，13（1）：44-46．

［15］汪益．论认罪认罚从宽制度下短刑犯改造的几个问题［J］．宁波大学学报，2023，36（1）：126-132．

［16］孟丽莎，陈妍．短刑犯改造低效的反思及西方循证矫正的启示［J］．广州大学学报，2017，16（5）：60-65．

［17］王平，王帅．关于短刑犯教育改造工作的思考［J］．河南警察学院学报，2014，23（1）：120-123．

［18］王传敏，刘毅，杨雯倩，等．短刑犯改造的困境与创新［J］．河南司法警官职业学院学报，2020，18（4）：28-34．

[19] 黄晓亮. 轻刑犯权利禁限问题应对的国家治理现代化路径 [J]. 北京社会科学，2023（2）：110-119.

三、学位论文类

[1] 王敏. 矫正基本原理研究 [D]. 重庆：西南政法大学，2010.

[2] 杨迪. 我国轻罪制度建构研究 [D]. 长春：吉林大学，2020.

[3] 陈荣鹏. 轻罪制度研究 [D]. 重庆：西南政法大学，2018.

[4] 马金虎. 罪犯改造伦理研究 [D]. 南京：南京大学，2015.

[5] 吴宗宪. 罪犯改造论：罪犯改造的犯因性差异理论初探 [D]. 北京：中国政法大学，2006.

[6] 徐久生. 刑罚目的及其实现 [D]. 北京：中国政法大学，2009.

[7] 方伟. 短刑犯的改造对策研究：以广东省 X 监狱为视角 [D]. 广州：广东财经大学，2016.

[8] 张咏梅. 论短刑犯行刑制度 [D]. 济南：山东大学，2015.

[9] 陈思. 短刑犯思想教育改造中存在的问题与对策研究 [D]. 锦州：辽宁工业大学，2015.

[10] 齐志高. 短刑犯监狱管理问题研究 [D]. 湘潭：湘潭大学，2013.

[11] 周艳. 短刑犯的循证矫正机制实证研究：以 A 女子监狱循证矫正工作实践为例 [D]. 南京：东南大学，2021.

[12] 周健. 关于完善短刑犯减刑、假释制度的研究 [D]. 上海：上海交通大学，2016.

[13] 姜雪云. 论我国服刑人员分级处遇制度之完善 [D]. 湘潭：湘潭大学，2011.

[14] 张翔宇. 短刑犯管理制度完善研究：以江苏省 A 监狱为例 [D]. 南京：南京大学，2019.

[15] 肖信勇. 试论我国轻微刑事犯罪处罚机制的建立与完善 [D]. 北京：中国社会科学院大学，2016.

[16] 白洪博. 短刑犯出监教育管理问题研究：以山东省 L 监狱为例

[D]. 聊城：聊城大学，2019.

[17] 张梅. 论我国短期自由刑的改革 [D]. 北京：中国政法大学，2008.

[18] 孙悦. 短期自由刑弊端分析及完善研究 [D]. 哈尔滨：东北林业大学，2019.

[19] 魏诚. 我国减刑、假释制度的实践困境与出路：兼及信用减刑制度的建构 [D]. 济南：山东大学，2017.

[20] 高轩. 福建省 F 监狱短刑期罪犯管理优化研究 [D]. 福州：福建农林大学，2021.

[21] 潘颉. 罪犯分类管理精细化研究 [D]. 上海：上海师范大学，2020.

[22] 谢志超. 短刑期罪犯矫正研究 [D]. 镇江：江苏大学，2020.

[23] 李春兆. 我国短刑期罪犯减刑问题研究 [D]. 长春：吉林大学，2016.

[24] 董婷. 云南省 X 监狱短刑期罪犯管理研究 [D]. 昆明：云南财经大学，2023.

[25] 宋承运. 吉林省 W 监狱罪犯管理的困境与对策研究 [D]. 长春：中共吉林省委党校，2023.

附 录

访谈内容提纲

1. 你所在监区短刑犯人数为多少？占比为多少？

2. 你所在监区短刑犯犯罪类型大致有哪些？

3. 短刑犯在监管过程中是否存在抗拒改造的行为？

4. 短刑犯自身存在什么样的心理问题？具体表现是什么？

5. 你所在监区短刑犯的减刑情况如何？

6. 你认为相对于中长刑罪犯，短刑犯在监管中有哪些不同之处？

7. 你是否遇到过短刑犯抗拒改造的事件？你是如何处理的？你认为产生这起事件的内在原因是什么？

8. 在短刑犯监管改造过程中，亲情感化和社会帮教的作用是否显著？是否有效果显著的案例？

9. 你是否遇到过或听说过短刑犯认罪悔罪，表现良好，改造成功的案例？

10. 你会如何处理短刑犯消极抗改、混刑度日的问题？

11. 本监狱内罪犯是否有交流犯罪经验的情况？短刑犯与中长刑犯的交叉感染情况如何？

12. 在监管改造过程中，短刑犯的分级处遇差距能否提高短刑犯的改造积极性？

13. 你认为成立短刑犯监区可行吗？为什么？

14. 你是否遇到过或听说过短刑犯盲目维权，报复监狱民警，威胁监狱的事件？

15. 你在工作中感受到的压力如何？具体来自哪些方面？你是如何调整的？

后　记

本书为作者2022年承担的中央司法警官学院研究阐释党的十九届六中全会精神专项项目的研究成果，项目编号为：SJDLZ2204。

本书是在我的2项全国司法行政系统理论研究规划课题研究成果及樊森、杜雨康、毛羿人的研究生学位论文的基础上修改完成的。

值本书付梓之际，特对各方面的支持和帮助致以深深的谢意。

我要感谢项目组全体成员，感谢他们为本书出版付出的辛苦与汗水！感谢河北大学出版社马力社长，感谢马敏编辑及相关人员。

诚然，由于学识有限，本书难免有诸多不当之处，敬请各位专家学者批评指正。

樊国福

2025年3月于中央司法警官学院

智慧化矫正教育研究中心